Jürgen Höller

Sicher zum Spitzenerfolg

Jürgen Höller

Sicher zum Spitzenerfolg

Strategien und Praxis-Tips

ECON

5. Auflage 1999
Der ECON Verlag ist ein Unternehmen der ECON & List Verlagsgesellschaft.

Lektorat: H. Dieter Wirtz, Mönchengladbach. Schutzumschlaggestaltung: Jutta Schneider, Frankfurt am Main. Gesetzt aus der Century und Frutiger, Linotype. Satz: Heinrich Fanslau GmbH, Düsseldorf. Papier: Papierfabrik Schleipen GmbH, Bad Dürkheim. Druck und Bindearbeiten: F. Pustet, Regensburg. Printed in Germany. ISBN 3-430-18371-5

Für alle Menschen, die an ihre erfolgreiche Zukunft glauben!

Inhalt

Vorwort zur 4. Auflage

Liebe(r) Leser(in),
vier Jahre sind nun vergangen, seitdem ich mein erstes Buch »Sicher zum Spitzenerfolg« geschrieben habe. Dieses Buch erhob und erhebt den Anspruch, Menschen nicht nur zum Erfolg, sondern sogar zum *»Spitzenerfolg«* zu verhelfen. Demzufolge haben sie ein Recht darauf zu überprüfen, ob es diesem Anspruch auch gerecht wurde und in Zukunft noch gerecht wird.
Nun, es hat sich viel seit 1993 getan. Aufgrund des Buches und der daraus resultierenden vielen Buchrezensionen in den Medien, Talk-Shows und Berichterstattungen in Presse, Rundfunk und TV, waren meine öffentlichen Seminare ständig ausgebucht und die Nachfrage nach firmeninternen Seminaren, Kongreßvorträgen usw. wurde immer größer. Und so hatte ich schließlich das Problem, meinem eigenen *»Gesetz der Konzentration«* wieder untreu zu werden. Doch ich hatte einmal zu Beginn meiner Karriere gegen dieses Gesetz verstoßen, und dies brachte mich in größte Schwierigkeiten. Das sollte mir natürlich nicht wieder passieren, und deshalb überprüfte ich meine langfristige Vision sowie meine Ziele und Werte und entschloß mich, 1995 die INLINE-Unternehmensberatungen in Lizenz abzugeben. Ich bin ihnen heute immer noch verbunden und gebe mein Know-how und meine Power an die Mitarbeiter der einzelnen Beratungsgesellschaften weiter, konzentriere mich jedoch seitdem verstärkt auf meine Seminartätigkeit.
Dem ersten Buch folgten die Bücher *»Alles ist möglich«* (Persönlichkeits-Strategien), *»Mit System zum Erfolg«* (elf neue

Strategien für Management) sowie zahlreiche Video- und Audiokassetten-Veröffentlichungen. 1998 erscheint dann mein viertes Buch *»Jenseits der Grenzen«*, mit dem ich jedem Menschen, unabhängig von Herkunft, Geschlecht, Schulbildung, Berufsausbildung oder sonstigen Voraussetzungen, zu mehr ganzheitlichem Erfolg, das heißt mehr Glück und innerer Zufriedenheit verhelfen will.
1997 besuchten ca. 25 000 Menschen meine Seminare, und 1998 habe ich mir das Ziel gesteckt, meinen Erfolg zu verdoppeln. Es gelang mir 1997, regelmäßig Hallen mit bis zu 1 600 Seminarteilnehmern zu füllen. 1998 sind bereits Veranstaltungshallen mit bis zu 2 500 Teilnehmern Fassungsvermögen gebucht, und am 1. Mai 1999 wird ein großes Ziel von mir Wirklichkeit: Beim Motivationstag 1999 werden ca. 12 000 begeisterte Teilnehmer in der Frankfurter Festhalle einen unvergeßlichen Tag, der ihre Zukunft hoffentlich positiv beeinflussen wird, erleben.
Ich selbst sitze jetzt, da ich diese Zeilen diktiere, gerade in einem Privatflugzeug, das mich zu meinem nächsten Firmenseminar bringt. Ich gehöre heute sicherlich zu den bekanntesten, erfolgreichsten (und auch teuersten ...) Motivations- und Persönlichkeitstrainern Europas. 1994 habe ich meine wunderbare Frau Kerstin geheiratet, ohne die ich nicht dort wäre, wo ich heute stehe. Wir haben 1996 unsere große Liebe in unserem Leben empfangen (unseren Sohn Alexander!), und Mitte 1998 ziehen wir in unser fast 1 000 Quadratmeter großes Traumhaus mit Swimmingpool, Fitneßstudio, Riesenspielraum und einem halben Park direkt am Waldrand ein.
Wenn Sie, lieber Leser, all dies lesen, dann sagen Sie sich vielleicht, daß der Jürgen Höller ganz schön angibt in seinem Vorwort. Doch das stimmt nicht (na ja, vielleicht ein bißchen ...), sondern es geht mir darum, den Beweis anzutreten, daß meine Erfolgsstrategien in der Praxis auch wirklich funktionieren. Doch nicht nur in meinem Leben hat sich in diesen

vier Jahren nochmals eine unglaubliche Steigerung ereignet, sondern ca. 100 000 Menschen leben und arbeiten mittlerweile nach meinem Erfolgssystem, und die vielen Zuschriften und Briefe zeigen mir, daß mein Gesamtkonzept wirklich funktioniert. Dieses Buch ist in sich abgeschlossen, dennoch empfehle ich Ihnen unbedingt, auch meine übrigen Bücher zu lesen, um alle meine Strategien und Trainingskonzepte anwenden zu können.
So, nun starten Sie, und ich wünsche Ihnen von Herzen, daß Sie dieses Buch nicht nur lesen, sondern daß Sie ins Handeln kommen. Denn:

**Erfolgreiche Menschen handeln –
erfolglose Menschen reden immer nur davon
zu handeln!**

Vorwort

Ihr Entschluß, dieses Buch zu erwerben, zeigt, daß Sie gewillt sind, Ihren privaten und geschäftlichen Erfolg zu steigern. Ihr Entschluß, erfolgreicher zu werden, ist die Grundvoraussetzung, um dann tatsächlich einige Zeit später mehr Erfolg zu ernten. Doch zu diesem Thema werden wir noch kommen...

Als ich mich 1983 mit einem kleinen Unternehmen selbständig machte, hatte ich wundervolle Ideen und Vorstellungen, die ich auch unverzüglich in die Praxis umsetzte. Innerhalb von drei Jahren eröffnete ich insgesamt vier verschiedene Unternehmen, und bereits mit 23 Jahren war ich außerordentlich erfolgreich. Weil ich jedoch einige grundentscheidende Erfolgsgesetze nicht beachtete, setzte in kürzester Zeit eine negative Entwicklung ein, derzufolge ich innerhalb eines Jahres drei der vier Unternehmen veräußern mußte und nur ein einziges retten konnte. Diese Fehler, die ich damals begangen habe, wurden mir erst einige Zeit später klar. Jene Erfahrungen, die aus diesen Fehlern resultieren, werden in dem vorliegenden Buch an Sie weitergegeben.

Heute besitze ich wieder einige höchst erfolgreiche Unternehmen, unter anderem die INLINE Unternehmensberatung.

Von David Ben Gurion, dem Mitbegründer des Staates Israel, stammt der Satz: »Wer nicht an Wunder glaubt, ist kein Realist.«

Vordergründig betrachtet, könnte dieser Merksatz heißen, daß wir eines Tages Glück haben könnten und durch einen besonderen Zufall erfolgreich werden. Hinterfragt man jedoch die Bedeutung dieses Satzes, stellt man fest, daß es damit Ben Gurion um etwas ganz anderes ging. Gurion kreierte diesen Satz zu einer Zeit, als die Juden des Staates Israel nicht mehr an Gottes Wunder, sondern an sich selbst glaubten. Sie nahmen ihr Schicksal in die eigene Hand, gründeten den Staat Israel und kämpften dafür. Ben Gurion wollte also durch diesen Satz keine fatalistische Einstellung erzeugen, sondern wollte den Menschen Hoffnung, Glauben an die Zukunft geben. Doch was glauben Sie? Warum, glauben Sie, gibt es Menschen, die erfolgreich sind, und warum gibt es erfolglose? Glauben Sie, daß Zufall, Schicksal oder Pech jene Faktoren sind, die für Erfolg oder Mißerfolg den Ausschlag geben? Wenn Sie an diese Dinge glauben, dann werden Sie vermutlich zu den erfolglosen Menschen zählen. Denn erfolgreiche Menschen nehmen immer ihre Zukunft selber in die Hand. Von Albert Einstein stammt das Zitat: »Gott würfelt nicht, es gibt keine Zufälle!« Ich persönlich glaube an den Zufall, jedoch in einer etwas anderen Bedeutung – meines Erachtens kommt Zufall von zu-fallen. Es *fällt* mir etwas *zu*, aber nicht, weil ich abwartend darauf hoffe, sondern es fällt mir nur dann zu, wenn ich bereit bin, selber etwas dafür zu tun. Schon in der Bibel steht geschrieben: »Hilf dir selbst, dann hilft dir Gott!«. Und genau darum geht es in diesem Buch. Sie sollten Ihre Zukunft selbst gestalten und nicht mehr Ihr Schicksal durch andere Menschen beeinflussen lassen.

Dieses Buch soll Sie begeistern, motivieren und erfolgreich machen. Es soll aber auch all denjenigen, die momentan in einer kleinen Krise stecken, aufzeigen, daß sie durch kontinuierliche Arbeit an der eigenen Persönlichkeit ihre Entwicklung selbst bestimmen können. Vergessen Sie dabei Ihre Vergangenheit, und vergessen Sie auch die Gegenwart, in der Sie sich befinden.

Bereits die jetzige Gegenwart ist Vergangenheit. In der Zukunft werden Sie entweder ein bißchen erfolgreicher oder ein bißchen erfolgloser im Vergleich zu heute sein – aber auf dem jetzigen Stand stehenbleiben werden Sie nicht. Es geht also nicht darum, Ihre Vergangenheit zu analysieren und über die Gegenwart zu lamentieren. Es geht darum, daß Sie Ihre Zukunft erfolgreicher gestalten.

Sie werden beim Lesen dieses Buches – trotz aller Managementtechniken und -strategien – bemerken, daß es eigentlich nur um eines geht: *den Menschen!* Erfolg ist nur erreichbar, wenn uns Menschen dabei unterstützen. Ob es sich dabei um Ihre Familie handelt, die im Privatleben einen Ausgleich zum Beruf schafft und Sie bei Ihrem beruflichen Weg unterstützen soll, ob es um Mitarbeiter und Kollegen geht, ohne deren Unterstützung Ihrer Ideen und Ziele keine Entwicklung im Betrieb möglich ist, oder ob es sich um die Kunden handelt, ohne die jede Firma keine Existenzberechtigung mehr besitzt. In diesem Zusammenhang drängt sich die Frage auf: Wie könnte man eigentlich den Erfolg einer Firma definieren? Im Grund genommen ist es doch ganz einfach: Erfolg ist abhängig von der Anzahl der Menschen (Mitarbeiter und Kunden), die wir für unser Produkt begeistern können. Je mehr begeisterte Mitarbeiter Sie besitzen, desto mehr begeisterte Kunden werden Sie bekommen. Und die Anzahl der begeisterten Kunden ist ausschlaggebend für Ihren zukünftigen Erfolg. Im Prinzip geht es also um nichts anderes, als darum, andere Menschen zu begeistern.

Dieses Buch ist geschrieben für alle Menschen. Vordergründig betrachtet, handelt es sich um ein Anleitungsbuch, das Ihnen aufzeigen soll, wie Sie in Ihrer beruflichen Karriere erfolgreicher werden. Doch wenn Sie dieses Buch gelesen haben, werden Sie feststellen, daß die meisten Erkenntnisse dieses Buches auch für das Privatleben Gültigkeit besitzen und dort umsetzbar sind.

Dieses Buch ist also genauso geeignet für Firmeninhaber und Führungskräfte wie für Angestellte und Arbeiter, aber auch

Hausfrauen, Jugendliche und Rentner können mit ihm etwas anfangen, ja alle, die ihren Geist und ihr Bewußtsein erweitern möchten. Wenn Sie dieses Buch lesen, so überprüfen Sie zunächst einmal Ihre innere Einstellung. Ist Ihr Geist offen, sind Sie bereit, Neues aufzunehmen, vielleicht in manchen Bereichen umzudenken und Ihr Bewußtsein zu erweitern? Oder besitzen Sie die Einstellung, bereits alles zu wissen, alles zu können und dieses Buch nur einmal interessehalber zu lesen? Wenn Sie zur zweiten Kategorie gehören, so legen Sie das Buch getrost zur Seite, und sparen Sie sich den Aufwand und Ihre Zeit.

Die Entwicklung der Menschheit ist, seit es unsere Spezies gibt, niemals stehengeblieben. Ich habe in den letzten Jahren einige hundert Unternehmen beraten und viele tausend Menschen kennengelernt. Doch ich bin stolz darauf, von jedem einzelnen Unternehmen, ja von jedem einzelnen Mitarbeiter etwas gelernt zu haben. Sich zu entwickeln heißt, mit offenen Augen, also offenem Geist, durchs Leben zu gehen und bereit zu sein, immer und überall zu lernen. Nehmen Sie sich vor, dieses Buch zunächst wertneutral zu lesen. Widersprechen Sie nicht innerlich, wenn Sie bei dem einen oder anderen Kapitel zunächst Erkenntnisse gewinnen, die Sie noch nicht einordnen können. Ich verspreche Ihnen, daß Sie am Ende des Buches aus den Puzzleteilen der dreizehn Kapitel ein fertiges Bild erhalten, ein Bild, das Ihnen den Weg für Ihre erfolgreiche Zukunft weist.

Hier noch ein paar wichtige Informationen, wie Sie dieses Buch lesen sollten. Die einzelnen Kapitel dieses Buches bauen aufeinander auf, und Sie sollten deshalb vorne anfangen und beim letzten Kapitel aufhören. Dieses Buch ist kein »Lesebuch«, sondern ein Arbeitsbuch.

Es ist deshalb nicht geeignet als Gutenachtlektüre. Es handelt sich hier um ein Arbeitsbuch, das entscheidend zu Ihrem künftigen Erfolg beitragen kann. Deshalb sollten Sie es dann lesen, wenn Ihr Geist hellwach ist und wenn Sie voller Energie und Aufnahmebereitschaft sind. Legen Sie sich beim Lesen dieses Buches immer Papier, einen Kugelschreiber und einen Signierstift bereit. Mit dem Signierstift können Sie alle wichtigen Informationen und Erkenntnisse dieses Buches markieren. Mit dem Kugelschreiber können Sie Ihre eigenen Anmerkungen und Erkenntnisse am Rand vermerken. Auch können Sie mit ihm wichtige Passagen des Buches nochmals durch Unterstreichen hervorheben. Ebenfalls sollten Sie sich auf ein Extrablatt die wichtigsten Erkenntnisse feinsäuberlich notieren, die Sie aus diesem Buch möglichst unverzüglich umsetzen wollen. All diese Mühe dient dazu, die Erkenntnisse dieses Buches in Ihrem Unterbewußtsein stärker zu verankern. Aus Untersuchungen weiß man heute, daß zum Beispiel Seminarteilnehmer nach einigen Wochen und Monaten nur noch 20 Prozent des erhaltenen Wissens tatsächlich behalten haben. Wenn Seminarteilnehmer aber aktiv mitarbeiten, indem sie sich die wichtigsten Erkenntnisse notieren, verdoppelt sich das behaltene Wissen. Genauso verhält es sich beim Lesen eines Buches.

Vielleicht ist es Ihnen beim Lesen eines Buches schon des öfteren einmal passiert, daß Sie beim Umblättern zur nächsten Seite plötzlich feststellten, daß Sie gar nicht mehr wissen, was auf den letzten zwei oder drei Seiten eigentlich tatsächlich stand. Die Ursache dafür ist ganz einfach: In dem von Ihnen gelesenen Text stand ein Wort, das Sie nicht verstanden haben. Sie haben dann zwar mechanisch den darauffolgenden Text weitergelesen, aber Ihr Verstand hat sich nur noch mit der Bedeutung dieses nichtverstandenen Wortes beschäftigt. Deshalb habe ich versucht, in einer möglichst verständlichen Sprache zu schreiben. Auf Fremdwörter, »Fachchinesisch«, sowie auf lange und verschnörkelte Sätze wurde demnach bewußt verzichtet. Sollten Sie dennoch einmal die oben beschriebene Erfahrung beim Lesen dieses

Buches machen, gehen Sie bitte bis zu dem Punkt zurück, bei dem Ihre Erinnerung wieder einsetzt. Machen Sie sich dann die Bedeutung des zuvor nicht verstandenen Wortes bzw. der zuvor unverständlichen Textpassage klar, und beginnen Sie den Text von neuem zu lesen.
Am Ende eines jeden Kapitels sind die wichtigsten Erkenntnisse nochmals in Leitthesen zusammengefaßt. Wenn Sie das Optimum aus diesem Buch für sich erhalten wollen, so müssen Sie diese Haupterkenntnisse in Ihrem Unterbewußtsein verankern. Lesen Sie sich deshalb am Ende des Kapitels diese Leitthesen bitte *fünfmal nacheinander laut und deutlich vor.* Ich werden Ihnen im Laufe dieses Buches auch erläutern, warum eine wirksame Programmierung des Unterbewußtseins in erster Linie über das erfolgt, was wir mit den Ohren aufnehmen, also was wir hören. Vertrauen Sie mir, und lesen Sie sich die Leitthesen am Ende jedes Kapitels fünfmal nacheinander laut vor. Indem Sie das Buch nicht als Lesebuch betrachten, sondern mit Stift und Papier aktiv mitarbeiten, und indem Sie die Leitthesen jedes Kapitels fünfmal laut und deutlich vorlesen, behalten Sie 60 bis 70 Prozent aus diesem Buch in Ihrem Gedächtnis – das ist dreimal mehr, als der normale Mensch beim Lesen eines Buches behält.
Doch nun genug der Vorworte. Ich wünsche Ihnen viel Freude beim Lesen dieses Buches und hoffe, daß Sie mit den beschriebenen Erkenntnissen ebensoviel Erfolg erreichen wie ich.

Jürgen Höller
März 1993
San Diego, USA

1. Stufe: Geist/Materie-Gesetz

Materie folgt dem Geist!

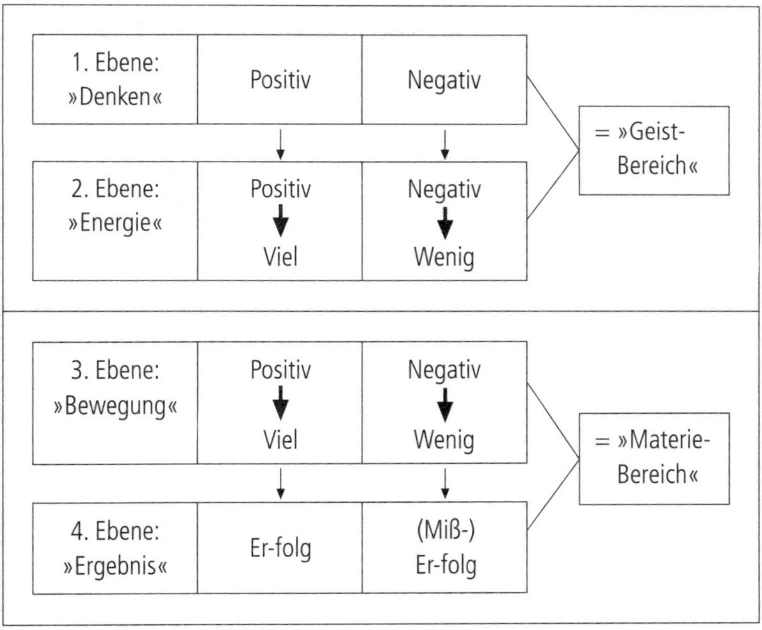

Die erste Methode soll Ihnen den Zusammenhang verdeutlichen, welchen Einfluß Ihr Denken auf Ihren Erfolg oder Mißerfolg nimmt. Die Methode sagt dabei aus, daß die Materie immer dem Denken folgt und nicht umgekehrt. Das Lebensgesetz bedeutet demnach:

Alles, was heute existiert, war zuerst nur eine Idee!

Dieses Lebensgesetz sagt also nichts anderes aus, als daß Ihr Erfolg oder Mißerfolg immer auf Ihr eigenes Denken zurückzuführen ist. Um Ihnen dies zu verdeutlichen, hier einige Beispiele:

- Vor hundert Jahren konnte sich kein Mensch vorstellen, daß Menschen mit Hilfe von Maschinen einmal fliegen werden. Die Menschen, die damals daran glaubten, wurden als Sonderlinge, ja sogar als Verrückte angesehen. Es gab aber auch bereits einige Personen, die all ihr Handeln und ihr Tun auf diese Idee ausrichteten. Das Ergebnis jenes Denkens ist, daß es heute selbstverständlich ist, in Frankfurt in ein Flugzeug zu steigen und sieben Stunden später im über 7000 Kilometer entfernten New York wieder auszusteigen.
- Noch vor fünfzig Jahren konnte sich niemand vorstellen, daß der Mensch zum Mond fliegen wird. Aber auch damals gab es bereits einige, die daran glaubten und die ihre ganze Energie auf dieses Ziel ausrichteten. Und 1969 war es dann soweit: Neil Armstrong setzte als erster Mensch seinen Fuß auf den Boden des Mondes.
- Es gab und gibt immer wieder Menschen, die oft in ärmlichsten Verhältnissen, ohne ausreichende Erziehung und Ausbildung aufwachsen und schon in jungen Jahren den Entschluß fassen, erfolgreich zu werden. Viele Jahre später ist es diesen Menschen dann gelungen, ihre Vision in die Tat umzusetzen.

  Für alle übrigen Menschen ist dies dann immer eine Sache des Glücks, des Zufalls (»Der war halt glücklicherweise zum richtigen Zeitpunkt am richtigen Ort«). Die erfolgreichen Menschen wissen jedoch, daß ihr Erfolg nur ein Produkt ihrer Visionen, ihrer Wünsche und Ziele ist.

Überlegen Sie nun einmal selbst, welche Grundvoraussetzung gegeben sein muß, damit Sie in Zukunft erfolgreicher werden. Das am Anfang dieses Kapitels abgebildete Lebensgesetz, das da »Materie folgt dem Geist« heißt, funktioniert dabei *immer* nach folgendem Schema: Wenn Sie morgen erfolgreicher sein wollen, dann müssen Sie heute bereits daran glauben. Für die erste Stufe des Erfolges ist also Ihr Geist zuständig. Haben Sie Ihr eigenes Denken auf Erfolg, auf ein Ziel fest programmiert, so folgt als nächste Stufe die Energie. Überlegen Sie nur einmal, welche unglaublichen Energieleistungen die Menschen vollbracht haben, die daran glaubten, einmal zu fliegen oder irgendwann einmal auf dem Mond zu stehen. Glauben Sie, daß Menschen, die nicht diesen unerschütterlichen, festen Glauben an ihr Ziel hatten, ein solches Ergebnis zustande gebracht hätten? Sicherlich nicht.
Ist der Geist einmal auf eine feste Vision programmiert und hat sich aufgrund dieses Zieles ein großes Energiepotential entwickelt, so erfolgt in der dritten Stufe die Bewegung. Bewegung bedeutet, daß nun begonnen wird, etwas umzusetzen. Bewegung bedeutet, daß Pläne und Strategien erstellt werden, daß geforscht wird, daß Umfragen gestartet werden, daß Marketing eingesetzt wird usw. Als Ergebnis dieses Lebensgesetzes erfolgt dann am Ende das fertige Produkt.
Sie sehen also, daß Ihr aktueller Erfolg oder Mißerfolg das Ergebnis Ihres eigenen Denkens ist. Sollten Sie momentan etwas weniger erfolgreich sein, so haben Sie sich bestimmt schon darüber Gedanken gemacht, woran das gelegen haben mag. Sicherlich haben Sie sich dann bereits mehr als einmal gefragt, warum andere Menschen, die vielleicht weniger talentiert sind als Sie, trotzdem erfolgreicher sind. Gewiß sind Sie dabei zu keinem Ergebnis gekommen. Nun wissen Sie, daß der einzige Unterschied zwischen einem erfolgreichen und einem erfolglosen Menschen seine eigene »Denke« ist.

Sollten Sie selber Unternehmer sein, so fragen Sie sich jetzt einmal, wo Sie in Zukunft Ihre Hauptaufgabe in Ihrem Unternehmen sehen. Wenn Sie mit Ihrem Unternehmen mehr Erfolg produzieren wollen, wie ist dann Ihre zukünftige Aufgabe zu definieren, damit der Mehrerfolg eintritt? Überprüfen Sie doch einmal für die Dauer eines Monats, welche Aufgaben Sie tatsächlich innerhalb Ihres Unternehmens wahrnehmen. Schreiben Sie dazu sorgfältig auf einer Liste auf, welche Aufgaben und Tätigkeiten Sie während der vierwöchigen Phase vollbringen. Einige werden danach feststellen, daß sie 90 Prozent ihrer Zeit im Materiebereich verbringen.
Sie telefonieren, schreiben Briefe, diktieren Aufgaben, erstellen Aufgabenlisten, Dienstbeschreibungen, Statistiken, verkaufen das Produkt selber usw. Aber der »Geistbereich« wird oft genug wenig oder überhaupt nicht beachtet.
Nehmen Sie einmal an, daß das hier beschriebene Lebensgesetz tatsächlich so funktioniert. Dann überprüfen Sie doch einmal Ihre innere Einstellung zu Ihrem Betrieb, zu Ihrer eigenen Person und zu Ihren Zukunftserwartungen. Wie gehen Sie denn an neue Projekte und Vorhaben heran? Erschöpft sich Ihre Einstellung vielleicht in den Worten: »Na ja, wir können das ja mal probieren, wenngleich ich nicht glaube, daß es funktioniert«, oder gehen Sie neue Vorhaben mit dem Gedanken an: »Super! Prima! Dieses neue Objekt/Produkt/Vorhaben wird hundertprozentig funktionieren, weil unsere Firma phantastische Mitarbeiter besitzt und wir mit diesem Vorhaben mit Sicherheit Erfolg haben werden«? Lesen Sie sich diesen Satz noch einmal genauestens durch, und prüfen Sie dann selber, zu welcher Grundtendenz Sie generell neigen. Und dann werden Sie sich darüber klar, daß Sie allein, durch Ihr Denken, Ihren zukünftigen Weg bestimmen – und nicht das Schicksal, nicht der Zufall, auch nicht die aktuelle wirtschaftliche Lage, ebenso nicht Ihr Einzugsgebiet, nicht Ihre Kunden (und was es der

Ausreden, die wir uns für Mißerfolge ständig zurechtlegen, sonst noch gibt).
Überprüfen Sie dabei einmal *die sich selbst erfüllende Prophezeiung*. Dabei ist nicht das gemeint, was Sie nach außen von sich geben, sondern was Ihre innere Stimme sagt. Wie gehen Sie Probleme und Aufgaben an? Mit einer positiven oder einer negativen Grundeinstellung? Je nachdem, wie Ihre innere Einstellung zur absolvierenden Aufgabe ist, wird sich die Materie (Bewegung und Produkt) danach entwickeln.
Sind Sie Vorgesetzter von Mitarbeitern, dann machen Sie sich bitte auch bewußt, daß sich die Denke der Mitarbeiter und damit auch die Produktivität Ihrer Abteilung oder der Firma entsprechend Ihrer Denke entwickelt. Es ist erwiesen, daß die Denke eines einzelnen Menschen (etwa des Firmeninhabers) ausschlaggebend dafür ist, ob die gesamte Firma mit vielleicht Tausenden von Mitarbeitern erfolgreich oder erfolglos ist.
Nehmen Sie als Beispiel eine Profifußballmannschaft. Eine Mannschaft mit elf Stammspielern und sechs Reservespielern strengt sich an, kämpft – und produziert doch nur Niederlagen und Mißerfolg. Schließlich wird der Trainer der Mannschaft vom Clubvorstand entlassen, und es wird ein neuer Trainer eingestellt. Die Mannschaft bleibt die gleiche, es wurden weder Spieler ge- noch verkauft, doch plötzlich beginnt die gleiche Mannschaft mit dem neuen Trainer zu siegen und erfolgreich zu sein. Wie erklären Sie sich ein solches Phänomen?
Gerade im Sport treffen wir häufig auf die Erscheinung, daß nicht der fachlich qualifizierte Trainer die größten Erfolge erzielt, sondern der Trainer, der eine positive Denke besitzt und die von ihm trainierten Menschen motivieren und begeistern kann.
Vielleicht nehmen Sie sich während des Lesens dieser Zeilen jetzt vor, in Zukunft Ihr eigenes Denken entsprechend zu ver-

ändern. Sie werden dann später feststellen, daß dies gar nicht so einfach ist, wie Sie es sich vorgestellt haben. Sie werden feststellen, daß viele Menschen Sie daran hindern wollen, Ihr Denken zu verändern. Sie werden feststellen, daß tausend Ereignisse eintreten, die Sie immer wieder dazu zwingen wollen, Ihr Denken *nicht* zu verändern. Sie werden feststellen, daß es einfach bequemer sein kann, sein Denken *nicht* zu verändern. Es werden also sehr viele Faktoren auf Sie einwirken, so daß es sehr schwer für Sie sein wird, *tatsächlich* Ihr eigenes Bewußtsein zu verändern. Es geht nämlich nicht darum, eine veränderte Denkweise nach außen zur Schau zu stellen, sondern tatsächlich innerlich anders zu denken.

Doch genau hier liegt nun das Problem. Kennen Sie nicht die leise innere Stimme, die zu Ihnen flüstert: »Mein lieber . . . laß lieber die Finger davon, das schaffst du nie!« Kennen Sie nicht diese innere Stimme, die ihnen immer und immer wieder einredet, Angst vor etwas haben zu müssen? Diese innere Stimme ist unser eigenes Unterbewußtsein, das alles in uns beeinflußt. Wir werden im Laufe dieses Buches des öfteren auf diesen Bereich zu sprechen kommen. Ich werde Ihnen Möglichkeiten aufzeigen, wie Sie Ihr Unterbewußtsein positiv beeinflußen können. Denken Sie aber immer wieder daran, daß es nicht ausreicht, einmal dieses Buch zu lesen und dadurch das gesamte Denken positiv zu verändern, sondern daß nach dem Lesen dieses Buches die eigentliche Arbeit an sich selbst erst beginnen wird. Wenn Sie also in Zukunft Ihr Denken so verändern wollen, daß Sie als Konsequenz erfolgreich sein müssen, dann beachten Sie folgende wichtige Punkte zu diesem Buch – und praktizieren Sie sie:

1. Arbeiten Sie mit diesem Buch, markieren Sie, ergänzen Sie Ihre eigenen Gedanken usw.
2. Lesen Sie alle Leitthesen am Ende jedes Kapitels mehr-

mals nacheinander laut vor, um sie in Ihrem Unterbewußtsein zu verankern.

3. Wenn Sie das Buch zu Ende gelesen haben, stellen Sie es nicht in Ihren Schrank, sondern lesen Sie immer und immer wieder den einen oder anderen Abschnitt nochmals durch.
4. Je öfter Sie die wichtigsten Teilkapitel lesen, desto schneller und stärker werden sie in Ihrem Unterbewußtsein verankert.
5. Lesen Sie täglich die Zusammenfassung der wichtigsten Leitthesen dieses Buches.

Sie wissen jetzt also, daß Ihre innere Einstellung, Ihr eigenes Denken alles in Ihrem Leben beeinflußt. Nicht die Menschen mit den höchsten Intelligenzquotienten sind in der Regel die erfolgreichsten, sondern die Menschen mit der positivsten Einstellung, mit einem auf Erfolg programmierten Denken.

1. Aufgabe:

Nehmen Sie sich bitte ein Blatt Papier (Sie können auch diese Seite mit den vorgegebenen Linien verwenden), und versehen es mit der nachstehenden Überschrift:

Auf was kann ich in meinem Leben stolz sein?

Lassen Sie sich für die Lösung dieser Aufgabe mindestens 15 Minuten Zeit. Erstellen Sie eine Liste, und führen Sie dort Punkt für Punkt auf. Gehen Sie ruhig in Ihrer Erinnerung weit zurück. Auf welche Dinge waren Sie in Ihrer Jugendzeit oder in Ihrer Kindheit stolz? Bitte gehen Sie dabei nicht nur von Ihrem Beruf aus, sondern beziehen Sie auch Ihr Privatleben mit ein. Lesen Sie dieses Buch bitte nur dann weiter, wenn sie diese Aufgabe gelöst haben – und nehmen Sie sich dafür mindestens die erforderliche Zeit von 15 Minuten.

Ist Ihre Liste lang geworden? Sind Ihnen viele Ereignisse eingefallen, auf die Sie stolz sind? Haben Sie viele Punkte oder vielleicht nur zehn oder gar nur fünf, auf die Sie stolz sind? Je länger Ihre Liste ist, desto erfolgreicher ist Ihr Leben bisher verlaufen. Je kürzer Ihre Liste ausgefallen ist, desto wichtiger ist eine Veränderung Ihres Denkens.

Sie haben nun durch die Lösung der ersten Aufgabe eine Bilanz über Ihr bisheriges Leben gezogen. Sie müssen nun selber entscheiden, wie Sie sich heute sehen. Sind Sie mit Ihrem Erfolg zufrieden, reicht er Ihnen aus? Dann behalten Sie Ihr bisheriges Denken so bei, denn es hat ja zu Ihrem jetzigen Zustand geführt. Möchten Sie aber Ihr Leben verändern, möchten Sie wachsen, möchten Sie erfolgreicher werden, als Sie bis heute waren, dann muß sich notwendigerweise auch Ihr Denken verändern.
Ihr heutiger Zustand ist das Ergebnis Ihres bisherigen Denkens. Auch wenn es Sie vielleicht hart treffen mag: Zunächst einmal geht es nicht darum, was Sie noch vorhaben, was Sie erreichen möchten, sondern darum, was *Sie heute sind!* Ihr heutiger Zustand ist nämlich das Ergebnis Ihrer eigenen Denke. Doch seien Sie beruhigt: Im weiteren Verlauf dieses Buches werden Sie noch eine Vielzahl von Möglichkeiten erfahren, aufgrund derer Sie Ihr Bewußtsein positiv erwei-

tern können, und es wird Ihnen gezeigt, wie Sie mit einer positiven Denkweise Ihr künftiges Leben beeinflussen können.

Leitthesen zur 1. Stufe

1. Materie folgt dem Geist!
2. Nur was gedacht wurde, existiert!
3. Ich weiß, daß ich morgen erfolgreicher bin!
4. Mein heutiger Zustand ist das Ergebnis meines bisherigen Denkens. Deshalb denke ich heute positiv, um morgen noch erfolgreicher zu sein!
5. Meine wichtigste Aufgabe ist es, mein Bewußtsein zu erweitern!
6. Ich gehe ab sofort an neue Aufgaben nur noch mit einer positiven »Denke« heran!
7. Ab sofort spricht meine »innere Stimme« zu mir: »Mein lieber . . ., du schaffst es!«
8. Ich bin stolz auf mein bisheriges Leben und bin morgen noch stolzer auf mich – ganz bestimmt!
9. Erfolg oder Mißerfolg ist das Ergebnis des Denkens. Ich weiß, daß ich morgen erfolgreicher bin, weil ich heute anfange, noch positiver zu denken!
10. Ich bin erfolgreich!

Notizen: ______________________________

____

____

____

____

____

____

2. Stufe: Denk-Kategorien

Erklärung

Wie Sie im 1. Kapitel erfahren konnten, ist für den Unternehmenserfolg die Denke der Unternehmensführung *und* der Mitarbeiter ausschlaggebend. Es ist deshalb wichtig, einmal die »Denk-Kategorien« der Menschen zu untersuchen. Bei einer solchen Untersuchung trifft man auf drei unterschiedliche »Denkarten«, zu denen jeder Mensch tendenziell neigt:

1. Zuschauer des Lebens,
2. Verlierer des Lebens,
3. Gewinner des Lebens.

Es sei an dieser Stelle bereits darauf hingewiesen, daß niemand zu 100 Prozent Zuschauer, Verlierer oder Gewinner des Lebens ist, aber jeder Mensch hauptsächlich zu einer dieser drei Denkarten neigt. Es heißt jedoch nicht, daß ein »Gewinner« nicht auch ab und zu als »Zuschauer« oder »Verlierer« denkt. Auf den nächsten Seiten erhalten Sie genaue Informationen über diese »Denk-Kategorien«.

Zuschauer des Lebens

Zuschauer sind grundsätzlich passive Menschen. Sie sind Menschen, die wenig Selbstbewußsein besitzen und Angst vor der Zukunft haben. Aufgrund dieser Angst und des mangelnden Selbstbewußtseins gehen solche Menschen wenig Risiko ein. Zuschauer möchten gern an dem Punkt stehenbleiben, an dem sie sich momentan befinden, und geben nach außen an, sie seien mit ihrem jetzigen Zustand zufrieden. Dies entspricht tatsächlich jedoch nicht der Wahrheit, sondern diese Behauptung resultiert aus den Zukunftsängsten des Zuschauers. Zuschauer sind Personen, die ungern Verantwortung eingehen. Am liebsten erhalten sie Befehle und Anordnungen und führen sie dann aus. Dies gibt ihnen ein vordergründiges Gefühl der Sicherheit, da sie keinerlei Eigenverantwortung übernehmen müssen, sondern nur Anordnungen von oben durchführen. Kreativität, Neuentwicklung und Innovation kommen bei diesen Menschen selten vor. Genauer betrachtet, zieht das Leben am Zuschauer vorbei. Der Zuschauer betrachtet sein Leben wie auf dem Fernsehschirm, aber er ist nicht in der Lage, sein Leben selbständig zu leiten. Aufgrund ihrer Denkstruktur sind Zuschauer natürlich auch zögerliche Menschen, die Entscheidungen gerne vertagen, um sie dann letztendlich doch nicht durchzuführen.

Verlierer des Lebens

Das Hauptmerkmal des Verlierers ist sein Glauben an den »großen Traum«. Der Verlierer wird immer kundtun, welche Pläne er für die Zukunft hat und welch tolle Erfolge er erzielen wird. Untersucht man dann jedoch den momentanen Ist-Zustand des Verlierers, stellt man fest, daß er meist sehr weit von seinen vorgetragenen Zukunftsplänen entfernt ist.
Auf diese Diskrepanz angesprochen, reagiert der Verlierer mit vielen Argumenten, warum es *gerade im Moment* bei ihm nicht funktioniert. Dabei werden Sie feststellen, daß der Ver-

lierer immer Ausreden parat hat, an denen er selber keine Schuld trägt. Daran, daß er momentan von seinem »großen Traum« so weit entfernt ist, sind immer Dinge schuld wie die allgemeine Wirtschaftslage, sein schlechtes Einzugsgebiet, schlechte Partner, schlechte Mitarbeiter, ein mangelhaftes Produkt, die falsche Jahreszeit usw. Er wird jedoch niemals sich selber die Schuld geben, sondern immer anderen Menschen und »gewissen« Umständen.

Weil der Verlierer gern erfolgreich wäre, sein Unterbewußtsein jedoch mit großen Zweifeln und Ängsten für seinen zukünftigen Erfolg besetzt ist, hat der Verlierer die Eigenschaft, andere Menschen und die Ideen und Vorschläge anderer Menschen zu kritisieren und abzulehnen. Verlierer neigen immer dazu, Kritik zu üben und neue Ideen von anderen schlechtzumachen.

Ein weiteres Merkmal des Verlierers ist es, Lob und Anerkennung von anderen nicht annehmen zu können. Sicherlich sind Ihnen schon Menschen begegnet, die auf ein Lob so oder ähnlich reagierten:

- »Na ja, das hätte ein anderer auch so machen können.«
- »So gut war es ja auch wieder nicht.«
- »Eigentlich war es nur Zufall, daß es funktionierte.«

Verlierer haben also die Eigenschaft, sich zu entschuldigen, wenn sie gelobt werden. Im Gegenzug können Verlierer natürlich auch anderen Menschen weder Lob noch Anerkennung zuteilen, da sie sich in diesem Fall selber zurücksetzen würden.

Zum Zuschauer oder Verlierer des Lebens wird man durch die Gesellschaft automatisch erzogen: 90 Prozent der Menschen sind heute Zuschauer oder Verlierer – nur 10 Prozent denken grundsätzlich als Gewinner des Lebens.

Gewinner des Lebens

Auf den folgenden Seiten werden Ihnen die Eigenschaften und Denkweisen nähergebracht, die einen Gewinner kennzeichnen.

Weitergehen
Gewinner sind Menschen, die genauso wie alle anderen Menschen vom Leben verletzt werden – und trotzdem weitergehen. Glauben Sie bitte nicht, daß Gewinner ein stets sorgenfreies Leben führen und keinerlei Probleme haben. Gewinner treffen genauso wie Zuschauer oder Verlierer ständig auf Probleme. Im Gegensatz zu den Zuschauern und Verlierern akzeptieren Gewinner jedoch, daß sie auf Probleme treffen. Ein Gewinner wird genauso Mißerfolg ernten wie andere Menschen. Er wird genauso, wie Zuschauer oder Verlierer, auf Menschen treffen, die sein Vertrauen mißbrauchen. Doch er wird seinen Weg gehen, auch wenn er vom Leben verletzt wird. Er wird stolpern und hinfallen, aber er wird dann wieder aufstehen und weitergehen. Gewinner sein heißt also: verletzt werden, hinfallen, aufstehen und weitergehen.
Betrachten wir doch einmal die erfolgreichen Menschen der Weltgeschichte. Haben diese ihr ganzes Leben lang immer nur Erfolg geerntet? Nein, sie haben im Laufe ihres Lebens genauso Niederlagen einstecken müssen wie jeder andere Mensch auch, jedoch mit dem Unterschied, daß sie aus jeder Niederlage etwas *ernteten* und aus jeder Niederlage ein Stückchen erfolgreicher hervorgingen.
Betrachtet man nur einmal die erfolgreichsten Firmengründer, so stellt man oft fest, daß diese in frühen Lebensjahren ein Unternehmen gründeten, irgendwann mit dem Unternehmen »Schiffbruch« erlitten, aber dann nicht ihr restliches Leben mit ihrem Schicksal haderten, sondern, ganz im Gegenteil, bereits kurze Zeit später erfolgreicher waren als je zuvor.

Alles in Frage stellen

Gewinner stellen alles in Frage. Ist Ihnen eigentlich bewußt, wie wir alle tagtäglich manipuliert werden? Ob es sich nun um die Politik handelt, um die Werbung, um die tägliche Zeitung – permanent werden wir von anderen Menschen manipuliert und beeinflußt. Diesem Prozeß der Manipulation kann sich niemand von uns widersetzen. Gewinner jedoch glauben nicht einfach alles, was man ihnen vorsetzt, sondern hinterfragen erst einmal alles. Gewinner sein heißt, offen zu sein für alles, sich grundsätzlich alles erst einmal wertfrei anzuhören, alles auszuwerten, aber nicht alles zu glauben. Wer nicht hinterfragt, sondern einfach alles ausführt und glaubt, was man ihm vorsetzt, der wird manipuliert und unwillkürlich zum Zuschauer oder Verlierer des Lebens.

Anders als gewohnt

Gewinner treten aus der Masse der Zuschauer oder Verlierer heraus. Eine Haupteigenschaft des Gewinners ist es, Dinge anders als die »Masse« auszuführen. Nehmen wir die erfolgreichen Menschen als Beispiel. Sind diese Menschen deshalb erfolgreich geworden, weil sie Dinge getan haben, die alle Menschen tun? Oder sind die erfolgreichen Menschen deshalb erfolgreich geworden, weil sie irgend etwas anders ausführten, irgendeine neue, eine andere Idee als die Masse hatten? Gewinner lassen sich nicht von der Masse beeinflussen, sondern gehen ihren eigenen Weg, und dieser eigene Weg ist gekennzeichnet dadurch, daß sie aus der Masse heraustreten. Aber dieses Heraustreten aus der Masse ist natürlich nicht einfach. Stellen Sie sich einmal vor, ein großer Menschenstrom bewegt sich vorwärts, und Sie befinden sich inmitten der Menge. Die Masse bewegt sich in eine Richtung, Ihnen wird aber eigentlich nicht bewußt, daß Sie sich von der Masse einfach mitziehen lassen. Wenn Sie nun den Entschluß fassen, Ihren eigenen Weg zu gehen, so müssen Sie aus dieser Masse

heraustreten. Sobald Sie nun aber aus der Masse heraustreten, sind Sie alleine – es fehlt Ihnen die Sicherheit der Masse. Vielleicht ist es auch so, daß Ihnen nun, da Sie Ihren Weg alleine gehen, plötzlich der Gegenwind ins Gesicht schlägt. Sie befinden sich jetzt nicht mehr im Windschatten der Masse, sondern müssen gegen den Wind ankämpfen, eigene Entscheidungen treffen und damit ein großes Stück Sicherheit aufgeben. Gewinner sind also bereit, Risiken einzugehen und neue Wege zu wagen. Gewinner machen also meistens viele Dinge anders als die anderen! Gewinner glauben immer daran, daß »es« klappt. Gewinner denken nicht daran, daß etwas nicht geklappt hat oder nicht klappen könnte.
Gewinner glauben an sich selbst, glauben an den Fortschritt und an den künftigen Erfolg, ohne (wie die Verlierer des Lebens) nur einem fiktiven Traum nachzujagen. Gewinner erkennen Sie daran, daß sie bereits erfolgreich sind und an weiteres Wachstum und den zukünftigen Fortschritt glauben.

Stärken und Schwächen kennen
Gewinner können Schwächen und Fehler zugeben. Ein Gewinner analysiert deshalb sehr genau seine Stärken und Schwächen und delegiert seine Schwächen (Aufgaben, die er selber nur ungern erledigt) einfach. Die meisten Menschen konzentrieren sich immer darauf, ihre Schwächen zu verbessern (was mit sehr viel Energie und Zeitaufwand verbunden ist), anstatt sich auf die vorliegenden Stärken zu konzentrieren, diese auszuweiten und in dieser Stärke die Nummer 1 zu werden. Niemand hat es heute mehr nötig, seine Schwächen selber zu bearbeiten. Es gibt heute genügend Möglichkeiten, sich für alle Teilbereiche Spezialisten zu holen. Ein Betrieb kann Spezialisten engagieren für Werbung und Marketing, für die Buchführung gibt es exzellente Steuerberater, für die Personalsuche Head-Hunter, für die Aus- und Fortbildung

der Mitarbeiter spezialisierte Unternehmen, für die Forschung und Weiterentwicklung geeignete Mitarbeiter usw. Die Aufgabe eines Chefs ist es also nicht, alle Aufgaben selber durchzuführen, sondern Stärken und Schwächen bei sich selbst und seinen Mitarbeitern zu erkennen und die Anforderungen dementsprechend richtig zu verteilen.

Gute und schlechte Zeiten kennen
Gewinner des Lebens sind oft dann am erfolgreichsten, wenn sie selber einmal so richtig erfolglos gewesen sind. Erfolglose Menschen rutschen auf der Mißerfolgsspirale immer weiter bergab, bis sie sich in einem Loch befinden, aus dem es anscheinend keinen Ausweg mehr gibt. Wenn Sie sich in dieser Situation befinden sollten, gibt es zwei Möglichkeiten:

a) Sie warten darauf, daß andere Menschen Ihnen aus dem Loch helfen. In diesem Falle werden Sie ewig warten und letztendlich untergehen, da niemand dafür verantwortlich ist, Ihnen aus dem Loch zu helfen.
b) Sie finden Mittel und Möglichkeiten, sich selber aus diesem Loch zu befreien und es zu verlassen. Und nun stellen Sie sich einmal vor: Sie sind langsam, aber sicher in das Mißerfolgsloch gerutscht, haben es jedoch erreicht, dieses selbst wieder zu verlassen. Wer dies geschafft hat, der wird dann auch außerhalb des Loches mit weniger Anstrengungen in der Lage sein, seinen Weg bergauf, zum Erfolg, weiterzugehen.

Viele Menschen mußten erst einmal Mißerfolg erleben, um aus den daraus gesammelten Erfahrungen dann ihren eigenen Erfolg aufbauen zu können. Für viele Menschen ist Mißerfolg notwendig, damit sie dadurch aus ihrer falschen Denkweise herausgerissen werden, das Denken verändern und dann als logisches Ergebnis erfolgreich werden. Allerdings sind dies nur die wenigsten. Die meisten Menschen rutschen bei Mißerfolg immer tiefer herab, weil sie nicht erkennen, daß sie durch ihre innere Einstellung selber für ihre Entwicklung verantwortlich sind.

Ich bin wichtig

Eine der größten Lebenslügen, die es gibt, ist diejenige, daß du dich für andere aufopfern sollst. Ich behaupte, daß Sie zuerst einmal an sich selbst denken müssen. Ich behaupte, daß Sie zuerst einmal ihre »Ich-Schale« füllen müssen.
Ein Beispiel: Sie können nur dann liebevoll zu anderen Menschen sein, wenn sie selber liebe-voll sind, d. h., Sie müssen voller Liebe sein, Sie müssen in Ihrem ganzen Wesen voller Liebe sein, dann strömt Ihre Liebe automatisch auf andere Menschen über. Genauso müssen Sie erst einmal selber erfolgreich sein, um andere Menschen erfolgreich machen zu können (ja, ich weiß, daß viele meiner Kollegen sich Erfolgstrainer nennen und selber keinen Erfolg in ihrem Leben produziert haben ...). Sie können nur dann andere Menschen fröhlich machen, wenn Sie selber voller Fröhlichkeit sind. Sie können nur dann andere Menschen motivieren, wenn Sie selber motiviert sind. Und deshalb verstehen Sie jetzt meine Aussage vielleicht besser, daß Sie erst einmal Ihre »Ich-Schale« füllen müssen, ganz egal in welchem Bereich. Auch müssen zuerst einmal Sie selbst sich sehr wichtig nehmen, denn wie wollen Sie erwarten, daß andere Menschen Sie wichtig nehmen, andere Menschen Ihr Produkt (was immer das auch sein mag) kaufen, wenn Sie sich selber nicht wichtig nehmen. Wie können Sie glauben, daß andere Menschen Ihnen Vertrauen schenken, wenn Sie selber kein Selbst-Vertrauen haben? Erst wenn Sie Ihre »Ich-Schale« gefüllt haben, kommt der Gewinner automatisch dazu, sich die Frage zu stellen: Für wen bin ich wichtig? Um wichtig zu sein, also eine Bedeutung in seinem Leben zu haben, muß man wichtig und bedeutend für

andere sein. Ich kann keine Bedeutung erreichen, wenn mich nicht andere als wichtig und bedeutend ansehen. Wie soll Erfolg im Leben überhaupt meßbar sein? Ist Erfolg nicht gleichbedeutend mit der Anzahl der Menschen, für die Sie wichtig, ja unersetzlich sind?

2. Aufgabe:

Nun nehmen Sie sich bitte Ihr bereitliegendes Papier (Sie können auch diese Seite mit den vorgegebenen Linien verwenden) und versehen es mit der nachstehenden Überschrift:

Welche Lücke würde ich hinterlassen, wenn ich heute diese Welt verlassen müßte?

Legen Sie jetzt eine Liste an mit den Namen der Menschen und Institutionen, bei denen Sie eine wirkliche Lücke hinterlassen würden. Aber seien Sie bei dieser Übung ehrlich, und überlegen Sie sich bitte bei jedem Namen oder jeder Institution genau, ob Sie *tatsächlich* eine Lücke hinterlassen würden oder ob Sie sich das nur *wünschen* würden. Bitte führen Sie diese Übung gewissenhaft durch, und lesen Sie dann erst dieses Buch weiter.

Wie viele Namen und Institutionen sind Ihnen denn eingefallen? Je länger die Liste ist, desto erfolgreicher waren Sie bisher in Ihrem Leben, je kürzer die Liste ist, desto erfolgloser sind Sie bisher gewesen. Und für die Zukunft sollte es nun Ihr Hauptanliegen sein, daß sich diese Liste ständig erweitert. Erfolg ist nicht an materiellen Dingen abzulesen, sondern in der Anzahl der Personen, für die Sie wichtig sind. Erstaunlich dabei ist jedoch, daß die Geschäftsleute, die für viele Menschen wichtig und bedeutend sind, in der Regel *immer* auch materiellen Erfolg erzielen. Welch herrliches Gefühl ist es doch zu wissen, daß man unersetzlich ist, und wie frustrierend ist das Gefühl zu wissen, jederzeit ersetzbar zu sein. Gerade in Rezessionszeiten ist es für viele Menschen grausam zu erfahren, daß sie als Person jederzeit zu ersetzen sind. Ein Gewinner läßt es so weit nicht kommen, sondern wird sich so einsetzen und verhalten, daß er privat und geschäftlich wichtig und bedeutend für andere ist – und damit unersetzlich.

Sie wissen aus dem 1. Kapitel, daß die Materie (also Ihr sichtbarer Erfolg) seine Ursache in Ihrem Denken findet.
In diesem Kapitel haben Sie nun erfahren, daß nur der Gewinner erfolgreich sein kann, wissen auch, wie sich ein Gewinner verhält und welche Eigenschaften er besitzt. Stellen Sie sich jetzt einmal folgende Fragen:

- Bin ich heute ein für andere wichtigerer Mensch als vor zwölf Monaten?
- Beurteile ich meine Arbeit aus der Einstellung heraus: »Was könnte noch verbessert werden«?
- Denke ich in Problemen, denke ich daran, was in Zukunft schiefgehen könnte, oder denke ich daran, was in der Zukunft besser funktionieren könnte?
- Bin ich heute ersetzlich oder unersetzlich?
- Würde ich momentan eine große oder eine kleine Lücke hinterlassen?
- Kritisiere ich Ideen, oder nehme ich dankbar Anregungen an?
- Versuche ich bei neuen Ideen und Vorschlägen zunächst die negativen Aspekte herauszufinden oder die positiven?
- Bin ich heute bereits etwas erfolgreich, oder bin ich schon immer relativ erfolglos gewesen, glaube aber immer noch an den großen Traum?
- Bin ich nach Rückschlägen enttäuscht und gebe meine Wünsche, Träume, Ziele auf, oder stehe ich nach Verletzungen auf und gehe weiter?
- Suche ich bei Rückschlägen Ausreden bei anderen, oder erforsche ich die Ursachen für Mißerfolge bei mir selbst?
- Gehe ich Risiken ein, oder gehe ich Risiken aus dem Weg?
- Mache ich immer das, was alle anderen tun, oder gehe ich meinen eigenen, manchmal auch schwierigen Weg? Konzentriere ich mich auf meine Stärken, oder arbeite ich ständig an meinen Schwächen herum?

Leitthesen zur 2. Stufe

1. 80 Prozent der Menschen sind Zuschauer oder Verlierer.
2. Ich bin ab sofort ein Gewinner!
3. Ich bin offen für alles Neue und Ungewöhnliche!
4. Ich werde auf meinem Weg, den ich gehe, vielleicht hinfallen und verletzt sein – und ich gehe trotzdem immer weiter und weiter!
5. Ich bin offen für alles, und ich hinterfrage auch alles, was mir andere Menschen »verkaufen«!
6. Ich mache bestimmte Dinge ab sofort »anders als gewohnt«, anders als die »Masse«! Ich gehe meinen eigenen Weg!
7. Ich kenne meine Stärken und Schwächen und konzentriere mich mehr und mehr auf meine Stärken. Meine Schwächen delegiere ich!
8. Ich freue mich auf meinen Erfolg, und sollte ich einmal ein Zwischentief erleben, dann weiß ich: Viele der erfolgreichsten Menschen waren einmal ganz unten und sind heute wieder außerordentlich erfolgreich!
9. Ich bin wichtig für mich, und ich bin wichtig für viele andere!
10. In einem Jahr bin ich für andere Menschen wertvoller als heute!
11. Ich mache mich für meine Mitmenschen und für mein Unternehmen unersetzlich!

Notizen: ____________________

____

____

____

____

3. Stufe: Magnet im Bauch

Vielleicht kennen Sie die Situation? Sie betreten einen Betrieb. Der Pförtner empfängt Sie mürrisch, ohne Freude und Begeisterung. Anschließend kommen Sie zur Empfangssekretärin, und die verhält sich genauso wie der Pförtner. Nachdem Sie das Sekretariat des Firmeninhabers betreten haben, zeigt sich die Chefsekretärin ebenfalls ziemlich reserviert. Wenn Sie dann dem Chef gegenübersitzen, entdecken Sie: Auch er legt das gleiche Verhalten wie der Pförtner, die Empfangsdame und die Chefsekretärin an den Tag.

Wenn vom Chef bis zum kleinsten Mitarbeiter alle Betriebsangehörigen ein ähnliches Verhalten nach außen zeigen, ist die Frage zu stellen: Wird der Chef von seinen Mitarbeitern beeinflußt, oder werden die Mitarbeiter vom Chef beeinflußt?

Die Antwort ist (bitte vergleichen Sie das 1. Kapitel) eindeutig: Eine Firma, so groß sie auch sein mag, wird immer von den Führungspersonen beeinflußt. Vereinfacht ausgedrückt, könnte man also sagen, daß alle Mitarbeiter einer Firma ein ähnliches Verhalten wie der Chef zeigen. Dies gilt für positives Verhalten genauso wie für negatives. Die Begründung dafür finden wir in einem weiteren Lebensgesetz:

»Menschen ziehen immer Menschen mit gleicher Denkweise an!«

Man könnte es also bildhaft so ausdrücken, daß jeder Mensch in seinem Innersten einen Magneten besitzt, durch den er

Menschen mit gleicher Denke anzieht und Menschen mit anderer Denke abstößt. Wenn Sie wiederum einmal annehmen, daß dieses Lebensgesetz tatsächlich existiert, dann würde dies zur Folge haben, daß Menschen, die tendenziell als Verlierer denken, auch gleichdenkende »Verlierer« anziehen. Menschen, die tendenziell als »Zuschauer« denken, werden weitere Zuschauer anziehen. Menschen, die tendenziell als Gewinner denken, werden ebensolche Menschen anziehen. Warum dieses Lebensgesetz existiert, wissen wir nicht, aber Tatsache ist, daß es in der Wirklichkeit so funktioniert.

Sie wissen nun, warum in einem Betrieb alle Menschen positiv und begeistert sind, während in einem anderen Betrieb alle Mitarbeiter eine negative Grundstimmung ausstrahlen. Erfolgreiche Menschen ziehen nach diesem Lebensgesetz weitere erfolgreiche Menschen an. Dies heißt natürlich nicht, daß es im Umkreis von erfolgreichen Menschen keine Zuschauer oder Verlierer gibt. Aber es wird sich im Laufe der Zeit ergeben, daß Menschen, die nicht die gleiche Denke wie der Chef besitzen, den Betrieb verlassen werden, und auf unerklärliche Weise werden Menschen mit gleichen Denkstrukturen angezogen. Banal ausgedrückt: Ein »Gewinner« wird, ohne daß er dies bewußt durchführt, weitere Gewinner als Mitarbeiter bekommen. Ob dies nun bedeutet, daß sich die bisherigen Mitarbeiter ebenfalls in ihrem Denken verändern und zu Gewinnern werden, oder ob es bedeutet, daß neue Mitarbeiter, die eingestellt werden, von vornherein die »Gewinner-Denke« besitzen, ist dabei egal – entscheidend ist, daß ein Gewinner immer mehr Gewinner um sich versammeln wird.

Im Laufe meiner Karriere habe ich die unterschiedlichsten Firmeninhaber mit völlig unterschiedlichen Charakteren und Verhaltensweisen getroffen. So ist mir beispielsweise der »Cheftyp« begegnet, der immer darüber schimpft, daß seine Kunden »Pfennigfuchser« sind und jeden Pfennig, den sie für

seinen Betrieb ausgeben, vorher dreimal umdrehen. Habe ich dann diesen Chef genauer betrachtet und analysiert, so stellte ich stets fest, daß auch er dieses Verhaltensmuster des »Pfennigfuchsers« an den Tag legte.
Ging es um Neuinvestitionen, wurden grundsätzlich wochenlang Angebote eingeholt und stets das billigste Angebot wahrgenommen, ohne darauf zu sehen, daß ein teureres Angebot eventuell auch mit einer besseren Leistung verbunden war. Oder der Firmeninhaber versuchte, vor einer Zusammenarbeit mit mir den Preis zu drücken und eine Sonderkondition für sich herauszuhandeln.
Dann gibt es auch immer wieder den Typus Chef, der sich bei mir darüber beschwert, daß seine Mitarbeiter unehrlich seien und ihn betrügen würden. Analysiere ich dann diesen Typ Chef, stelle ich fest, daß auch er es mit der Ehrlichkeit nicht immer so genau nimmt und stets nach Mitteln und Wegen sucht, andere zu übervorteilen.
Wenn Sie dieses Lebensgesetz als Tatsache voraussetzen, dann müssen Sie sich in Zukunft bei Aussprüchen wie »Meine Mitarbeiter sind alle Idioten« genauestens überlegen, ob Sie nicht selbst der Idiot sind. Wenn Sie Mitarbeiter besitzen, die die Firma ausnutzen, dann hinterfragen Sie sich einmal, ob Sie nicht auch selbst des öfteren versuchen, andere Menschen zu übervorteilen und auszunutzen. Wenn Ihre Kunden sich ständig über jede Kleinigkeit beschweren, dann überprüfen Sie einmal, ob Sie sich nicht selber über alles und jeden beschweren.
In Ihren Mitmenschen (beruflich und privat) haben Sie also einen hervorragenden Spiegel Ihrer selbst. Dabei geht es nicht um den Einzelfall, sondern darum, wie sich die Mehrheit Ihrer Mitmenschen verhält. Es geht nicht darum, daß einer von hundert Mitarbeitern unehrlich ist, sondern ob Sie mit vielen Ihrer Mitarbeiter in punkto Ehrlichkeit Ihre Schwierigkeiten haben. Betrachten Sie deshalb die Menschen in

Ihrer nächsten Umgebung, um daraus Rückschlüsse auf Ihr eigenes Verhalten und damit Ihre gesamte Denkweise ziehen zu können.
Bezogen auf die ersten beiden Kapitel dieses Buches, können Sie jetzt also eindeutig feststellen, ob Sie bisher als Gewinner oder als Zuschauer bzw. Verlierer durchs Leben gingen. Sind Sie bislang von Ihrer Denke her ein Gewinner gewesen, so haben Sie auch Gewinner als Mitarbeiter angezogen, und dementsprechend wird Ihre Firma auch erfolgreich sein. Ist Ihre Firma jetzt, zu diesem Zeitpunkt, erfolglos, oder haben Sie massive Probleme in irgendwelchen Teilbereichen, so wird es höchste Zeit, daß Sie sich Gedanken zu Ihrer eigenen Persönlichkeit machen und Ihr Verhalten schnellstens ändern.
Trainieren Sie zukünftig Ihren Blick, um immer feststellen zu können, ob die Denkweise eines Betriebes, einer Abteilung, einer Familie usw. grundsätzlich positiv oder negativ ist. Analysieren Sie doch jetzt (mit Ihrem neuen Wissen über die Denkweisen in Betrieben) einmal Betriebe, und stellen Sie fest, ob das Lebensgesetz des Magneten mehrheitlich funktioniert oder nicht.
Sie kennen sie sicher, diese Empfindung: Sie betreten eine Firma, und vom ersten Augenblick an haben Sie ein ungutes Gefühl! Ist es nicht auch schon vorgekommen, daß Sie beim Betreten einer Firma und dem ersten Kontakt mit einem Mitarbeiter ein positives Gefühl für diese Firma entwickelten? Hat es Sie nicht auch schon gewundert, daß es Betriebe gibt, in denen alle Mitarbeiter freundlich, und Betriebe, in denen alle Mitarbeiter gleich unfreundlich sind? Sie kennen jetzt die Gründe dafür und sind in der Lage, in Ihrem eigenen Umfeld dafür zu sorgen, daß der »Magnet« positiv und nicht negativ funktioniert.

- Sie möchten gern ehrliche Mitarbeiter und ehrliche Kunden? Dann seien Sie selber ehrlich und aufrichtig.

- Sie möchten gerne motivierte und begeisterte Mitarbeiter haben? Dann müssen Sie selber motiviert und begeistert sein.
- Sie möchten gerne Kunden, die bereit sind, für eine gute Leistung (und einen entsprechend großen Nutzen) auch gutes Geld an Sie zu zahlen? Dann entscheiden Sie sich künftig auch selber nicht immer für das billigste Angebot, sondern für das beste Preis-Leistungs-Verhältnis.
- Sie möchten gerne freundliche Mitarbeiter und Kunden haben? Dann verhalten Sie sich Ihren Mitarbeitern und Kunden gegenüber selber freundlich und fröhlich!

Führen Sie sich einmal vor Augen, wie sich das Verhalten des Chefs eigentlich in der Praxis auswirkt:

Chef
↓
Mitarbeiter
↓
Kunde
↓
Neuinteressent

Stellen Sie sich einmal folgendes Beispiel vor: Der Inhaber eines kleinen Einzelhandelsbetriebes verschläft morgens. Ohne Frühstück, schlecht gelaunt, trifft er mit einer viertelstündigen Verspätung in seinem Geschäft ein. Dort warten bereits zwei Kunden, die ihrem Unmut über die Wartezeit Luft machen. Der Firmeninhaber ist zu diesem Zeitpunkt bereits gereizt und besitzt eine schlechte Laune, zwingt sich jedoch dazu, diese vor den Kunden zu verbergen. Als er sein Geschäft betritt, stellt er fest, daß seine Mitarbeiterin am

Vorabend vergessen hat, das Licht im Büro zu löschen (der Inhaber ging am Vortag bereits eine Stunde früher nach Hause). Als die Mitarbeiterin nun um 11 Uhr das Geschäft betritt, bittet er sie in sein Büro und macht ihr Vorhaltungen darüber, daß sie nun schon zum wiederholten Male, trotz mehrmaliger Aufforderung, abends vergessen hat, das Licht zu löschen. Die Mitarbeiterin empfängt den Tadel und verläßt das Büro. Sie hatte sich nicht getraut, dem Chef mitzuteilen, daß sie am Vorabend, nach ihrem offiziellen Dienstschluß, noch einen Kunden 30 Minuten ausführlich beraten und dann in ihrer Eile vergessen hatte, das Bürolicht zu löschen.

Können Sie sich nun vorstellen, wie sich diese Mitarbeiterin nun in den nächsten Stunden verhalten wird? Wird sie begeistert und voller Motivation die Kunden bedienen, oder wird sie verhalten und ohne Freude die Bedienung der Kunden vornehmen? Und nun stellen Sie sich vor, wie die Kunden reagieren werden, die an diesem Tag von der Mitarbeiterin ohne Begeisterung und ohne Freude bedient werden. Und nun stellen Sie sich weiter vor, wie diese Kunden über diese Firma in ihrem Bekannten- und Kollegenkreis sprechen werden.

Sie sehen also an diesem einfachen Beispiel, wie sich der Kreis letztendlich schließt. Das Verhalten des Chefs überträgt sich auf die Mitarbeiter, das Verhalten der Mitarbeiter überträgt sich auf die Stammkunden, und die Stammkunden geben schließlich über die Mundpropaganda diese Denk- und Verhaltensweisen an potentielle Neuinteressenten weiter. Diese Spirale von oben nach unten funktioniert natürlich im positiven Falle genauso wie im negativen. Es wird deshalb höchste Zeit, einmal darüber nachzudenken, warum ein bestimmtes Verhalten den Unternehmenserfolg entscheidend beeinflußt.

Aber das Gesetz »Magnet im Bauch« erfüllt sich natürlich nicht nur im unternehmerischen Bereich, sondern auch beim einzelnen Menschen: So wie Sie denken, fühlen und handeln, werden automatisch die Menschen (80 Prozent) in Ihrer Umgebung sein. Sie ziehen genau die Menschen an, die so sind wie Sie (mehrheitlich, Ausnahmen bestätigen die Regel), und Sie stoßen automatisch die Menschen ab, die Ihrem Denken und Verhalten nicht mehr entsprechen.

Leitthesen zur 3. Stufe

1. Menschen ziehen immer Menschen mit gleicher Denkweise an! Deshalb bin ich absolut positiv, optimistisch, freundlich und erfolgreich!
2. Meine Mitmenschen sind ein Spiegelbild meiner selbst. Gefällt mir dieses Bild nicht, so verändere ich zuerst mich selbst!
3. Meine Mitarbeiter und Kunden verhalten sich so, wie ich mich verhalte. Also bin ich in allen Bereichen ein Vorbild!
4. Meine Mitarbeiter und Kunden verhalten sich so, wie ich denke. Ich denke deshalb als Gewinner!
5. Ist die Entwicklung in meinem Unternehmen negativ, so bin ich allein die Ursache dafür und verändere in diesem Fall möglichst schnell meine Ziele oder meine Strategie!
6. Nichts ändert sich, außer ich ändere mich!

Notizen: ______________________________

4. Stufe: Lebensspiralen

Bedeutung

Ihr Leben kann sich auf zwei Spiralen bewegen. Entweder Sie befinden sich auf der negativen Spirale, dann geht es Ihnen permanent ein bißchen schlechter, oder Sie befinden sich auf Ihrer positiven Lebensspirale, dann geht es Ihnen permanent ein bißchen besser.
Aber woran erkennen Sie, auf welcher der beiden Lebensspiralen Sie sich persönlich befinden? Zunächst einmal bleibt festzustellen: All Ihre Anstrengungen und Vorhaben bringen Sie auf Ihrer Spirale immer ein bißchen voran – entweder noch weiter nach unten oder noch weiter nach oben. Wenn Sie sich auf der negativen Spirale befinden, dann erleben Sie das alles, was irgendwie schiefgehen kann, bei Ihnen auch schiefgehen wird (Murphys Gesetz). Befinden Sie sich dagegen auf der positiven Spirale, so werden all Ihre Vorhaben und Unternehmungen erfolgreich sein und Sie auf der Erfolgsspirale weiter nach oben bringen.
Sie kennen das Phänomen bestimmt: In einer bestimmten Situation geht alles schief, was überhaupt schiefgehen kann. Seien Sie also versichert: Wenn sich Ihr Unternehmen bereits in einer schwierigen Phase befindet, geht genau in diesem Augenblick eine teure Maschine defekt, deren Reparatur große Summen verschlingt. Genau in dieser Situation storniert ein großer Kunde einen wichtigen Auftrag. Genau in dieser Situation werden Sie einen Wasserschaden in Ihrem Betrieb haben. Zusätzlich hat wahrscheinlich eines Ihrer Kinder Schwierigkeiten in der Schule, und genau in diesem Augenblick bekommen Sie gesundheitliche Probleme. Es ist also ein

weiteres Lebensgesetz, daß Sie sich entweder auf der Mißerfolgs- oder auf der Erfolgsspirale befinden.
Das bedeutet, daß Ihnen das meiste, das Sie anpacken, gelingt bzw. schiefgeht. Natürlich ist es nicht so, daß Sie, wenn Sie sich auf der Erfolgsspirale befinden, keine Mißerfolge mehr haben. Aber die Anzahl der Erfolge wird die der Mißerfolge bei weitem überwiegen.

Wechseln Sie die Seiten

Wenn Sie nun festgestellt haben, daß Sie sich momentan auf der Negativspirale befinden, dann wird es höchste Zeit für Sie, die Seiten zu wechseln. Um jedoch die Seiten wechseln zu können, ist es notwendig, einige entscheidende Maßnahmen durchzuführen...

Brainstorming
Als ich mich in meinem eigenen Leben ganz unten, am Tiefpunkt meiner Spirale, befand, sich die Rechnungen häuften, der Gerichtsvollzieher ein paarmal vor der Tür stand, alle Vorhaben schiefgingen, die nur schiefgehen konnten, konnte ich eines Nachts vor lauter Sorgen nicht einschlafen. Nachdem ich mich einige Stunden unruhig im Bett gewälzt hatte, stand ich schließlich auf, setzte mich an den Küchentisch, nahm ein großes Blatt Papier und einige Stifte. Ich begann nun damit, alle kleinen und großen Sorgen, die ich momentan hatte, auf dieses Blatt Papier zu notieren. Als ich einmal begonnen hatte, meine Sorgen und Probleme aufzuschreiben, sprudelte es nur so aus mir heraus, und in kurzer Zeit hatte ich das große Blatt Papier mit all meinen Sorgen, Problemen und Ängsten vollgeschrieben.
Durch dieses Brainstorming und dem Aufschreiben auf ein Blatt Papier schreiben Sie sich Ihren Kopf von Ihren Sorgen

und Problemen vollständig frei. Sie werden feststellen, daß Sie alleine durch das Zu-Papier-Bringen Ihrer Sorgen bereits einen freien Kopf erhalten. Vor dem Brainstorming konnten Sie vielleicht vor lauter durcheinanderwirbelnden Gedanken keinerlei Entschlüsse fassen, die Ihre Situation verbessert hätten. Erst durch das ausführliche Brainstorming sind Sie in der Lage, Maßnahmen zur Verbesserung Ihrer Situation zu ergreifen.

Was wäre das Schlimmste, das passieren könnte?
Nachdem Sie alle Sorgen und Probleme zu Papier gebracht haben, stellen Sie sich die wichtige Frage:

»Was wäre das Schlimmste, das passieren könnte?«

Als ich mir in meiner damaligen Situation die Frage stellte, beantwortete ich sie mir damit, daß das Schlimmste, das mir passieren könnte, ein Konkurs wäre.
Nachdem ich es geschafft hatte, diese schlimmstmögliche Konsequenz einmal klar zu formulieren und auf das Papier niederzuschreiben, stellte ich fest, daß mich diese Vorstellung plötzlich gar nicht mehr so stark erschreckte.
Stammen Ihre Sorgen und Ängste aus verschiedenen Bereichen (geschäftlich, privat usw.), stellen Sie sich die oben genannte Frage zu jedem Teilproblem.

Was muß anders werden?
Wenn Sie sich einmal über all Ihre Sorgen klar geworden sind und die schlimmstmöglichen Konsequenzen ins Auge gefaßt haben, dann drängt sich nun als drittes die Frage auf, wie Sie dafür sorgen können, daß diese möglichen Konsequenzen nicht eintreten. Die Antwort darauf kann eigentlich nur lauten:

»Machen Sie in diesem Teilbereich in Zukunft alles anders als bisher!«

Diese Antwort mag vielleicht banal oder zu simpel klingen, aber sie ist die einzig mögliche Konsequenz, falls Sie Ihre Negativspirale verlassen wollen. Ihre bisherige Denkweise und Ihr daraus folgendes Verhalten hat dafür gesorgt, daß Sie auf der Negativspirale abwärtsgerutscht sind. Wenn Sie die Negativspirale verlassen möchten, müssen Sie einen um 100 Prozent entgegengesetzten Weg einschlagen: den nach oben. Dies hat dann natürlich zwangsläufig zur Konsequenz, daß Sie Ihre komplette Denkweise und, daraus resultierend, Ihr gesamtes Verhalten in diesem Bereich vollständig ändern müssen, um auf die Positivspirale zu wechseln.
Es nutzt also nichts, nur kleine Teilbereiche zu ändern, sondern Sie müssen Ihr Verhalten grundlegend ändern, um eine andere Entwicklung zu erzielen. Wenn eine private Beziehung zu scheitern droht, nutzt es nichts, einen kleinen Teilaspekt zu ändern, sondern die Partnerschaft ist nur bei einer vollständigen Änderung des Verhaltens zu retten. Genauso verhält es sich bei einer Firma. Eine Firma, der es immer schlechtergeht, ist nur dann zu retten, wenn die gesamte Verhaltensweise in diesem Betrieb grundsätzlich geändert wird.

Zusammenhänge

Warten Sie also nicht darauf, daß sich durch einen »Zufall« Ihre Situation positiv verändert, sondern nehmen Sie die weitere Entwicklung selber in die Hand. In die Hand nehmen heißt auch, daß Sie Ihr jetziges Verhalten (bzw. das jetzige Verhalten der gesamten Firma) komplett überdenken und verändern müssen. Eine Veränderung nur in kleinen Bereichen wird auch keine grundlegende Veränderung bewirken.

Was haben Sie zu verlieren? Was könnte jetzt noch schlechter werden? Haben Sie Mut zum Risiko, so wie alle erfolgreichen Menschen Mut für das Besondere hatten. Denken Sie zurück an das 2. Kapitel, in dem die drei unterschiedlichen Denkkategorien erläutert wurden. Sind Sie ein Verlierer oder Zuschauer, der alles immer so macht, wie es die Masse macht oder wie es die Masse von ihm erwartet? Oder sind Sie ein Gewinner, der aus der Bewegung der Masse heraustritt und seinen eigenen Weg geht? Es wird schwer werden, es wird weh tun, aber was könnte eigentlich noch schlechter werden, wenn Sie eine Veränderung herbeiführen?

Überprüfen Sie dabei nicht nur Ihren beruflichen Alltag, sondern auch Ihr Privatleben. Wie steht es mit Ihrer Beziehung? Ist die noch in Ordnung, klappt alles wunderbar, oder zeigen sich auch hier die ersten Risse? Es gibt dann nur zwei Möglichkeiten: Sie handeln weiter wie bisher, und Ihre Beziehung wird zwangsläufig in die Brüche gehen, oder Sie verändern radikal Ihr Verhalten gegenüber Ihrem Partner.

Sie haben Schwierigkeiten mit Ihren Kindern, liegen nicht auf einer »Wellenlänge« mit ihnen? Dann behalten Sie ruhig Ihre Einstellung weiter: Vermeiden Sie Toleranz und eine Erweiterung Ihres Bewußtseins – es ist der sicherste Weg, den Schlüssel zum Herzen Ihrer Kinder zu verlieren. Wenn Ihnen aber Ihre Kinder etwas bedeuten, dann verändern Sie Ihr Verhalten, denn nur dann können Sie das Verhältnis verbessern. Sind Sie krank, haben Sie momentan gesundheitliche Beschwerden? Erwarten Sie kein Mitleid von anderen Menschen, Sie sind selber daran schuld! Ihr Verhalten, Ihre innere Einstellung, Ihre *Denke* hat zum jetzigen Zustand geführt. »Materie folgt dem Geist« – dieses Lebensgesetz findet auch Anwendung bei der eigenen Gesundheit. Es gibt Menschen, die ohne jeden ersichtlichen Grund schwer erkranken und schließlich auch sterben. Vielleicht war es kein Schicksal, kein Pech, kein Zufall, sondern das eigene Verhalten, die innere Einstellung, die dazu führten. Es gibt andere Menschen, die die Schulmedizin bereits als hoffnungslosen Fall aufgegeben hat, die jedoch durch eine Veränderung ihres Denkens, durch eine positive Einstellung ihre Krankheit besiegten.

Leitthesen zur 4. Stufe

1. Ich bleibe ab sofort auf der positiven Lebensspirale!
2. Wenn es mir wieder einmal richtig schlechtgehen sollte, gehe ich folgendermaßen vor:
   1. Schritt: Brainstorming
   2. Schritt: Was wäre das Schlimmste, das passieren könnte?
   3. Schritt: Was muß anders werden?
3. Ich allein entscheide darüber, daß ich mich auf der Lebensspirale nach oben bewege!

Notizen: ____________________

5. Stufe: Visionen

3. Aufgabe:

Zu Beginn dieses Kapitels müssen Sie zunächst wieder eine kleine Übung durchführen. Nehmen Sie sich ein neues Blatt zur Hand (Sie können auch diese Seite mit den vorgegebenen Linien verwenden) und versehen es mit der nachstehenden Überschrift:

Wunschliste

Bevor Sie nun mit dem Lesen dieses Buches fortfahren, sollten Sie sich mindestens 30 Minuten Zeit lassen. Notieren Sie sich alle privaten *und* geschäftlichen Wünsche, Träume und Ziele, die Sie besitzen. Schreiben Sie dabei nicht nur die kleinen, sondern auch und gerade Ihre großen Wünsche auf. Notieren Sie alles, was Ihnen innerhalb von 30 Minuten einfällt, und schämen Sie sich nicht dafür, wenn Ihre Liste lang und länger wird. Bitte führen Sie diese Übung gewissenhaft durch, bevor Sie anschließend weiterlesen.

Was habe ich für Wünsche und Ziele?

___

___

___

___

Haben Sie Ihre »Wunschliste« vor sich liegen? Dann sehen Sie sich diese einmal genauestens an. Wieviel Wünsche stehen dort? Sind es fünfzig, hundert oder sogar noch mehr Wünsche, oder stehen da vielleicht nur zehn, nur fünf oder vielleicht sogar nur ein oder zwei Wünsche und Ziele?
Je mehr Wünsche Sie sich bewußt gemacht haben, desto erfolgreicher können sie Ihre eigene Zukunft gestalten. Je weniger Wünsche Sie auf Ihrer Liste stehen haben, desto geringer wird der Erfolg in der Zukunft für Sie sein.
Sehen Sie sich nun einmal Ihre Wünsche und Ziele im Detail an. Je allgemeiner und unverbindlicher Sie Ihre Wünsche und Ziele formuliert haben, desto geringer ausgeprägt ist Ihr Selbstbewußtsein und desto weniger Erfolg können Sie erreichen. Die Zuschauer und Verlierer des Lebens wünschen sich bei dieser Übung mehr Erfolg im Beruf, Gesundheit und ein langes Leben ihrer Eltern. Solche Wünsche sind selbstverständlich; jeder Mensch besitzt sie. Doch was sind wirklich Ihre Wünsche und Visionen? Was heißt für Sie erfolgreicher im Beruf werden? Heißt es, daß Sie mit Ihrer Firma überhaupt Gewinn erzielen wollen, heißt es, daß Sie mit Ihrer Firma in Ihrem Ort am erfolgreichsten werden wollen? Heißt es, daß Sie mit Ihrer Firma in Ihrem Landkreis am erfolgreich-

sten werden möchten? Heißt es, daß Sie mit Ihrer Firma in Deutschland am erfolgreichsten werden wollen? Oder heißt es für Sie, daß Sie vielleicht daran glauben, mit Ihrer Firma in Ihrem Bereich weltweit am erfolgreichsten zu werden?

Vision und Ergebnis

Erinnern Sie sich bitte an das 1. Kapitel.

Alles, was heute existiert, war zuerst nur eine Idee!

Wenn Sie sich als Vision, als Ziel setzen, mit Ihrer Firma ein »bißchen« mehr Erfolg zu erzielen, dann werden Sie als Endergebnis maximal ein »bißchen« mehr Erfolg erzielen. Wenn Sie sich aber wirklich im Innersten das Ziel gesetzt haben, etwas Großartiges, Einmaliges aufzubauen, dann ist die Chance für Sie größer, zu wachsen und Ihren Erfolg permanent auszuweiten. Wer sich als Ziel setzt, eines Tages Abteilungsleiter seiner Firma zu sein, der wird in der Regel nicht bis zum Generaldirektor aufsteigen. Wer aber schon als kleiner Lehrling den brennenden Wunsch und die Vision vor Augen hat, einmal das Unternehmen, in dem er nun als Lehrling beginnt, als Generaldirektor zu leiten, der kann dieses Ziel erreichen.

- Heinrich Schliemann hatte bereits als Siebenjähriger das Ziel, einmal Troja auszugraben. Viele Jahre später entdeckte der Kaufmann Heinrich Schliemann dann tatsächlich »sein« Troja.
- Robert Koch hatte die Vision, den Erreger der Tuberkulose zu entdecken – er entdeckte ihn!
- Als Zehnjähriger wußte Wernher von Braun bereits, daß

seine Raketen eines Tages zum Mond fliegen würden – und er war mit dafür verantwortlich, das Neal Armstrong als erster Mensch den Mond betrat.

- Als Arnold Schwarzenegger auf dem Höhepunkt seiner Karriere als Bodybuilder seine Vision offenbarte, er wolle der erfolgreichste Schauspieler der Welt werden, wurde er überall ausgelacht. Heute ist Arnold Schwarzenegger ein Megastar und kassiert die höchsten Gagen, die im Filmgeschäft für einen Schauspieler gezahlt werden.

Die Liste der Beispiele ließe sich beliebig fortführen. Entscheidend ist jedoch, daß Sie die Zusammenhänge zwischen Ihrer Vision und dem daraus resultierenden Ergebnis verstehen. Wenn das Lebensgesetz aus dem 1. Kapitel (Materie folgt dem Geist) funktioniert, dann benötigen Sie eine klare Vision, an die Sie felsenfest glauben und an der Sie unbeirrbar festhalten. Nur wenn Sie eine solche Vision besitzen, sich diese Vision selber permanent und stetig vor Augen führen und in aller Öffentlichkeit darüber sprechen können, kann letztlich das Ergebnis (nämlich das Eintreffen der Vision) Gestalt annehmen. Eine Vision hat dabei nichts mit Träumerei oder Phantasterei zu tun, sondern ist eine Aufgabe, die man sich gestellt hat, an die man im innersten Kern seiner Persönlichkeit glaubt und die man ausdauernd verfolgt und erfüllt. Aber noch mal: Ihre Vision kann nur dann erfüllt werden, wenn Sie selber daran glauben.

Ob Sie selber daran glauben, können Sie ganz leicht dadurch überprüfen, ob Sie Ihre Vision zu Papier gebracht haben und ob Sie in der Lage sind, Ihre innerste Vision (also Ihren wichtigsten Wunsch) an die Öffentlichkeit zu bringen.

Ich kann mich gut daran erinnern, wie ich während eines Seminars mir selber die Frage beantwortet habe, welche Wünsche, Ziele und Visionen ich hätte. Als ich die Liste meiner Wünsche und Ziele fertiggestellt hatte, bat mich der Seminar-

leiter darum, ich solle meine fünf wichtigsten Wünsche einmal vortragen. Ich trug also die fünf wichtigsten Ziele vor. Als ich meine Ziele laut vorgetragen hatte, erhob sich lautstarkes Gelächter und Gemurmel im Seminarraum, und für einen Augenblick bedauerte ich es, meine Ziele vorgetragen zu haben! Aber ich hielt dem ungläubigen Erstaunen der Seminarteilnehmer stand und erläuterte, wie ich meine Ziele erreichen wollte. Als ich dabei meine Vorgehensweise vortrug, erstarb schnell das ungläubige Gemurmel, und die Seminarteilnehmer lauschten fasziniert meiner Vision. Bereits aus dem Seminar heraus kamen dann einige Teilnehmer auf mich zu, die anfragten, ob sie eventuell in meiner Firma tätig werden könnten, und die sich begeistert von meiner Vision zeigten. Visionen können andere Menschen begeistern!
Die Erkenntnis dieses Kapitels ist, daß Sie nur dann erfolgreich werden können, wenn Sie eine Vision entwickeln und selber fest an diese Vision glauben.

Was verhindert Ziele und Visionen?

Unsere Gesellschaft sorgt ständig dafür, daß wir unsere Visionen, Ziele und Wünsche nicht einmal selber glauben können. Viele Menschen werden bereits in ihrer Kindheit von Eltern, Lehrern und ihren unmittelbaren Ansprechpartnern derart negativ beeinflußt, daß sie später nicht mehr an sich selbst und ihre Ziele und Visionen glauben können. Wer kennt sie nicht, die »Ratschläge« in der Kindheit? Eine Auswahl:

- Man soll den Tag nicht vor dem Abend loben.
- Vögel, die morgens singen, holt abends die Katze.
- Schuster bleib bei deinen Leisten.
- Besser den Spatz in der Hand als die Taube auf dem Dach.

- Lerne du mal einen ordentlichen Beruf, und schlage dir deine Träumereien aus dem Kopf.
- Aus dir wird nie etwas.
- Solche Träume und Wünsche hatten wir früher auch, aber das Leben sorgt schon dafür, daß du sie dir aus dem Kopf schlägst.
- Das klappt sowieso nicht (und wenn es dann nicht »geklappt« hat, folgt der Zusatz: »Das habe ich dir doch gleich gesagt, daß das nicht klappt«).

Diese negative Beeinflussung, der wir unser ganzes Leben lang ausgesetzt waren (und bleiben werden!), bleibt natürlich nicht ohne Wirkung. Nachdem wir es als Kind alle gewagt haben, über unsere Träume und Ziele zu reden, daraufhin von Eltern, Pädagogen usw. eine negative Reaktion erfahren haben, trauten wir uns später nicht mehr, unsere Ziele und Visionen vor uns selber zu erkennen. Ich kann mich noch gut erinnern, als ich im Alter von zehn Jahren zusammen mit meinen Eltern bei den Nachbarn zu einer Geburtstagsfeier im Garten eingeladen war. Im Laufe des Nachmittags wurden wir Kinder dann danach gefragt, was wir denn einmal später wohl machen wollten. Daraufhin trugen die Kinder ihre einzelnen Vorstellungen vor, wie etwa Lehrer, Friseuse, Verkäuferin, Büroangestellter, ehe ich an die Reihe kam und den verdutzten Teilnehmern der Geburtstagsfeier erzählte, ich wolle einmal ein weltberühmter Mann werden. Nach einer kurzen Sekunde des Erstaunens erhob sich tosendes Gelächter im Nachbargarten. Ich kann mich noch gut erinnern, wie ich nach außen mitlachte, jedoch innerlich vor Wut kochte und mir in diesem Augenblick schwor, ich würde es allen Anwesenden in diesem Garten einmal zeigen und mein Ziel erreichen. Heute, zwanzig Jahre später, gehen die anderen Kinder ihrem Beruf als Friseuse, Büroangestellter, Verkäuferin oder Lehrer nach – und ich bin dabei, meine Vision der weltgrößten Unternehmensberatung Schritt für Schritt zu verwirklichen und arbeite konsequent an meiner Aufgabe, auch andere Menschen erfolgreicher und glücklicher zu machen.

Visionen entwickeln

Ob Sie im Leben erfolgreich werden, hängt also nicht davon ab, als was Sie geboren werden, ob Sie etwas mehr oder weniger Intelligenz von der Natur erhalten haben, sondern in erster Linie davon, wie Ihre Denke ausgerichtet ist. Materie folgt dem Geist! Ein Lebensgesetz, dem sich niemand entziehen kann. *Am Anfang jeder Tat steht die Idee!* Dieses Lebensgesetz, das ich einmal von Nikolaus Enkelmann gehört habe, beschreibt die entscheidende Voraussetzung für Ihren persönlichen Erfolg:

»Entwickeln Sie eine Vision, und setzen Sie diese in die Tat um!«

Sollten Sie auch jetzt, nach dem Lesen dieses Kapitels, noch immer Ihre Vision nicht kennen, so gehen Sie bitte nach der nun beschriebenen Strategie vor.

Auf welchem Gebiet? ______________________________

____

____

An welcher Aufgabe arbeiten Sie? ____________________

____

____

Welchen Nutzen geben Sie den Menschen mit Ihrer Vision?

Wann haben Sie sich entschlossen, wirklich erfolgreich zu sein?

Im Unterbewußtsein programmieren

Wenn Sie nun Ihre Vision ermittelt haben, dann fassen Sie diese in wenigen Worten zusammen. Jene Vision sollten Sie sich täglich mehrmals vor Augen führen, laut vorsprechen und sich darüber Gedanken machen, ob Sie sich auf dem Weg Ihrer Visionserfüllung befinden und was Sie zu der Verwirklichung gerade heute beitragen können. Sie sollten sich Ihre Vision täglich mindestens *zehn Minuten* klar und deutlich vor Augen führen, wobei gerade der Zeitpunkt unmittelbar nach dem Aufstehen und der Zeitpunkt unmittelbar vor dem Einschlafen besonders geeignet sind. Stellen Sie sich dabei Ihre Vision so vor, als ob sie bereits verwirklicht wäre. Sie müssen sich selber in diesem »Ziel-Film« sehen. Stellen Sie sich aber nicht nur die Bilder vor, sondern hören Sie die Geräusche, fühlen Sie, riechen Sie und schmecken Sie alles, was existiert, wenn Sie Ihre Vision erfüllt haben. Je intensiver Sie dabei mit Ihren Empfindungen arbeiten, desto schneller wird sich Ihre Vision erfüllen.

An die Vision glauben

Im Laufe der Zeit werden Sie immer überzeugter von Ihrer Vision werden, und in Ihrem Unterbewußtsein wird sich Ihre Vision stark und fest eingraben. Erst wenn Sie persönlich hundertprozentig an Ihre eigene Vision glauben, wird die

Materie (nämlich die Erfüllung Ihrer Vision) Ihrem Geist folgen.

Vision verbreiten

Wenn Ihre Vision noch relativ frisch ist, bzw. wenn Sie noch sehr weit von der Erfüllung entfernt sind, dann erzählen Sie *niemandem* von Ihrer Vision, von Ihren großen Zielen. Denn wenn Ihre Vision im Unterbewußtsein noch nicht verankert ist, kann es sein, daß andere Menschen Sie von Ihrer Vision wieder abbringen. Aber selbst wenn nicht, werden Sie auf ungläubiges Erstaunen, Ablehnung, Belustigung treffen, und diese Reaktionen werden Sie negativ beeinflussen und Ihre große Vision verhindern oder zumindest verzögern. Erst wenn Ihre Vision in Ihrem Inneren (= Unterbewußtsein) gewachsen ist, wenn Sie tief und fest verankert ist, wenn Sie Tag und Nacht an ihre Vision denken und nicht nur glauben, sondern *wissen*, daß Sie *»es«* erreichen, dann beginnen Sie, von Ihrer Vision zu erzählen. Verstärken Sie mehr und mehr die Verbreitung Ihrer Vision, und Sie werden ihr Stück für Stück näherkommen.

Es werden Sie vielleicht viele Menschen auslachen, nicht an Sie glauben, vielleicht sogar versuchen, Sie bei der Erreichung Ihrer Vision zu hindern. Doch es wird immer wieder auch Menschen geben, die von Ihrer Vision fasziniert sein werden, sich Ihnen anschließen und Sie bei der Erreichung der Ziele unterstützen werden. Große Persönlichkeiten mit großen Visionen und Zielen benötigen viele Menschen, die ihnen bei der Erreichung helfen. Nutzen Sie also alle Möglichkeiten, Ihre Vision möglichst oft zu veröffentlichen, zu verbreiten und darüber diskutieren zu lassen.

Seien Sie nicht entmutigt durch Menschen, die Ihre Vision ablehnen oder nicht für erreichbar halten, denn es wird dafür im Gegenzug auch Menschen geben, die Sie für sich und Ihre Vision gewinnen können.

Leitthesen zur 5. Stufe

1. Ich erfülle meine Träume, Wünsche und Ziele!
2. Ich habe eine Vision, und ich erfülle sie!
3. Ich glaube fest an meine Vision, und niemand kann mich darin erschüttern!
4. Ich habe alle Fähigkeiten, Talente und Begabungen, um meine Vision zu erreichen!
5. Ich stelle mir täglich mindestens zehn Minuten mit all meiner Vorstellungskraft (Sehen, Hören, Riechen, Schmecken, Fühlen) meine große Vision vor!
6. Meine Vision ist:

Notizen: ______________________________

6. Stufe: Neues Zeitalter

Entwicklung

Die Wirtschaft befindet sich momentan in einem Paradigmenwechsel. Während sie in der Vergangenheit geprägt war von linearem Denken, also von Planung, Strategien, Hierarchien usw., befinden wir uns momentan auf dem Sprung in ein neues Zeitalter, das Zeitalter der Kommunikation und Vernetzung. Wie immer, wenn etwas Altes von etwas Neuem abgelöst wird, bringt dies Unordnung und Chaos mit sich. Während im alten Zeitalter des linearen Denkens alles voraussehbar und planbar war, gibt es im neuen Zeitalter diese Sicherheit nicht mehr. Während zur Wende des 20. Jahrhunderts die Landwirtschaft noch eine bedeutende Rolle spielte, prägte bereits noch vor dem Ersten Weltkrieg die industrielle Produktion das Gesicht der Wirtschaft. Ungefähr alle vierzehn Jahre verdoppelte sich (in der westlichen Welt) die Produktion unserer Industrie. In den sechziger Jahren begann dann das Zeitalter der Information durch die Einführung der elektronischen Datenverarbeitung. Während die Entwicklung in diesem Bereich zu Beginn noch relativ langsam vonstatten ging, explodierte sie dann regelrecht. Im Gegensatz zur Industrie beträgt bei der Information die Verdoppelungszeit nur noch sechs Jahre. Wir befinden uns immer noch mitten in diesem Informationszeitalter, und die Möglichkeiten in diesem Bereich sind lange noch nicht ausgeschöpft. Es ist deshalb eine der Hauptaufgaben von Unternehmen, sich in den Informationsprozeß in allen Teilbereichen einzuklinken und sich weiterzuentwickeln.

Seit Mitte der siebziger Jahre gewinnt ein neuer Bereich zunehmend an Bedeutung: Immer mehr Menschen beschäftigen sich mit der Entwicklung und Entfaltung des menschlichen Denkens und des menschlichen Bewußtseins. Die Verdoppelungszeit beträgt dabei nur noch zwei bis drei Jahre. Es ist also abzusehen, daß die Bedeutung der Bewußtseinserweiterung die des Informationszeitalters in wenigen Jahren noch übertreffen wird.
Für Sie bedeutet das, daß Sie sich in Zukunft auf die Prozesse der Informationsweitergabe und der Erweiterung des menschlichen Bewußtseins einstellen müssen. Sie erkennen das daran, daß die Bedeutung der industriellen Fertigung (siehe 7. Kapitel, »Investition nach innen oder außen«) an Bedeutung verliert und dafür die Anforderung der Menschen (Mitarbeiter und Kunden) nach Information und Bewußtseinserweiterung wächst. Eine Auswirkung dieses neuen Prozesses wird die zunehmende Vernetzung der Menschen sein (siehe auch den Abschnitt 7 dieses Kapitels). Fördern Sie daher die Prozesse der Vernetzung unter Ihren Mitarbeitern, rufen Sie Vernetzungen mit Ihren Kunden ins Leben, vernetzen Sie sich mit anderen Firmen usw. Erweitern Sie ständig Ihr Bewußtsein und das der Menschen in Ihrer Umgebung. Die Auswirkungen des neuen Zeitalters erfahren Sie auf den nächsten Seiten in Kurzform. Es würde ein eigenes Buch füllen, alle Auswirkungen zu erläutern und zu erklären.

Auflösung der Zielgruppen

Im bisherigen Zeitalter war es so, daß man dann den größten Erfolg hatte, wenn man sich auf eine Zielgruppe festlegte und für diese Zielgruppe den nachweislich größeren Nutzen im Vergleich zu den Mitbewerbern bot. Dieses Zielgruppendenken und die daraus resultierenden Angebote der Firmen werden mehr und mehr verschwinden. Bereits heute ist es üblich, daß Menschen sechs Tage lang möglichst billig im Supermarkt ihre Lebensmittel einkaufen, um dann am siebten Tag im feinsten Lokal der Stadt groß ausgehen zu können. Bereits heute leistet sich der Arbeiter eine Rolex-Uhr, und der vermögende Selbständige trägte eine Swatch-Uhr. Dieses Auflösen der Zielgruppen bringt für viele Firmen Probleme mit sich. Die Kunden lassen sich heute nicht mehr in bestimmte Kategorien einteilen, sondern es wird schwieriger, seinen Markt zu finden. Es gibt nicht mehr den typischen »Mercedes-Fahrer« oder den typischen »Fast-food-Konsumenten«. Bereits heute ißt der Arbeitslose im Steakhaus, während der selbständige Geschäftsmann sich am Drive-in eines Fastfood-Restaurants sein Abendessen holt.

Zunehmende Geschwindigkeit

Die Geschwindigkeit der Entwicklung nimmt immer mehr zu. Durch diese Geschwindigkeit kommt es zu Turbulenzen in vielen Betrieben, deren Struktur auf die ständigen Veränderungen unvorbereitet ist. Aufgrund der zunehmenden Geschwindigkeit müssen Produktzyklen verkürzt und das Angebot flexibel gehalten werden. Aufgrund der zunehmenden Geschwindigkeit müssen erfolgreiche Betriebe ständig flexibel sein. Was gestern gut und erfolgreich war, ist heute nur noch bedingt richtig und kann morgen vielleicht schon falsch sein. Das Aufbauen auf die Erfahrungen von gestern und heute wird im Informationszeitalter immer schwieriger. Im vergangenen Zeitalter des linearen Planens war es möglich, aus dem Gestern und Heute die Planung für die Zukunft vorzunehmen. Im neuen Zeitalter dagegen gibt es diese Art der Planung aufgrund von Erfahrungswerten nicht mehr. Dies hat zur Konsequenz, daß Firmen ständig bereit sein müssen, Risiken einzugehen und Neues, bislang vielleicht nicht Vorstellbares auszuprobieren. Aufgrund der hohen Geschwindig-

keit im neuen Zeitalter ist es ebenfalls nicht mehr möglich, ein Produkt auf den Markt zu bringen, dessen Sinn und Nutzen durch Meinungsforschung, Testmärkte usw. ausführlich getestet wurde. Durch umfassende Meinungsforschung, lange Testreihen und ausführliche Testverkaufsmärkte wird gegenüber dem Mitbewerber ein Zeitvorsprung verspielt, der sich letztendlich negativ auf den Erfolg auswirkt. Wer heute Erfolg haben will, muß ein Produkt entwickeln, es auf den Markt bringen, blitzschnell die Strömungen und Anregungen des Marktes erfassen und diese Erkenntnisse umsetzen, indem er sein Produkt gezielt verändert.
Dies bedeutet, daß der Kunde in Zukunft immer stärker in die Produktentwicklung mit einbezogen wird. Derjenige, dem es gelingt, seine Produkte immer möglichst schnell an die Kundenbedürfnisse anzupassen, wird gegenüber den Mitbewerbern den größten Erfolg erzielen. Ein gutes Beispiel für die Geschwindigkeit und die daraus resultierenden Probleme gibt die S-Klasse von Mercedes-Benz wieder. Hier wurde im Zeitraum von zehn Jahren ein Automobil entwickelt, das zwar technisch perfekt, jedoch den Anforderungen unserer Zeit und vieler Kunden nicht mehr vollständig gerecht wird. Die Folge davon: Die S-Klasse von Mercedes war und ist massiver Kritik ausgesetzt, und die Verkaufszahlen erreichen nicht das Planziel.

Zunehmende Individualität

Die Menschen streben danach, mehr und mehr ihre eigene Individualität auszuleben. Dies hat zur Konsequenz, daß Massenprodukte von einem Großteil der Bevölkerung abgelehnt werden. Die Firmen müssen sich also zukünftig darauf einstellen, den Kunden individuelle Produkte zur Verfügung zu stellen. Ein gutes Beispiel hierfür ist die Firma Swatch. Alle Swatch-Uhren sind zwar in erster Linie ein Zeitmesser,

jedoch kann sich jeder Käufer individuell für ein Design seiner Wahl entscheiden.
Jener Konsequenz aus der zunehmenden Individualität werden auch viele andere Branchen noch ausgesetzt sein. Die Zeiten, in denen das gleiche Auto millionenfach gleich verkauft wurde, scheinen ebenfalls gezählt. Vielleicht wird es in Zukunft so sein, daß von den Automobilfirmen jeweils ein Grundmodell angeboten wird und der Käufer das Auto individuell zusammenstellen kann. Erste Schritte in diese Richtung wurden bereits von den Firmen getätigt (mehr Auswahl an Farben, Reifen, Spoilern, Inneneinrichtung usw.).
Oder nehmen Sie die Gastronomie. Die Menüs, die ein Restaurant anbietet, entsprechen in ihrer Zusammensetzung äußerst selten dem Geschmack aller Gäste. Viele Restaurants sind leider immer noch so unflexibel, daß sie den Wunsch des Kunden nach einer individuellen Zusammenstellung seiner Menüfolge (oder auch eines einzelnen Gerichtes) nicht nachkommen können.
Sie sehen also, es gibt eine Vielzahl von Möglichkeiten, sein Produkt individuell nach den Wünschen des Kunden anzupassen. Machen Sie sich deshalb Ihre eigenen Gedanken, wie Sie Ihr Produkt so individuell anbieten, daß Sie einen möglichst großen Erfolg erzielen können.

Planungen verlieren an Bedeutung

Alle Bereiche der Planung, wie Kosten- und Umsatzplanung, Zielkontrollplanungen, Stellenbeschreibungen, Dienstpläne, Aufgabenlisten usw. verlieren mehr und mehr an Bedeutung.
Gerade kleine und mittlere Betriebe vollziehen folgende Entwicklung: Zunächst einmal konzentriert sich der kleine Betrieb auf die Kunden und die Mitarbeiter. Oft handelt es sich bei den Betriebsinhabern um Fachleute, die jedoch keinen

betriebswirtschaftlichen Abschluß besitzen. Wird der Betrieb erfolgreicher, so kommen die Inhaber irgendwann zu dem Entschluß, sie hätten Defizite im Bereich der Betriebswirtschaft (Soll-Ist-Planungen, Controlling, Statistiken usw.), und beginnen in diesen Bereichen zu investieren. Die Folge davon ist, daß sich diese Betriebe mehr und mehr auf den betriebswirtschaftlichen Bereich konzentrieren und der Betrieb auch tatsächlich immer besser organisiert und strukturiert wird. Es werden genaue Soll-Ist-Pläne für Kosten- und Umsatzbereiche erstellt, die einzelnen Abteilungen führen genaue Zielkontrollen, es werden eigene Bereiche für das Controlling der Mitarbeiter und der Ergebnisse geschaffen, es gibt für jeden Arbeitsplatz eine genaue Stellenbeschreibung usw.

Im Laufe dieser Entwicklung ist der Betrieb dann eines Tages perfekt organisiert, und jeder Teilbereich des Betriebes wird perfekt erfaßt und ausgewertet. Doch in der Folgezeit machen dann die meisten Betriebe die Erfahrung, daß sie zwar wissen, in welchen Bereichen es bei ihnen hapert, aber dabei vergessen, sich weiterzuentwickeln und innovativ zu bleiben.

Es ist schön zu wissen, daß der Umsatz pro Quadratmeter Verkaufsfläche bei xy DM liegt und man damit gegenüber dem Branchendurchschnitt xy Prozent erfolgreicher arbeitet. Doch wenn man die gesamte Energie des Unternehmens auf die Steigerung des Erfolgs gerichtet hätte, würde man vielleicht noch mehr über dem Branchendurchschnitt liegen. Das Zeitalter der Planung scheint jedenfalls vorbei zu sein. Wie anders ist es zu erklären, daß große Betriebe mit Hunderten von Mitarbeitern, die eigens für diese Bereiche angestellt sind, die geplanten Sollzahlen oftmals nicht erreichen?

Den größten Erfolg erzielen diejenigen Unternehmen, die ihre komplette Denke und die daraus resultierende Energie in die Weiterentwicklung des Betriebes und der angebotenen Produkte investieren.

Viele Unternehmen jedoch, die teilweise große Erfolge erzielen, bekommen irgendwann ein schlechtes Gewissen, weil sie im klassischen betriebswirtschaftlichen Bereich Defizite aufweisen. Sie konzentrieren sich dann ab diesem Zeitpunkt verstärkt auf diese Bereiche. Natürlich ist die Folge davon, daß entweder die Kosten steigen (es müssen ja Mitarbeiter diesen Bereich dann auch bearbeiten) oder die bestehenden Mitarbeiter ihre Konzentration weg von der Innovation hin zur Verwaltung verschieben. Viele Betriebe gehen mittlerweile weg von der extremen Planung und den daraus resultierenden Kosten und hin zur sogenannten »Lean-production« (zu diesem Thema zu einem späteren Zeitpunkt mehr).

Erlebnisangebote

Im neuen Zeitalter gewinnen immer mehr die Produkte und Angebote an Bedeutung, durch die der Käufer ein aktives Erlebnis erfährt. Dabei muß unterschieden werden zwischen dem sogenannten passiven Erlebnis und dem sogenannten aktiven Erlebnis. Der Käufer des neuen Zeitalters sieht sich dabei nicht mehr als passiver, sondern als aktiver Konsument. Diese Einstellung hat vielfältige Bedeutungen für die Unternehmen. Beispiele:

- Anbieter von Fortbildungsseminaren werden mehr und mehr die Seminare so gestalten müssen, daß ein aktiver »Workshop-Charakter« entsteht und ein Seminarteilnehmer aktiv daran teilnehmen kann.
- In Restaurants wird das Essen nicht einfach dem Gast serviert, sondern der Gast kann bei der Zubereitung der Gerichte zusehen und vielleicht sogar mitwirken.
- Beim Kauf einer neuen Kücheneinrichtung kann mit Hilfe von interaktiven Computerprogrammen die Küche am Computerbildschirm Stück für Stück geplant und zusammengesetzt werden. Der Verkäufer kann zusammen mit

den Interessenten auf diese Weise den Kunden seine fertige Küche vor Augen führen. Mit Hilfe von Cyperspace-Technik kann er sich bereits einmal in seiner neuen Küche umsehen und auf diese Weise aktiv einkaufen.

- Das Gesicht eines Kunden wird beim Friseur am Computer mit verschiedenen Frisuren versehen, so daß der Kunde genau ersehen kann, wie er mit welcher Frisur anschließend aussehen wird.

Hierarchien abbauen

Hierarchien sind heute mit der größte Hemmschuh bei der Weiterentwicklung von Unternehmen. Je mehr Hierarchie in einem Unternehmen existiert, desto organisierter und planbarer läuft vielleicht der Betriebsablauf, doch es bleibt kein Platz mehr für Kreativität und Innovation. Die Zeit des linearen, strategischen Planens und Organisierens ist jedoch vorbei. Im kommenden Zeitalter wird es notwendig sein, daß durch flache Hierarchien ein größeres Chaos im Unternehmen entsteht. Größeres Chaos bedeutet aber nicht negative Turbulenz, sondern fördert die Innovation in Unternehmen. Exakt organisierte Untenehmen haben keinen Raum für Weiterentwicklungen.

Einer meiner besten Freunde und Beraterpartner in meiner Firma, Stefan Haase, arbeitete vor seinem Engagement bei INLINE in einem großen Konzern. Er erzählte mir einmal die Geschichte von einer Mitarbeiterin, die einen Verbesserungsvorschlag schriftlich einreichte. Der Vorschlag wanderte zunächst zum Abteilungsleiter, dann vom Abteilungsleiter zum Verbesserungsbüro (wieso entscheidet eigentlich das Verbesserungsbüro darüber, wie in der Einzelabteilung eine Verbesserung durchgeführt werden kann?). Dort lehnte dann der Entscheidungsträger die Eingabe ab, da die schriftliche Form der Eingabe sehr zu wünschen übrig ließ

(es handelte sich bei der Mitarbeiterin um eine Arbeiterin in der Produktion, die die deutsche Sprache nicht hundertprozentig in bezug auf Grammatik und Rechtschreibung beherrschte).
Der zuständige Mitarbeiter war der Meinung, daß ein Verbesserungsvorschlag von einer Mitarbeiterin, die nicht einmal die richtige Form der Eingabe beherrscht, wohl nicht besonders gut sein könne. Das Unternehmen arbeitete jedenfalls noch Jahre weiter, ohne daß der Verbesserungsvorschlag der Mitarbeiterin umgesetzt worden wäre. Erst als einige Jahre später eine teure Unternehmensberatung die Firma analysierte, wurde von dieser Beratungsfirma jene Maßnahme als eminent wichtig vorgeschlagen. Als dann der Vorschlag der Unternehmensberatung umgehend in die Tat umgesetzt wurde, beschwerte sich natürlich die Mitarbeiterin, warum ihr Vorschlag seinerzeit nicht einmal diskutiert, geschweige denn umgesetzt und belohnt wurde. Bei der Rekapitulation wurde schließlich die damalige Eingabe entdeckt. Dies ist nur ein Beispiel, wie Hierarchien, Verantwortungen, Kompetenzen usw. zu Demotivation und Stillstand führen.
Da wir in einem späteren Kapitel dieses Buches nochmals zum Thema »Hierarchien« kommen, beenden wir diesen Abschnitt mit diesem Grundgedanken.

Vernetzen

Im neuen Zeitalter wird es immer wichtiger, Vernetzungen zu knüpfen. Zunächst einmal sollten die Mitarbeiter in einem Betrieb miteinander verknüpft werden (siehe hierzu auch das 9. Kapitel).
Neben einer Vernetzung der Mitarbeiter sollten auch die Kunden mit dem Unternehmen vernetzt werden. In Zukunft wird für den Unternehmenserfolg immer mehr von entscheidender Wichtigkeit sein, ob die Kunden Einfluß auf die Entwicklung

des Angebotes nehmen können oder nicht. Dazu ist es notwendig, Vernetzungen mit den Kunden zu schaffen.
Weitere Vernetzungen sind notwendig mit anderen Anbietern, um einen regen Erfahrungsaustausch und einen Know-how-Transfer zu gewährleisten. Wer heute nicht damit beginnt, diese Vernetzungen zu schaffen, der wird morgen im Markt keine Bedeutung mehr haben.

Lifestyle

Erfolgreiche Unternehmen der Zukunft verkaufen nicht mehr nur den Produktnutzen als solchen, sondern der Kunde erwirbt zusammen mit seinem Produkt ein Lebensgefühl: Lifestyle. Es gibt Firmen, die über alle Trends hinweg es immer wieder verstanden haben, den Menschen ein besonderes Lebensgefühl durch das Produkt zu vermitteln. Denken wir hier nur an die Tabakwarenindustrie. Sie verkaufen ein Produkt, das nicht nur keinen Nutzen bietet, sondern darüber hinaus auch noch schädlich ist. Trotzdem (wenngleich die Produktionszahlen sinken) haben sie es bis heute verstanden, erfolgreich ihre Produkte zu vertreiben. Wer erinnert sich nicht an die Zeit, als er sich die erste »Marlboro« anzündete und dabei »den Geschmack von Freiheit und Abenteuer« erlebte? Nach dem ersten Zug war zwar ein fürchterliches Brennen, verbunden mit einem Hustenanfall, die Folge, trotzdem haben wir es verstanden, uns das Rauchen anzugewöhnen. Man raucht eben nicht nur allein wegen des Produktnutzens, sondern wegen des Lebensgefühls, das sich damit verbindet. Ein weiteres Beispiel ist die Softdrink-Industrie. Die beiden großen Konkurrenten Pepsi und Coca haben es meisterlich verstanden, mit ihren Produkten ein Lebensgefühl zu verknüpfen. So lief im März 1993 von der Firma Coca-Cola ein Werbespot, der das zunehmende Auseinanderbrechen von festgeleg-

ten Zielgruppen recht treffend beschreibt. Dort wird ein Pfarrer gezeigt, der surft. Oder eine Geschäftsfrau, die in ihrer Freizeit malt, usw. Es wird also ausgedrückt, daß die Zeiten der festgelegten Verhaltensweisen vorbei sind. Die Menschen werden zunehmend individueller (vgl. Abschnitt 4), wobei sie nur noch das gleiche Lebensgefühl verbindet.
Dementsprechend ist auch die Kernaussage des Coca-Cola-Spots, daß manche Menschen einfach intensiver leben und intensiver genießen. Damit spricht Coca-Cola alle Menschen und Zielgruppen an. Der Wunsch, aus der Masse herauszutreten und sich individuell zu präsentieren, wird in dem Werbespot hervorragend den potentiellen Käufern übermittelt.

Bedeutung von Preis, Werbung und Verkauf

In Zukunft wird es für viele Firmen schwer werden, den hohen Preis für ihre Produkte zu rechtfertigen. Der Kunde der Zukunft wird immer mehr Preisvergleiche anstellen und sich nicht mehr so leicht durch Werbung und Verkaufstechniken überzeugen lassen. Wenn ich aber hier nun schreibe, daß der Preis an Bedeutung gewinnt, dann setze ich etwas Wichtiges voraus: Das Produkt muß mit anderen Erzeugnissen vergleichbar sein! Das heißt also, daß der Preis nur dann in Zukunft eine größere Rolle spielen wird, wenn es gleichwertige Produkte von Mitbewerbern gibt. Je vergleichbarer ein Produkt ist, desto stärker werden die Preise vom Kunden verglichen und bewertet. Man denke hier beispielsweise nur einmal an die Tabakindustrie. Es gibt hier einen völlig identischen Kundennutzen (sofern das Wort Nutzen hier überhaupt verwendet werden kann), so daß hier nur über den Preis und über enorme Aufwendungen im Marketingbereich der Kunde gewonnen werden kann.
Es gibt mittlerweile einige Managementfachleute, die der

Ansicht sind, daß die Werbung und der Verkauf in Zukunft an Bedeutung verlieren werden und dafür der Kunden- und der Produktnutzen an Bedeutung gewinnen. Im Klartext heißt dies nichts anderes, als daß sich ein Produkt von alleine verkauft, wenn nur der Nutzen im Vergleich entsprechend hoch ist. Diese Meinung teile ich nicht. Es ist nun einmal so, daß wir jede Information, die wir erhalten, im Unterbewußtsein abspeichern. Je öfter die gleiche Information im Unterbewußtsein abgespeichtert wird, desto stärker werden wir dadurch beeinflußt. Die Wiederholung führt also zur intensiveren Beeinflussung. Wer nun diese Eigenschaft des menschlichen Gehirns kennt, der weiß auch, warum Werbung überhaupt einen Effekt erzielt. Nicht von heute auf morgen, aber im Laufe der Zeit.
Ich bin zwar auch der Ansicht, daß es wesentlich wichtiger ist, den Kunden- und Produktnutzen ständig zu erhöhen, trotzdem werden Werbung und Verkauf ihre Bedeutung behalten. Denn selbst das perfekteste Produkt mit dem größtmöglichen Kundennutzen läßt sich eben schneller und leichter verkaufen, wenn es mit einer passenden Werbekampagne im Unterbewußtsein der Kunden verankert wird. Ich bin auch der Meinung, daß der Verkauf in Zukunft nicht an Bedeutung verlieren, sondern an Bedeutung gewinnen wird. Wobei die Zeiten des »Hard-Selling«, also des Hochdruck-Verkaufes, ein für allemal vorbei sind. Wer heute noch der Ansicht ist, er könne Kunden »über den Tisch ziehen«, der wird vom Markt verschwinden. Unter zukünftigem Verkauf stelle ich mir eine fachlich und menschlich erstklassige Beratung vor. Wobei meiner Ansicht nach die menschliche Seite dabei wesentlich wichtiger als die fachliche Beratung ist. Es ist wichtiger, den Kunden als Menschen zu behandeln, ihm gegenüber offen und ehrlich zu sein, ihm alle Vorzüge, aber auch alle Nachteile offen aufzuzeigen und ihm die freie Entscheidung zu überlassen. Wer dies unter Verkauf versteht, der wird Anerkennung

bei seinen Kunden erzielen und automatisch eine Beziehung zu seinen Kunden aufbauen.
Dennoch sprechen einige Zeichen dafür, daß der klassische Verkäufer auch seine Nachteile für Unternehmen hat. Ein Repräsentant kostet ein Unternehmen, inklusive sämtlicher Zulagen, Weihnachts- und Urlaubsgelder, Übernachtungen, Fahrtspesen, Geschenke usw., ungefähr 100 000 DM pro Jahr. Wenn man sich nun überlegt, welcher Teil der bundesdeutschen Wirtschaft aus Klein- und Mittelbetrieben besteht, dann können Sie sich vorstellen, wie sich diese Kosten für kleine oder mittlere Firmen auswirken.
Ein Unternehmen mit vielleicht 1,5 Mio. DM Jahresumsatz muß für zwei bis drei Verkäufer gleich mal 200 000 bis 300 000 DM pro Jahr an Kosten einplanen.
Und nun ist natürlich die Frage zu stellen, ob es nicht sinnvoller ist, einen Teil dieser Kosten direkt in den Kundennutzen zu investieren. Im 9. Kapitel werden Sie zu diesem Thema noch sehr viel mehr Informationen und Anregungen erhalten.

Beziehungen entwickeln

Wollen Sie auch in Zukunft noch erfolgreich mit Ihrem Unternehmen sein, ist es wichtig, daß Sie gute Beziehungen zu Ihren Kunden entwickeln. Die Zeiten sind vorbei, in denen die Geschäftsführung eines Unternehmens im stillen Kämmerlein neue Strategien und Entwicklungen plante und diese dann den Kunden vorführte. Man denke nur an das Negativbeispiel der S-Klasse von Mercedes, die bei vielen treuen Stammkunden auf Unverständnis stieß. Praktisch zum ersten Mal seit Bestehen des Konzerns wurde Kritik an einem neuen Mercedes-Produkt laut. Die Autos waren einfach zu groß, zu schwer, verbrauchten zuviel Energie, ja, die ersten Autos, die vom Band liefen, waren so schwer, daß bei einer Besetzung von mehr als zwei Personen das zulässige Gesamtgewicht

überschritten gewesen wäre. Ein klassisches Beispiel dafür, daß damals wenig Kundennähe bestand (mittlerweile hat hier Mercedes viel gelernt und umgesetzt).
Aber das ist nicht mit Beziehungen gemeint. Vielmehr wird es wichtig werden, Kunden in das Unternehmen einzubinden. Dies setzt natürlich Transparenz, Information und sehr viel Kommunikation voraus. Vernetzen Sie sich mit Ihren Kunden. Sprechen Sie möglichst oft mit Ihren Kunden, auch und gerade in den obersten Führungsetagen. Meist treffen Personen aus der Geschäftsleitung wichtige betriebliche Entscheidungen, hatten jedoch seit Jahren mit Kunden keinen Kontakt mehr und wissen nicht, was an der Basis eigentlich läuft. Es gibt die vielfältigsten Möglichkeiten, eine Beziehung zu seinem Kunden aufzubauen. Sie reichen von Betriebsfeiern mit den Kunden, Informationstreffen, gemeinsamen Kurzreisen, gemeinsamen Veranstaltungen, persönlicher Ansprache bis hin zu Seminaren, die Sie für Ihre Kunden veranstalten (so wurde ich schon von Steuerberatern, Banken, Immobilienfirmen, Autohäusern usw. eingeladen, um ein Seminar für die Kunden zu halten).
Doch genau dies ist das Geheimnis der Zukunft. Kunden müssen zu Freunden werden. Bauen Sie also eine freundschaftliche Beziehung zu jedem einzelnen Kunden auf. Wie und mit welchen Mitteln und Möglichkeiten Sie dies bewerkstelligen, ist sicherlich von Branche zu Branche, von Region zu Region und von Firma zu Firma unterschiedlich. Doch gewöhnen Sie sich an den Gedanken, und entwickeln Sie Möglichkeiten zur Intensivierung der Beziehungen zu Ihren Kunden.

Ende des Patriarchats

Die Zeiten der Hierarchie sind vorbei. Bemühen Sie sich also um einen flachen Aufbau in Ihrer Unternehmensstruktur. Allerdings wird es auch in Zukunft noch eine Form der Hierarchie geben müssen, aber nicht mehr ex officio (Kraft des gegebenen Amtes), sondern ex persona (Kraft der eigenen Persönlichkeit). Das bedeutet, daß in Zukunft diejenigen Menschen Führungspositionen einnehmen werden, die sie sich tatsächlich aufgrund ihrer Leistung sowohl im fachlichen als auch im menschlichen Bereich erarbeiten. Es bedeutet aber auch, daß solche Führungspositionen nicht mehr als Erbhöfe zu sehen sind. Wer in der Vergangenheit einmal eine Position erreicht hatte, wurde nur schwerlich aus dieser Position wieder verdrängt, wenngleich es oftmals bessere Alternativen im Unternehmen gab. In Zukunft wird sich jede Führungskraft immer wieder neu beweisen müssen und immer wieder neu durch Leistung rechtfertigen, daß sie diese Position noch verdient. Vielleicht mag sich das für den einen oder anderen grausam anhören, doch genau dies wird für eine weitere rasante Entwicklung sorgen. Wer nicht ständig gefordert wird, bleibt stehen, und wer stehenbleibt, verkümmert. Ein Naturgesetz ist es, daß jede Pflanze, jeder Baum wachsen will und beständig wächst. Hört ein Baum auf zu wachsen, so stirbt er. Warum soll es in einem lebenden Organismus wie einem Unternehmen anders sein? Die Geschäftsführung eines Unternehmens wird so lange gefordert, solange sie das Unternehmen leitet, ja, der immer härter werdende Wettbewerb zwingt jeden Unternehmer dazu, sich nicht nur der Entwicklung anzupassen, sondern der allgemeinen Entwicklung immer ein Stückchen voraus zu sein.

Ist vielleicht gerade dieses ständige Fordern ein Grund dafür, daß viele Unternehmer nicht nur sehr alt werden, sondern auch im hohen Alter noch agil und im Vollbesitz ihrer geistigen Kräfte sind?

Aber auch bei den Hierarchien der Zukunft wird es immer einen »Kopf« in jeder Organisation geben. Dieser Kopf muß jedoch eine völlig neue Form der Mitarbeiterführung finden, wenn er mit seinem Unternehmen erfolgreich sein will. Die

Zeiten des Patriarchen, dessen Wort Gesetz ist, sind vorbei. Wer kennt nicht den beliebten, bekannten Bürospruch:

§ 1 der Büroordnung:	Der Chef hat recht.
§ 2 der Büroordnung:	Hat der Chef unrecht, tritt automatisch § 1 in Kraft.

Die Führungspersönlichkeit der Zukunft *muß* einen kommunikativen Führungsstil pflegen. Der Kopf der Zukunft *muß* in der Lage sein, konstruktive Kritik seiner Mitarbeiter nicht nur zu ertragen, sondern lieben zu lernen. Er *muß* in der Lage sein, die unterschiedlichen Charaktere seines Teams alle gleich anzuerkennen. Oft ist es so, daß ein Unternehmer die Mitarbeiter besonders mag und bevorzugt, die ihm am ähnlichsten sind. Mitarbeiter, die vielleicht seinem Charakter genau widersprechen, werden dagegen von ihm unterdrückt und demotiviert. Der Kopf der Zukunft muß also in der Lage sein, kontroverse Meinungen zu akzeptieren und zu fördern. Denn nur durch Diskussion, nur durch Reibung entsteht neue Energie. Besprechungen, in denen der Chef eine Idee vorträgt und alle anwesenden Mitarbeiter nur mit dem Kopf nikken, sind sinnlos.
Unterschiedliche Meinungen, heftige Diskussionen, konstruktive Kritik – das sind die Mittel, um Altes über Bord zu werfen und neue Ideen und neue Energien zu produzieren.
Diese Anforderungen des kommunikativen Führungsstils erfordern jedoch eine starke Persönlichkeit mit unerschütterlichem Selbstvertrauen. Doch genau daran mangelt es den meisten Führungspersonen. Ich habe festgestellt, daß fast zwei Drittel aller Führungskräfte im Grunde genommen gehemmt und voller Komplexe sind. Aufgrund der Hemmungen sind sie jedoch unsicher und verfallen in einen patriarchalischen Führungsstil, nur um keine eigenen Fehler und Schwächen eingestehen zu müssen. Deshalb wird in Zukunft

die Arbeit an der eigenen Persönlichkeit, die Entwicklung der »Denke« eine entscheidende Rolle in den Unternehmen spielen.

Leitthesen zur 6. Stufe

1. Vernetzungen mit Kunden, Mitarbeitern, Kollegen usw. gewinnen in Zukunft immer mehr an Bedeutung!
2. Die Geschwindigkeit nimmt noch immer zu. Deshalb finde ich in der Praxis ständig Verbesserungen. Viele kleinste Qualitätsverbesserungen summieren sich zu einem großen Ganzen!
3. Mein Produkt ist möglichst individuell für jeden einzelnen Kunden!
4. Es kommt das Zeitalter der schnellen Entscheidungen, des partnerschaftlichen Verhaltens zu Mitarbeitern und Kunden!
5. Der Kunde will nicht mehr konsumieren, sondern erleben. Deshalb muß der Kunde in ein Erlebnis eingefügt werden!
6. Hierarchien baue ich auf ein Mindestmaß ab!
7. Der Preis spielt eine um so geringere Rolle, je größer der Kundennutzen ist!
8. Um meine jetzigen Kunden auch morgen noch zu haben und neue Kunden zu gewinnen, baue ich zu jedem meiner Kunden eine partnerschaftliche Beziehung auf, die über das bisherige Verhalten hinausgeht!
9. Ich sehe meine Mitarbeiter als Partner und führe sie kooperativ!

Notizen: ______________________________

____

____

7. Stufe: Investition nach innen oder außen?

Erläuterung

Um Ihnen den Sinn dieser Aussage vor Augen zu führen, möchte ich Ihnen zunächst die Geschichten zweier Firmen vortragen.
Eine traditionsreiche mittelständische Firma ist in die roten Zahlen gerutscht. Der Firmeninhaber, fast siebzigjährig, wendet sich an seinen Sohn, einen Diplombetriebswirt, der als Unternehmensberater tätig ist. Der Sohn analysiert sorgfältig die Firma und erstellt einen ausführlichen Beratungsbericht, in dem er zahlreiche Maßnahmen und Vorschläge unterbreitet. Die Kernaussage seines Berichtes liegt dabei auf der Tatsache, daß der Betrieb seines Vaters unbedingt modernisiert werden müßte. Die Firma arbeitet immer noch ohne moderne Computeranlage, die Maschinen in der Fertigung sind veraltet und erbringen nicht die Leistung moderner, rationeller Maschinen usw. Der Vater läßt sich von seinem Sohn überzeugen, klärt die Finanzierung mit seiner Bank ab und investiert kräftig in seinen Betrieb. Ein Jahr später ist der Betrieb noch stärker in die roten Zahlen gerutscht.
In einer Druckerei, die insgesamt über zwanzig Mitarbeiter beschäftigt, ist der Firmeninhaber verstorben. Sein Sohn, gleichzeitig Haupterbe der Druckerei, übernimmt den Betrieb. Zuallererst beruft er eine Mitarbeiterversammlung ein, bei der sämtliche Zahlen und Vorgänge im Betrieb diskutiert werden. Als von den verschiedenen Abteilungsleitern die Situation des Betriebes vorgestellt wird, stellt die Ver-

sammlung fest, daß es momentan nicht möglich ist, größere Investitionen im Betrieb vorzunehmen. Die gesamte Mitarbeitermannschaft beschließt daraufhin, gemeinsam nach Lösungen zu suchen, um den Betrieb erfolgreicher zu führen. Zu diesem Zweck wird vereinbart, sich regelmäßig einmal die Woche zu treffen, um nach neuen Innovationsmöglichkeiten zu suchen. Ein Jahr später hat der Betrieb seinen Umsatz um über 50 Prozent steigern können, so daß gute Ergebnisse erwirtschaftet werden.

Was möchte ich Ihnen mit diesen beiden Firmenverläufen verdeutlichen?

Denken Sie zunächst einmal über die beiden Firmengeschichten genauestens nach. Wie war die Vorgehensweise bei der ersten Firma, die schließlich in die roten Zahlen geriet, und welche Maßnahmen und Veränderungen nahm die zweite Firma vor? Vereinfacht ausgedrückt, investierte die erste Firma nach *innen*, das heißt in neue Maschinen, neue Computeranlagen, neue Büroausstattung usw. Die zweite Firma, die nicht die finanziellen Möglichkeiten hatte, investierte dagegen nach *außen* in den Markt. Die Mitarbeiter trafen sich regelmäßig zu Besprechungen, um dort Veränderungen und die betriebliche Weiterentwicklung zu erörtern. Die Folge war, daß die Firma nicht größere Beträge nach innen (Maschinen usw.), sondern kontinuierlich nach außen (in den Markt) investierte. Die Mitarbeiter tauschten sich bei ihren regelmäßigen Besprechungen aus, so daß alle ein gleich hohes Qualifizierungsniveau erwarben. Zusätzlich nahmen immer wieder Mitarbeiter der Firma an externen Aus- und Fortbildungsmaßnahmen teil, die dann intern bei den regelmäßigen Besprechungen an die anderen Beschäftigten weitergegeben wurden. Der neue Firmeninhaber, der Sohn des verstorbenen Firmengründers, investierte einen Großteil seiner Zeit in Besprechungen mit seinen Mitarbeitern und Kunden. Die Folge war, daß sowohl von Mitarbeitern als auch von den Kunden zahlreiche Vorschläge und Verbesserungswünsche vorgetragen wurden, welche dann in der Firma konsequent umgesetzt wurden. Die Firma investierte die langsam steigenden Gewinne aber auch in zusätzliche Werbe- und Marketingmaßnahmen. Die Stammkunden wurden regelmäßig über eine eigene Hauszeitschrift informiert, und die Werbung im Mailing-Bereich wurde forciert. Durch den regen Erfahrungsaustausch innerhalb des Mitarbeiterstabes wurde die mangelhafte Effektivität des vorhandenen Maschinenparks und der Büroverwaltung um ein Vielfaches wettgemacht.

Investition	
Außen (in den Markt)	*Innen (Eigentum)*
• Gute Mitarbeiter • Qualifizierte Mitarbeiter • Aus- und Fortbildung • Forschung und Entwicklung • Betriebsklima • Werbung • Image und Public Relations • Informationsfluß • Erhöhung des Kundennutzens • Erhöhung des Produktnutzens • Erhöhung des Mitarbeiternutzens	• Maschinen • Gebäude • Büroausstattung • Fuhrpark • Eigene Fertigung und Herstellung • Computer

Anhand der aufgeführten Tabelle können Sie ersehen, wo Sie nach innen (Eigentum) und wo Sie nach außen (in den Markt) investieren können. Wenn ich bei meinen Seminaren der letzten Jahre dieses Thema erläuterte, erhob sich jedesmal stürmischer Protest der anwesenden Teilnehmer, die mit meiner Auffassung nicht konform gehen konnten. Gerade Indu-

strieunternehmer argumentierten, daß es in der heutigen Zeit des Wettbewerbsdrucks unumgänglich sei, ständig in die effektivsten Maschinen zu investieren, um dem Preisdruck des Wettbewerbs standhalten zu können. Ich entgegnete jedesmal, daß die Entwicklung nach meiner Auffassung dahingehend ist, daß die Fertigung in Deutschland mehr und mehr abgebaut wird und auf lange Sicht hinaus eine Fertigung in Deutschland, egal wie modern und effektiv der Maschinenpark auch sein sollte, ineffektiv ist.
Betrachtet man heute die Industrie genauer, stellt man fest, daß genau diese Entwicklung eingetreten ist. Diejenigen Unternehmen, die ihre Fertigung in Deutschland abbauten, sind heute am Markt am erfolgreichsten. Die Fertigung abzubauen bedeutet, daß man entweder die Fertigung komplett an Subunternehmer vergibt oder zumindest Teilbereiche von Betriebsabläufen auslagert. Eine weitere Möglichkeit ist es, kostengünstige Produktionsstätten im Ausland zu errichten.
Analysieren wir einmal die in der jetzigen Zeit erfolgreichsten Firmen. Die erfolgreichsten Branchen sind dabei Banken, Versicherungen, Dienstleistungsunternehmen (z. B. Unternehmensberatungen, Finanzberatungen). Es könnten noch mehr Beispiele aufgeführt werden, doch all diese Branchen haben eines gemeinsam: Um erfolgreich zu werden, investieren diese Branchen grundsätzlich zunächst nach außen, ehe dann später die Investition nach innen erfolgt (eigene Gebäude usw.), um den Erfolg abzusichern und die Erträge steuergünstig anzulegen.
Analysieren wir nun aber auch die Firmen und Branchen, die in der heutigen Zeit mit Schwierigkeiten zu kämpfen haben. Bei genauer Durchleuchtung stoßen wir dabei immer auf Branchen, die im produzierenden und verarbeitenden Bereich liegen. Zum Zeitpunkt der Erstellung dieses Buches sind dies der Maschinenbau, die Textilindustrie, die Automobilindustrie usw.
Wie aber sollen die Unternehmen reagieren? Nun, die ersten

Schritte werden von den Industriebetrieben bereits vorgenommen. Nachdem jahrelang die Politik der Eigenfertigung vorherrschte, wird nun möglichst eine Vielzahl von Teilbereichen ausgelagert. Dies geht so weit, daß Betriebe die eigene Krankenkasse, die eigene Kantine, die eigene Fertigung, ja sogar die eigene Verwaltung an Subunternehmen vergeben und sich hauptsächlich darauf konzentrieren, eine Investition nach außen, in den Markt, vorzunehmen. Auch heute gibt es bereits Großunternehmen, die mit diesem Konzept höchst erfolgreich arbeiten. Nehmen Sie beispielsweise einmal die Sportartikelfirma Reebok. Die Firma konzentrierte sich sehr lange darauf, den Bekanntheitsgrad des Firmennamens zu steigern, das Image der Produkte (und damit natürlich deren Qualität) permanent zu steigern und den potentiellen Kunden die Produkte durch erstklassige Marketingstrategien nahezubringen. Die Fertigung der Produkte wird dagegen größtenteils in Fernost vorgenommen, und in den Hauptmärkten, wie etwa Deutschland, erfolgt lediglich der Vertrieb.

Ein weiteres Beispiel sind zahlreiche Bekleidungshersteller. Diese entwickeln nur noch die Kollektionen und Schnitte, während die Fertigung im Ausland von Subunternehmen vorgenommen wird. Die Textilfirmen haben dadurch die Möglichkeit, sich vollständig auf den Vertrieb einzustellen.

Dies bedeutet, daß in das Image und den Bekanntheitsgrad der Produkte investiert wird, daß die Mitarbeiter durch ständige Aus- und Fortbildung hochqualifiziert sind und daß die Innovation bei der Produktentwicklung ständig voranschreitet. Die Firmen, die dagegen einen Großteil der Fertigung noch selber in Deutschland vornehmen, haben meistens mit Ertragsschwierigkeiten zu kämpfen.

Ein weiteres Beispiel wäre die Automobilindustrie. Während über Jahre hinweg die Automobilfirmen ihre Strategie immer mehr darauf ausrichteten, die Zubehörteile auch selber herzustellen, ist hier in den letzten Jahren ein deutlicher

Umschwung festzustellen. Die Automobilfirmen lagern die Fertigung der Einzelteile mehr und mehr an Subunternehmer aus und konzentrieren sich verstärkt auf die Weiterentwicklung ihrer Produkte, auf die Bewerbung dieser Produkte und auf die permanente Entwicklung der Mitarbeiter.
Wie aber könnte nun das Prinzip der Außeninvestition in Klein- und Mittelbetrieben umgesetzt werden? Zunächst einmal sollten alle Möglichkeiten der Auslagerung von Firmenteilbereichen überprüft werden. Es gibt mittlerweile für alle Firmenbereiche Spezialisten, die oftmals kostengünstiger und effektiver diese Bereiche für die Firmen bearbeiten. Überprüfen Sie auf alle Fälle bei größeren Investitionen, ob es nicht möglich ist, darauf zu verzichten und die Produktion von Drittfirmen vornehmen zu lassen. Überprüfen Sie aber auch, ob Sie Teilbereiche (wie Marketing, Personalaus- und -fortbildung, Computerbereich, Buchhaltung usw.) nicht an Spezialisten übergeben können. Je mehr Teilbereiche Sie an Drittfirmen abgeben, desto mehr werden Sie sich dann auf die Investition nach außen konzentrieren können.
Unternehmen, deren Denke und Energie sich ständig darum drehen, welche Maschinen neu erworben werden müssen, wo rationalisiert werden könnte usw., haben einfach nicht die Möglichkeit, ihre Hauptdenke und Energie auf die Weiterentwicklung des Produktes, auf die Bildung eines besseren Images, auf die Werbung usw. zu legen.
Für den Unternehmer gilt folgender Grundsatz:

»Investieren Sie 90 Prozent Ihres Denkens, Ihrer Energie, Ihrer Zeit und Ihrer finanziellen Mittel nach außen!«

Wie diese Investition aussehen könnte, erfahren Sie in den nun folgenden Abschnitten.

Investition des Denkens

In den meisten Unternehmen verbringt der Chef 90 Prozent seiner Zeit damit, sich um den reibungslosen Ablauf in seiner Abteilung oder seiner Firma zu kümmern. Dies bedeutet jedoch nichts anderes, als 90 Prozent seines Denkens nach innen zu investieren. Wenn Sie nun 90 Prozent nach außen investieren wollen, so hat dies als erste Konsequenz, daß eine Vielzahl von Aufgaben und Tätigkeiten vom Chef delegiert werden muß, damit er die Grundvoraussetzung schafft, überhaupt 90 Prozent seines Denkens nach außen investieren zu können. In Zukunft sollte es das Ziel sein, daß der Unternehmer 90 Prozent seines Denkens darin investiert, wie er den Nutzen seines Produktes ausweiten kann, wie er den Bekanntheitsgrad seines Produktes steigern kann, wie er die Mitarbeiter besser qualifizieren kann, damit diese die gleiche Denke wie der Unternehmer erhalten und diese Denke auch umsetzen können, usw.
Die Umsetzung bedeutet also, daß sich der Chef Freiräume schafft, durch die er überhaupt in die Lage versetzt wird, seine Denke nach außen zu richten.

Investition der Energie

Wenn sich Ihre »Hauptdenke« darum dreht, wie Sie das Firmenimage steigern können, wie Sie den Produktnutzen ständig erhöhen können, wie Sie Ihre Mitarbeiter aus- und fortbilden können, wie Ihre Werbung optimiert werden könnte usw., dann wird sich Ihre Energie automatisch, ohne daß Sie hier etwas bewußt in Gang setzen müßten, nach *außen* richten.
Wenn sich Ihre gesamte Grundeinstellung verändert, werden Sie die Kraft und Energie, die Sie besitzen, automatisch für andere Dinge einsetzen. Jeder Tag hat nur 24 Stunden. Sie müssen sich sehr genau entscheiden, wie Sie diese einteilen und wofür Sie Ihre knappe Zeit einsetzen. Doch wenn Sie Ihre

Denke nach *außen* richten, müssen Sie automatisch auch Ihre Energie in diesen Bereichen einsetzen. Wenn Sie sich Gedanken machen, wie Sie den Nutzen für Ihre Kunden und Ihre Mitarbeiter erhöhen könnten, die ausschlaggebend für weiteren Erfolg sind, dann werden Sie automatisch Ihre Energie in diese Richtung lenken und nicht mehr am Schreibtisch sitzen, exakte Plan- und Strategiezahlen entwerfen und vergleichen, nicht mehr endlose Aufgabenpläne und Stellenbeschreibungen zu Papier bringen, sondern Sie werden Ihre Energie in den Ausbau Ihres Erfolges investieren.

Investition der Zeit

Wie sieht zur Zeit noch der normale Arbeitstag eines Chefs aus? Er ist damit beschäftigt, über 90 Prozent seiner Zeit in Routinearbeiten zu investieren. Er telefoniert, diktiert Briefe, hat unzählige Termine, die nur deshalb anfallen, weil der Chef ausschließlich damit beschäftigt ist, nach *innen* zu investieren, usw.

Überprüfen Sie doch einmal selbst Ihre bisherige Laufbahn, und Sie werden feststellen, daß infolge einer ständigen Investition Ihre Hauptzeit auch für diesen Bereich aufgewendet wurde. Ein Unternehmer, der ständig darüber nachdenkt, wie seine Fertigung effektiver arbeiten könnte, welche Maschinen neu angeschafft werden müßten, ob er sein Büro modernisieren sollte, welche Computeranlage er benötigt usw. hat automatisch weniger Zeit, sich um eine Investition nach außen (Mitarbeiter- und Kundennutzen erhöhen, Aus- und Fortbildung, Imagebildung usw.) zu kümmern. Lagern Sie also möglichst viele Teilbereiche an Drittunternehmen aus, delegieren Sie zusätzlich einen Großteil Ihrer Routineaufgaben an qualifizierte Mitarbeiter, und erst dann werden Sie Freiräume haben, um 90 Prozent Ihrer Zeit nach außen zu investieren.

In diesem Zusammenhang sollten wir auch einmal untersuchen, wie der Werdegang einer durchschnittlichen Firma eigentlich verläuft. Die Firma wird meistens vom Unternehmer gegründet und beginnt dank Ideen, Energie und Fleiß zu wachsen und sich positiv zu entwickeln.
Der Unternehmer wird deshalb dazu gezwungen, mehr und mehr Mitarbeiter einzustellen, um die anfallenden Aufträge erledigen zu können. Dies führt dazu, daß der Unternehmer mehr und mehr von seiner bisherigen Tätigkeit Abstand nimmt (den Produktnutzen weiterzuentwickeln) und sich zunehmend in die Administration (Verwaltung) zurückziehen muß. Dies führt als erster Schritt dazu, daß der Unternehmer mehr und mehr den Kontakt zu seinen Kunden verliert. Auf diese Weise erhält der Unternehmer immer weniger Informationen von seinen Kunden, und oft genug kommt es vor, daß die Produkte sich so entwickeln, daß der Kunde diese nicht mehr akzeptiert – und folglich auch nicht mehr erwirbt. Der nächste Schritt ist dann meist – falls sich die Firma noch weiter positiv entwickelt –, daß der Unternehmer auch immer weniger Zeit hat, sich um seine Mitarbeiter zu kümmern. Die Anzahl der Mitarbeiter wächst immer mehr, gleichzeitig aber auch der Anfall an verschiedenen Routinearbeiten. Dies führt dazu, daß der Unternehmer eines Tages 90 Prozent seiner Zeit mit administrativen Aufgaben verbringt und nur noch 10 Prozent seiner Zeit für Mitarbeiter und Kunden investiert.
Jeder Chef sollte deshalb folgenden Entschluß fassen:

Ab sofort 90 Prozent seiner Zeit direkt in seine Mitarbeiter und Kunden investieren!

Investition des Geldes

In der Vergangenheit wurde der größte Teil der zur Verfügung stehenden Finanzierungsmittel nach innen investiert.

Es wurden immer modernere Maschinen erworben, in der Verwaltung wurden immer kompliziertere Computeranlagen eingesetzt usw. Dabei wurde oft genug die Investition nach außen vergessen.
Die erfolgreichen Firmen dagegen beherzigen die Erkenntnisse dieses Kapitels und steigern permanent ihre Ergebnisse. Nehmen wir nur einmal erfolgreiche Franchise-Betriebe wie etwa McDonald's oder Coca-Cola. Diese Firmen arbeiten im Franchise-System, das heißt, daß die einzelnen McDonald's-Filialen oder die Coca-Cola-Fertigungsstätten an Drittunternehmer vergeben werden. Der Franchise-Nehmer muß dann bestimmte Leistungen an den Franchise-Geber erbringen. Die Mutterfirma (McDonald's oder Coca-Cola) konzentriert sich dann hauptsächlich darauf, Image und Bekanntheitsgrad des Produktes und der Firma permanent zu steigern. Zwangsläufig damit einhergehend werden von der Mutterfirma auch dauernd größere Investitonen in qualifizierte Mitarbeiter getätigt. Ob es wohl Zufall, Schicksal und Glück ist, daß Firmen mit diesen grundmethodigen Strategien meist erfolgreicher als andere Firmen sind?
Machen Sie sich deshalb sehr genau Gedanken darüber, in welchen Bereichen Sie zukünftig finanziell investieren möchten.
Investition nach außen, in den Markt bedeutet, daß Sie Ihre Etats vor allen Dingen in den Bereichen Aus- und Fortbildung, Werbung und Marketing, Betriebsklima, qualifizierte Mitarbeiter und Erhöhung des Produktnutzens aufstocken müssen.
Ihre Hauptaufgabe als Chef muß es zukünftig sein, daß die Mitarbeiter im Laufe der Zeit das gleiche Denken besitzen wie Sie selbst. Nur wenn Ihnen das gelingt, verfügen Sie über einen Betrieb, der den Erfolg ständig ausbaut. Je weniger Sie als Chef aus Zeitgründen direkten Umgang mit Ihren Kunden haben, desto wichtiger ist es, daß Ihre Mitarbeiter die Tätigkeiten in *Ihrem* Sinne absolvieren.

Gerade in vielen kleinen und mittleren Betrieben ist es üblich, daß der Inhaber und vielleicht die wichtigsten Führungspersonen alle möglichen Seminare besuchen und möglichst viel Know-how aufnehmen. An der »Kundenfront« haben diese Unternehmen jedoch Mitarbeiter, in die oft keine einzige Mark in punkto Aus- und Fortbildung investiert wird. Was nutzt es denn, wenn der Unternehmer selber Verkaufsschulungen besucht und ein wirklich professioneller Verkäufer ist, wenn dann nicht er, sondern zwei seiner Mitarbeiter den Verkauf beim Kunden in der Praxis tatsächlich durchführen?

Was hat es denn für einen Sinn, wenn der Chef ständig Schulungen zum Thema Mitarbeitermotivation besucht und die Abteilungsleiter seiner Firma nicht in der Lage sind, die Mitarbeiter, für die sie verantwortlich sind, zu fördern, zu begeistern und zu motivieren, weil sie von diesen Dingen noch nie etwas gehört haben?

Das Thema Input von Know-how wird zukünftig zum zentralen Thema für Unternehmenserfolg werden. Nur durch ein begeistertes, motiviertes und hochqualifiziertes Team von Mitarbeitern lassen sich zukünftig noch Spitzenerfolge erzielen. Bitte bedenken Sie, daß in Zukunft der Wettbewerb in allen Bereichen noch zunehmen wird. Dies hat zur Folge, daß oft das gleiche Produkt in gleicher Qualität und zum gleichen Preis von verschiedenen Unternehmen angeboten wird. Der Informationsfluß ist heutzutage so schnell, daß Ihre Mitbewerber innerhalb kürzester Zeit Ihr Produkt kopieren können und vielleicht sogar zu einem günstigeren Preis auf den Markt bringen. Wenn Sie in diesem härter werdenden Markt der Zukunft bestehen wollen, dann wird es wichtig sein, nicht ausschließlich in den »Hardware-Bereich« zu investieren (neuere Maschinen, bessere Computerausstattung usw.), sondern in den »Software-Bereich« Ihres Unternehmens. Der »Geist des Unternehmens« kann von Ihren Mitbewerbern eben nicht von heute auf morgen kopiert werden. Rationellere und effektivere Maschinen kann Ihr Mitbewerber durch eine einfache finanzielle Transaktion in kürzester Zeit erwerben – aber der Geist eines Unternehmens, die Denke, die kann nicht kopiert und auf einfache Art und Weise übernommen werden. Wenn Sie einen Betrieb besitzen mit qualifizierten Mitarbeitern, die ständig durch weitere Aus- und Fortbildungsmaßnahmen das Know-how erhöhen, wenn Sie es erreicht haben, das Image Ihres Unternehmens und der von Ihnen angebotenen Produkte innerhalb Ihres Kundenkreises auf hohem Niveau anzuheben, dann besitzen Sie die besten Voraussetzungen für den weiteren Ausbau Ihres bestehenden Erfolges.

Zusammenfassung

Als ich vor einigen Jahren die INLINE Unternehmensberatung gründete, bestand die »Hardware« aus einem Büroraum von 20 Quadratmetern Größe mit einer kompletten Büroausstattung (inklusive Bürogeräte) im Gesamtwert von 3000 DM. Ich habe damals jedoch nicht in eine teure Büroausstattung, eine perfekte Computeranlage oder in andere teure Bürogeräte, sondern in das Image und die Leistung der von mir angebotenen Produkte (Beratungsdienstleistungen) investiert. Ich investierte also 90 Prozent meiner Zeit in folgende Tätigkeiten:

- Verfassen von Management-Fachartikeln für entsprechende Fachzeitschriften;
- Regelmäßige Bewerbung der angesprochenen Zielgruppe durch hochwertige Image-Marketing-Strategien;
- Ständige Kontakte, sowohl persönlich vor Ort, als auch telefonisch mit meinen Kunden;
- Ständiges Aufnehmen von neuem Know-how, um dieses dann an Kunden weitergeben zu können;

- Ständiges Arbeiten an der Frage: Wie könnte der Nutzen, den ich meinen Kunden biete, noch gesteigert werden?
- Sorgfältige Ausbildung meiner Mitarbeiter, also Transferfluß von Know-how und Informationen.

Erst viel später, als meine Beratungsfirma bereits siebenstellige Umsätze erzielte, investierte ich dann einen kleinen Teil der Beträge in entsprechende Maßnahmen nach innen (Gebäude, Büroräumlichkeiten, modernste Computeranlagen usw.). Sie sollten sich deshalb folgenden Grundsatz immer zukünftig vor Augen halten:

»Um den Erfolg zu steigern, müssen Sie Ihre Investitionen nach außen (in den Markt) tätigen. Größere Investitionen nach innen (Eigentum) sollten erst vorgenommen werden, wenn der Betriebserfolg bereits besteht und durch diese Investitionen der Erfolg abgesichert werden soll!«

Leitthesen zur 7. Stufe

1. Ich investiere 90 Prozent meiner Möglichkeiten nach außen!
2. Ich verbringe 90 Prozent meiner Zeit bei meinen Mitarbeitern und bei meinen Kunden, nicht im Büro!
3. Ich investiere 90 Prozent meines Denkens darin, wie mein Produkt verbessert und der Nutzen für Kunden und Mitarbeiter gesteigert werden könnte!

Notizen: ______________________________

____

____

8. Stufe: Die Grundlagen des Unternehmenserfolges

Die Größe des Firmenerfolges ist abhängig von der Größe des Nutzens, den Sie *Ihren* Kunden und *Ihren* Mitarbeitern bieten. Gerade über diese beiden Faktoren wird heftig diskutiert.

Immer wieder gibt es sogenannte »Management-Fachleute«, die beweisen möchten, daß diese Faktoren nicht so wichtig sind. So wird hier oft die Tabakindustrie genannt, die ihren Kunden ja wohl keinen Nutzen bietet, sondern, im Gegenteil, ihren Kunden schadet. Diese Aussage ist zwar richtig, doch nur vordergründig betrachtet. Untersucht man einmal das Produkt der Tabakindustrie genauer, so stellt man fest, daß der Kundennutzen (und damit der Produktnutzen) nicht faßbar ist, aber dennoch existiert. Vergleichen Sie hierzu nochmals aus dem 6. Kapitel den Punkt »Lifestyle«, der auch im kommenden neuen Zeitalter nicht nur seine Wichtigkeit behalten, sondern dessen Wichtigkeit noch zunehmen wird. Der Kundennutzen in diesem Falle besteht einfach darin, durch das Rauchen einer Zigarette ein bestimmtes Lebensgefühl nachzuempfinden und durch den Genuß einer Zigarette ein positives Gefühl zu besitzen. Im übrigen investiert gerade diese Branche sehr stark in den Mitarbeiternutzen. Mitarbeiter der Tabakwarenindustrie beziehen nicht nur hervorragende Gehälter, sondern erhalten darüber hinaus zahlreiche weitere soziale Leistungen und Zulagen. Auch die Aus- und Fortbildung der Mitarbeiter nimmt großen Raum in diesem Industriezweig ein. Wenn also schon der Produktnutzen nicht gesteigert werden kann, so müssen um so stärkere Anstren-

gungen im Bereich des Mitarbeiternutzens unternommen werden, um letztendlich erfolgreich zu sein.
Denken Sie ruhig noch ein wenig über die Tabakwarenindustrie nach, die mit einem der schwierigsten Produkte überhaupt dennoch über Jahrzehnte hinweg Erfolge verbuchen konnte. Und ist es nicht interessant, daß gerade die Tabakfirmen, die in die Bereiche Mitarbeiter, Imagebildung und Werbung am meisten investierten, auch den größten Prozentanteil vom Gesamtmarkt erzielten? Je austauschbarer ein Produkt ist, desto mehr gewinnen Werbung und Verkauf an Bedeutung.
Die beiden anschließenden Kapitel 9 und 10 behandeln im einzelnen die beiden Themen »Erhöhung des Mitarbeiternutzens« und »Erhöhung des Kundennutzens«. Bevor Sie jedoch diese beiden Kapitel lesen, ist es wichtig, daß Sie diese beiden Grundlagen Ihres Erfolges verinnerlichen. 90 Prozent Ihres Denkens, Ihrer Energie und Ihrer Zeit sollten Sie darin investieren, wie Sie diese beiden Nutzen permanent erhöhen können. Begehen Sie auch nie den Fehler, eines Tages stehenzubleiben und zu glauben, Ihr Kunden- und Mitarbeiternutzen sei nun bereits hoch genug und könne nicht mehr gesteigert werden. Es gibt keinen Stillstand. Die Entwicklung in der Wirtschaft, gleich um welche Branche es sich handelt, ist noch niemals stehengeblieben. Ganz im Gegenteil, es ist zu erwarten, daß der Druck durch die Mitbewerber, die diese Erfolgsgrundlagen ebenfalls mehr und mehr erkennen, immer stärker zunehmen wird.
Die erste Nation, die diese Erfolgsgrundlagen in ihrer extremsten Form umsetzte, war Japan. Während in Europa und in den USA die Unternehmen beim Kunden- und Mitarbeiternutzen stehenblieben, haben die Japaner kontinuierlich diese beiden Bereiche ausgebaut. Japanische Autos wurden mit mehr Extras und Serviceleistungen zu einem meist günstigeren Preis als die europäischen und amerikanischen Kon-

kurrenzprodukte angeboten. Auch japanische Elektrogeräte waren leistungsfähiger und billiger als die Konkurrenzprodukte. Es ist kein Zufall, daß die japanische Industrie in den letzten 25 Jahren einen Siegeszug ohnegleichen vollzogen hat. Denn nicht nur der Kunde und seine Bedürfnisse stehen bei den japanischen Firmen im Vordergrund, sondern auch die Mitarbeiter. Während die europäische und amerikanische Konkurrenz noch darüber debattierte, wie und warum denn die japanischen Mitarbeiter um soviel fleißiger und produktiver seien als ihre eigenen, präsentierten die japanischen Unternehmen einen hohen Mitarbeiternutzen.
Im Kapitel 10 erhalten Sie noch einige zusätzliche Informationen über die unterschiedliche Produktivität zwischen japanischen, amerikanischen und europäischen Unternehmen und deren Mitarbeitern.
Bevor Sie nun die Kapitel 9 und 10 lesen, verinnerlichen Sie sich bitte nochmals die immense Bedeutung dieses Kapitels. Es geht nicht darum, in Zukunft weitere Lippenbekenntnisse über Nutzenerhöhung von sich zu geben, sondern es geht darum, daß Sie in Zukunft diese beiden Eckpfeiler des Erfolges in Ihrem Unternehmen umsetzen. Lesen Sie also bitte erst weiter, wenn Sie diese Tatsache akzeptieren und verinnerlichen können.

Leitthese zur 8. Stufe

Erfolg ist abhängig von der Menge des Nutzens, den ich Mitarbeitern und Kunden gebe!

Notizen: ______________________________

____

____

9. Stufe: Erhöhung des Kundennutzens

Beispiel für Kundennutzen

Eine Erhöhung des Kundennutzens wird auch in Zukunft eine zentrale Rolle für die Verwirklichung unternehmerischen Erfolges einnehmen. Dabei geht der Kundennutzen über den reinen Produktnutzen hinaus. Gerade dann, wenn Produkte austauschbar sind, das heißt, von Mitbewerbern fast dekkungsgleich angeboten werden, spielt die Erhöhung des generellen Kundennutzens die entscheidende Rolle. Firmen, die frühzeitig damit beginnen, neben der Qualität (= Nutzen) des Produktes den gesamten Kundennutzen zu steigern, werden gegenüber ihren Mitbewerbern die Nase vorn behalten.

Negative Beispiele
Bevor ich darauf eingehe, Ihnen einige Möglichkeiten und Beispiele der Kundennutzen-Erhöhung zu erläutern, möchte ich vorab einmal einige Negativbeispiele aufzählen.

Café
Mit vielen meiner Freunde und Bekannten war ich jahrelang Stammgast in einem Café meines Heimatortes.
Eines Tages wechselte der Besitzer, und ich saß mit zwei Freunden am Abend in diesem Café zusammen. Ich bestellte mir einen Eiskaffee. Als mir die Bedienung den Eiskaffee brachte und ich davon kostete, stellte ich fest, daß die Sahnehaube bereits »sauer« war. Ich reklamierte also die »saure

Sahne« bei der Bedienung. Diese zeigte sich entrüstet und teilte mir mit, das sei praktisch unmöglich, sie hätte heute bereits zwei anderen Kunden einen Eiskaffee serviert und keiner hätte sich beschwert. Ich bestand dennoch darauf, daß die Sahne auf dem Eiskaffee sauer sei, und bat die Bedienung darum, mir eine heiße Schokolade zu bringen. Sie brachte mir schließlich die heiße Schokolade, und ich unterhielt mich weiter mit meinen Freunden. Als ich kurze Zeit später auf dem Weg zur Toilette an der Theke vorbeiging, hielt mich der neue Besitzer an, um nochmals über die »saure Sahne« mit mir zu sprechen. Er erklärte mir, er hätte meinen Eiskaffee selber probiert, und seiner Meinung nach sei die Sahne eindeutig in Ordnung. Weil mir die ganze Angelegenheit mittlerweile auf die Nerven ging, erklärte ich mich daraufhin bereit, sowohl den Eiskaffee als auch die heiße Schokolade zu bezahlen. Im Weggehen hörte ich dann noch, wie der Inhaber zur Bedienung sagte: »Denn alles können wir uns ja von den Kunden auch nicht bieten lassen.« Ich brauche wohl nicht extra zu erwähnen, daß sowohl ich als auch mein kompletter Bekanntenkreis seit diesem Tag das Café nie mehr betreten haben.

Seminar
In einem Tagungszentrum veranstaltete ich einmal ein großes Zwei-Tage-Seminar für ca. zweihundert Seminarteilnehmer. Der erste Tag sollte mit einem gemeinsamen Treffen um 11.00 Uhr beginnen, mit einem anschließenden Mittagessen von 12.00–13.00 Uhr. Meine Sekretärin hatte bei der Vorbereitung des Seminars vergessen, mit dem Seminarhotel abzuklären, daß die eintreffenden Seminarteilnehmer sicherlich bis zum Mittagessen gerne einen Kaffee oder ein anderes Getränk zu sich nehmen würden. Als nun ab 10.30 Uhr nacheinander die Seminarteilnehmer eintrafen, waren die Mitarbeiter dieses Seminarzentrums überfordert. Immer mehr Teilnehmer bestellten einen Kaffee und brachten durch diese

Bestellungen die anwesenden Mitarbeiter des Seminarzentrums aus ihrem vorher geplanten Ablauf heraus. Schließlich wandte ich mich an die Mitarbeiterin, mit der meine Sekretärin das Seminar abgesprochen hatte, und bat sie, doch einfach ohne großen Aufwand einige Kannen Kaffee und ein paar Stapel mit Kaffeetassen in eine Ecke zu stellen, damit sich die Seminarteilnehmer dort selber versorgen könnten. Die Mitarbeiterin begann nun eine größere Diskussion mit mir, dies sei nicht möglich, da einerseits in der Tagungspauschale (die jeder Teilnehmer an das Seminarzentrum zahlen mußte) dieser zusätzliche Kaffee nicht vereinbart sei, andererseits hätte man damit nicht gerechnet, des weiteren würde sich das Personal der Küche gerade bei der Vorbereitung auf das Mittagessen befinden – und was es der Einwände sonst noch gab.
Die Diskussion dauerte schließlich über 15 Minuten, in der die Dame sicherlich selber einige Kannen Kaffee in eine Ecke hätte stellen können. Die anwesenden Seminarteilnehmer waren schließlich alle wütend über die fehlende Flexibilität des Personals, und so begann das zweitägige Seminar bereits mit einem äußerst negativen ersten Eindruck, womit sich dieses Seminarzentrum sicherlich bei den Teilnehmern und bei mir als Veranstalter nicht als besonders vorteilhaft ins Gedächtnis brachte.

Bundesbahn
Ein weiteres Beispiel für mangelhaften Kundennutzen bietet die Deutsche Bundesbahn. Eines Tages hatte ich mich entschlossen, aus Gründen des Umweltbewußtseins zukünftig bei größeren Fahrten öfter die Bundesbahn als das Auto zu benutzen. Als ich dann das erste Mal eine Geschäftsreise mit dem Zug antrat (nach fast zwölf Jahren Bahnpause), war ich entsetzt über den mangelhaften Kundenservice der Bundesbahn. Die erste Negativerfahrung ließ nicht lange auf sich warten: Mein heimatlicher Bahnhof war noch geschlossen, als

ich dort um 5.45 Uhr eintraf und noch ca. 15 Minuten auf den Zug warten mußte.
Die zweite Negativerfahrung: Ich mußte zunächst einmal mit meinem Gepäck eine Treppe hinuntergehen, anschließend ca. 100 Meter ohne Gepäckwagen oder sonstige Hilfsmittel mein Gepäck bis zum entsprechenden Bahnsteig tragen, dann wieder eine Treppe emporsteigen, um dort, mit schmerzenden Armen, ca. 10 Minuten im Regen zu stehen, bis der Zug eintraf. Als ich endlich mein Abteil betreten und dort mein Gepäck verstaut hatte, ging ich anschließend in das Zugrestaurant, um dort mein Frühstück einzunehmen. Auch hier ging der miserable Service weiter. Zu einem meiner Meinung nach völlig überhöhten Preis (16,90 DM) erhielt ich ein Frühstück von miserabler Qualität. Die Liste der negativen Erfahrungen auf dieser Bahnfahrt ließe sich noch um ein Vielfaches fortführen, doch will ich es bei diesen Beispielen bewenden lassen. Wer von Ihnen des öfteren mit der Bahn fährt, kann meine Meinung sicherlich nachvollziehen. Mittlerweile hat aber auch die Bahn die Zeichen der Zeit erkannt und beginnt in puncto Kundennutzen zu investieren. Insbesondere bei der Konzeption der neuen ICE-Züge wurde dem Faktor Kundennutzen erhöht Rechnung getragen, und es wird beständig daran gearbeitet, diesen Kundennutzen permanent auszuweiten.

Positive Beispiele
Die Liste der negativen Beispiele bezüglich des Kundennutzens ließe sich beliebig fortführen, doch sicherlich interessiert es Sie weniger, was andere Unternehmen falsch machen, sondern wohl mehr über Mittel und Möglichkeiten zu erfahren, wie sich der Kundennutzen steigern läßt.

Autohaus Gerhard
Hier möchte ich als Beispiel meinen Freund Christof Gerhard vom Autohaus Gerhard in Olpe nennen. Christof hatte als

kleiner Gebrauchtwagenhändler begonnen, dann eine Honda-Vertretung erhalten und sein Autohaus systematisch zu einem der erfolgreichsten Honda-Autohäuser in der Bundesrepublik ausgebaut. Heute hat Christof sein Autohaus an seinen Bruder verpachtet und berät als Unternehmensberater andere Autohäuser, wie sie ihren Erfolg ausbauen können. Das Autohaus Gerhard ist für mich das Paradebeispiel einer Firma, die den Kundennutzen als Firmenphilosophie verwirklicht hat. So erhält der Kunde beim Kauf eines PKW bereits einen ersten positiven Eindruck von der Firma Gerhard: Sein Tank ist mit Benzin vollgefüllt, er erhält ohne jegliche Verhandlung kostenlos Fußmatten für sein neues Auto, einen zweiten Außenspiegel montiert und einige sonstige Extraleistungen – völlig gratis und ohne vorherige Vereinbarung! Nach dem Kauf wird der neue Besitzer regelmäßig vom Verkäufer kontaktiert und nach seinen Erfahrungen mit dem neuen PKW befragt. Bringt dann der neue Gerhard-Kunde sein Auto zur Inspektion oder zu einer Reparatur, erwarten ihn die nächsten positiven Überraschungen. Nicht nur, daß sein Auto von seinem Wohnplatz abgeholt und nach dem Werkstattbesuch wieder kostenlos gebracht wird, nein, er erhält auch für die Dauer der Inspektion bzw. der Reparatur einen Leihwagen von der Firma Gerhard. Dabei ist es selbstverständlich, daß der Kunde einen Leihwagen erhält, der um eine Kategorie höher als sein Fahrzeug angesiedelt ist. Sie können sich sicherlich vorstellen, daß auf diese Weise bei dem Kunden der Wunsch geweckt wird, sich beim nächsten Automobilkauf einen größeren Wagen anzuschaffen. Bekommt dann der Kunde sein Auto nach dem Werkstattaufenthalt zurück, so erwartet ihn wieder eine Überraschung: Sein PKW ist sowohl von innen als auch von außen komplett gereinigt. Dabei macht die Firma Gerhard keinen Unterschied, ob es sich um eine kleine oder um eine große Reparatur handelt – Kundenservice geht ihr über alles!

Regelmäßig veranstaltet das Autohaus Gerhard auch gesellschaftliche Treffen für seine Kunden. So hatte die Firma im Dezember 1992 die Idee, eine Weihnachtsfeier für ihre Kunden zu veranstalten. Alle Kunden wurden mit einem persönlichen, liebevollen Mailing zu dieser Weihnachtsfeier eingeladen. Unter anderem gab es Glühwein, Plätzchen und Kuchen, für die Kinder kam der Nikolaus mit Überraschungspaketen, und für die ganz Kleinen war eine Betreuung organisiert worden. Die größte Überraschung bestand darin, daß die Gerhard-Kunden die Möglichkeit hatten, einen Christbaum zu »leasen«. Jawohl, Sie haben richtig gelesen. Für einen Betrag von ca. 25 DM konnten die Kunden einen Christbaum (mit Wurzel) leasen und ihn vierzehn Tage später wieder zurückbringen. Die Gerhard-Mitarbeiter sorgten dann dafür, daß die zurückgebrachten Bäume wieder eingepflanzt wurden, damit sie im nächsten Jahr wieder benutzt werden konnten.
Diese Art von Feiern werden vom Autohaus Gerhard regelmäßig veranstaltet, um die Kundenpflege zu verstärken. Ziel ist es, mit den Kunden über das reine Produkt hinaus Beziehungen aufzubauen und auf diese Weise treue Stammkunden zu erhalten.
Interessant für Sie ist es sicherlich zu wissen, daß das Autohaus Gerhard praktisch keine Mark in die Werbung, aber dafür den kompletten »Werbeetat« in eine Erhöhung des Kundennutzens investiert.
Vielleicht fragen Sie sich nun einmal, warum das Autohaus Gerhard innerhalb von zehn Jahren von einem kleinen Gebrauchtwagenhändler zu einem der erfolgreichsten Honda-Autohändler in der Bundesrepublik wurde! Und jetzt denken Sie einmal an Ihren eigenen Autohändler. Haben Sie sich nicht auch schon geärgert, daß Sie ein Auto für 50 000 DM gekauft haben und der Treibstoff gerade mal bis zur nächsten Tankstelle reichte? Mußten Sie nicht auch schon mit Ihrem

Autohändler lange verhandeln, ehe er für Ihren neuen 60 000-DM-Wagen ein Paar Fußmatten zusätzlich herausgab? Hat sich Ihr Autoverkäufer auch nur ein einziges Mal nach dem Erwerb des Autos bei Ihnen gemeldet, um sich zu erkundigen, ob Sie zufrieden sind und was eventuell noch verbessert werden könnte? Geben Sie sich auf all diese Fragen selbst die Antwort – und Sie wissen, warum es erfolgreiche und erfolglose Autohändler gibt.

Bäckerei

Bei einem Cluburlaub lernte ich den Inhaber einer Bäckereikette aus dem Raum Bremen kennen. Nachdem wir uns beim Essen langsam kennenlernten und das gemeinsame Gespräch immer mehr in Gang kam, erzählte er mir schließlich von seiner Bäckereikette. Dabei war ich fasziniert von vielen seiner Gedanken. Um sich gegenüber der Konkurrenz der Supermärkte behaupten zu können, war er davon überzeugt, den Kundennutzen in seinen Filialbetrieben ständig erhöhen zu müssen. Vor einiger Zeit kam ihm dabei der Gedanke, seinen Kunden einen sogenannten »Brotaufschnitt« anzubieten. Das System dieses Brotaufschnitts ist ganz einfach: Die Bäckereikette bietet zwanzig verschiedene Brotsorten an; nun kann der Kunde bestimmen, von welchem Brot er wieviel Scheiben benötigt; so stellt er sich das Brotpaket nach seiner Wahl zusammen. Es ist also durchaus möglich, zum Beispiel drei Scheiben Weiß-, zwei Scheiben Vollkornbrot, eine Scheibe Land- und zwei Scheiben Leinsamenbrot als »Brotaufschnitt« zusammenzustellen. Der Kunde zahlt am Ende dann per 100 Gramm einen Durchschnittspreis.

Der Nutzen dieses Angebots ist eindeutig. In der heutigen Zeit der zunehmenden Single-Haushalte ist es für viele Menschen uninteressant, sich einen kompletten Laib Brot zu kaufen. Der Nachteil besteht darin, daß der Kunde dann mehrere Tage ein und denselben »Brotgeschmack« im Mund hat.

Durch die Möglichkeit des Brotaufschnitts steigt die Lust am Broteinkauf an. Dadurch erhöht sich nicht nur die Kundenfrequenz, sondern auch der Verkauf pro Kunde wird durch den Brotaufschnitt gesteigert. Mittlerweile hat sich diese Idee mit dem Brotaufschnitt innerhalb des Einzugsgebiets der Bäckereikette bewährt: Bereits über 30 Prozent des Umsatzes wird mit diesem Angebot getätigt.
Auch dieses Beispiel soll Sie dazu motivieren, durch besonderen Kundennutzen Ihre Mitbewerber zu übertreffen, damit sich Ihr eigener Erfolg mehr und mehr ausweitet.

Nordstrom

In seinem Buch »Kreatives Chaos« beschreibt Tom Peters, wie Kundenservice bei der Firma Nordstrom (Textileinzelhandelskette in den USA) verstanden wird. So stehen in jeder Umkleidekabine frische Blumen, es gibt keine Diebstahlsicherung an den Kleidungsstücken, auch keine Aufsichtsperson, die genau notiert, welche Bekleidungsteile mit in die Umkleidekabine genommen werden (wie in vielen anderen Textileinzelhandelsgeschäften üblich).
Jeder Verkäufer betreut seinen Kunden nicht nur beim Verkauf selbst, sondern packt liebevoll das erworbene Teil eigenhändig ein und nimmt vom Kunden die Zahlung entgegen. Ebenfalls einmalig ist die Garantie von Nordstrom, *alle* Reklamationen anzuerkennen. Jim Nordstrom, der Inhaber der Kette, erklärte einmal, daß ein Kunde, der einen Autoreifen für 200 Dollar hereinrollt und behauptet, er sei damit unzufrieden, seine 200 Dollar zurückerhält. Vielleicht mag Ihnen das alles unwahrscheinlich vorkommen und vielleicht können Sie sich nicht vorstellen, wie eine Firma mit solchem Geschäftsgebaren nicht nur ihre Umsätze erhöht, sondern auch noch Gewinne erzielt. Doch Tatsache ist, daß Nordstrom seit 1978 um das Siebenfache gewachsen ist, obwohl die Kette

nur einen Bruchteil der branchenüblichen Werbeausgaben tätigt. Auch für Nordstrom gilt: Ein Großteil der Ausgaben wird in den Kundennutzen investiert. So ist es bei Nordstrom auch üblich, daß innerhalb von 24 Stunden jede gewünschte Änderung an einem erworbenen Kleidungsteil ausgeführt wird.
Machen Sie sich auch zu diesem Beispiel Ihre eigenen Gedanken, und prüfen Sie, ob Sie gegebenenfalls vielleicht einmal Ihre eigene Einstellung zum Thema Kundenservice überdenken sollten.

Türkisches Restaurant
In meinem Heimatort gibt es ein türkisches Lokal, das der Inhaber führt. Ohne daß sich der Lokalinhaber jemals darüber bewußt Gedanken machte, setzt er das Thema Kundennutzen instinktiv in die Praxis um. Der Gast in diesem Lokal wird nicht nur außergewöhnlich freundlich und zuvorkommend bedient, sondern dem Lokalinhaber ist keine Mühe zu groß, um seine Gäste zufriedenzustellen. Sonderwünsche, Abänderung bestehender Menüs und Gerichte sind für ihn eine Selbstverständlichkeit. Sie können sich vorstellen, warum Sie als Gast spätestens nach dem eigentlichen Hauptessen restlos begeistert sind, wenn der Gastwirt höchstpersönlich eine große Platte mit frischen Obstsorten und türkischem Honig auf Kosten des Hauses serviert.

Euro-Disney in Paris
Zwei Wochen nachdem das neue Euro-Disney in der Nähe von Paris eröffnete, besuchte ich zusammen mit einigen Freunden diesen neuen europäischen Freizeittreff. Bis zu diesem Zeitpunkt hatte ich noch keinen Kontakt mit einem Disney-Park gehabt und hatte, zugegebenermaßen, doch einige Vorurteile gegenüber dieser künstlichen Vergnügungswelt. Ich hatte mir einige Informationen über Euro-Disney besorgt und las

diese auf dem Reiseweg nach Paris. Unter anderem stieß ich dabei auf die drei Disney-Grundmaximen:

1. Fröhlichkeit,
2. Freundlichkeit,
3. Sauberkeit.

Als wir mit der U-Bahn in der Endstation am Euro-Disneypark eintrafen, hatten wir zunächst Schwierigkeiten mit der Orientierung. So kurz nach der Neueröffnung war die Beschilderung im unmittelbaren Umkreis der U-Bahn-Station noch nicht perfekt. Also machten wir uns auf die Suche nach unserem Hotel. Doch bereits nach ein, maximal zwei Minuten kam ein Disney-Park-Mitarbeiter auf uns zu und bot uns freundlich seine Hilfe an. Der erste Eindruck war also bereits positiv, obwohl wir den Vergnügungspark bzw. unser Hotel noch gar nicht betreten hatten. Als wir schließlich im Hotel unsere Anmeldung hinter uns gebracht hatten und zum Vergnügungspark stürzten, wartete die zweite Überraschung auf mich: Obwohl Euro-Disney an diesem Tag eine große Zahl von Besuchern verkraften mußte, herrschte absolute Hygiene und Sauberkeit. Warf etwa ein Besucher eine Zigarettenkippe auf einen der Wege, so dauerte es vielleicht höchstens fünf Minuten, bis einer der zahlreichen Mitarbeiter den »Unrat« entfernt hatte. Der Eindruck der peinlichsten Sauberkeit setzte sich auch in den Toiletten, in den Restaurants und im Hotel fort.
Als wir am zweiten Tag das italienische Restaurant auf dem Disney-Gelände zum Abendessen aufsuchten, waren wir alle bereits begeisterte Disney-Anhänger. Aufgeräumt bestellten wir uns vor dem Essen einen Aperitif. Eine meiner besten Freundinnen, Susanne Haase, bestellte sich dabei als Aperitif einen Martini Bianco. Sie erhielt dann jedoch versehentlich einen Martini Dry. Als wir uns alle zuprosteten und von unserem Aperitif nippten, verzog Susanne anschließend leicht säuerlich das Gesicht, da der trockene Martini nicht ihren

Geschmack traf. Als unsere freundliche Bedienung wieder an unseren Tisch kam, reklamierte sie den falschen Martini. Die Mitarbeiterin des Lokals entschuldigte sich, ging weg und brachte kurze Zeit später den bestellten Martini Bianco. Der Martini Dry blieb dennoch bei uns am Tisch, und die Mitarbeiterin bot uns an, daß der Martini Dry ruhig von einem der anwesenden Personen getrunken werden könne – auf Kosten des Hauses. Als wir dann nach dem Essen unsere Rechnung zahlten, waren beide Martinis, sowohl der falsch gelieferte Martini Dry als auch der bestellte Martini Bianco, auf der Rechnung nicht aufgeführt. Am nächsten Tag reisten wir aus Euro-Disney ab. Als ich meine Hotelrechnung an der Rezeption beglich, stellte ich fest, daß das Hotel zwei Flaschen Bier berechnet hatte. Tatsächlich hatte ich jedoch aus der Minibar nur eine Flasche konsumiert. Ich reklamierte deshalb bei der Disney-Mitarbeiterin, hier sei wohl ein Versehen passiert, und erklärte ihr, ich hätte nur eine Flasche Bier getrunken. Die Mitarbeiterin entschuldigte sich sehr höflich und strich *beide* Flaschen Bier von der Hotelrechnung, also auch die tatsächlich von mir konsumierte.
Ich war von meinem Besuch im Disneyland und vor allem dem gebotenen Kundennutzen und -service dermaßen begeistert, daß ich nicht nur diese Erfahrungen bei den von mir beratenen Unternehmungen umsetzte, sondern sicherlich auch dafür sorgte, daß seit meinem Besuch einige hundert Personen das Disneyland besuchten. Und an dieser Stelle betreibe ich sogar Werbung für den Vergnügungspark vor den Toren von Paris. Sie sehen also, daß das Euro-Disney durch den Nachlaß von vielleicht 15 DM einen riesigen Nutzen von mir zurückerhielt und noch in Zukunft erhalten wird.

Heizölunternehmen

Bei einem meiner Seminare nahm auch ein Lieferant von Heizöl teil. Er fragte mich in einer Seminarpause, was es denn für Möglichkeiten gäbe, damit er seinen Kundennutzen so erhöhe, daß er sich von seinen Mitbewerbern abhebe. Da mir ad hoc keine Möglichkeit einfiel, begann ich mich mit dem Heizöllieferanten ausführlich zu unterhalten. Ich befragte ihn zum Ablauf, zu den Geschäftsgebaren, zu den Kunden usw. Er teilte mir mit, in seinem Gewerbe sei es üblich, daß 90 Prozent der Käufer alle Heizöllieferanten anrufen, sich nach dem aktuellen Literpreis erkundigen und schließlich beim preisgünstigsten Anbieter einkaufen würden. Die einzige Maßnahme, die dieser Heizöllieferant in der Vergangenheit umgesetzt hatte, war die, immer ein klein wenig billiger als seine Mitbewerber zu sein.

Nach dem Seminar machten wir uns Gedanken, wie er einen besonderen Kundennutzen bieten könne, und setzten schließlich einige Maßnahmen in die Praxis um:

1. Die Tanklastfahrer, die das Heizöl zum Endverbraucher transportierten, erhielten von der Firma Überschuhe und stülpten diese ab sofort grundsätzlich immer über ihre Schuhe, sobald sie das Haus eines Kunden betraten. Wir hatten durch Umfragen bei seinen Kunden herausgefunden, daß sich viele besonders darüber ärgerten, wenn die Fahrer der Lastzüge mit ihren schmutzigen Schuhen das Treppenhaus bzw. die Kellerräume beschmutzten.
2. Es wurde für die Kunden des Lieferanten ein Service eingeführt, nach dem die Heizöltanks regelmäßig nach einigen Jahren kostenlos von dieser Firma gereinigt werden (wie Ihnen sicherlich bekannt ist, sammelt sich in den Heizöltanks im Laufe der Zeit eine bestimmte Schicht Schlacke an, die irgendwann aus den Tanks entfernt werden muß).
3. Der Heizöllieferant stellte eine begabte Mitarbeiterin ein, die durch aktives Telefonmarketing alle Stammkunden in regelmäßigem Abstand kontaktierte und auf diese Weise deutlich mehr Aufträge für den Lieferanten akquirierte.

Arztpraxis

Wie Sie aus den vorherigen Beispielen ersehen können, ist es oft durch ausführliches Nachdenken und durch Kontakte mit Mitarbeitern und Kunden möglich, den Kunden- und Produktnutzen beträchlich auszuweiten, ohne daß man dies vorher für möglich gehalten hätte.

Ein weiteres Beispiel begegnete mir bei einem Bekannten, der soeben seine Zeit als Assistenzarzt im Krankenhaus beendet hatte und sich nun mit einer eigenen Praxis selbständig machen wollte. Bei einem privaten Treffen teilte er mir seine Befürchtungen mit, daß er beträchtliche Summen in die Praxis investiert habe und nun möglichst schnell eine bestimmte Anzahl von Patienten benötige, damit die Praxis die Kosten erwirtschaften und er einen Gewinn erzielen könne. Im Laufe des Gespräches bekam ich heraus, daß im Grunde genommen die meisten Ärzte (er eröffnete eine Praxis als Arzt für Allgemeinmedizin) die gleichen Leistungen anbieten. Auch dürfen Ärzte keinerlei Werbung für ihre Praxis betreiben, so daß sie praktisch zu 100 Prozent auf Mundpropaganda angewiesen sind. Welche Möglichkeiten aber hat nun ein Arzt, den Kundennutzen im Vergleich zu anderen Ärzten zu erhöhen?

Dieser Frage ging ich mit meinem Bekannten nach, und wir erarbeiteten eine Vielzahl von Einzelmaßnahmen, die dafür sorgten, daß seine Praxis in kürzester Zeit sehr erfolgreich wurde:

1. Wir fanden bei unserer Analyse heraus, daß die Patienten in Arztpraxen mehr Zeit im Wartezimmer als im Patientenzimmer verbringen. Eine erste Maßnahme bestand deshalb darin, die gesamten Praxisräumlichkeiten, vor allem den Eingangsbereich und das Wartezimmer, freundlich, gemütlich und stilvoll einzurichten.

   Es wurde deshalb nicht nur eine zweckmäßige Einrichtung aufgestellt, sondern auch ein größerer Betrag für attraktive Bilder, für Pflanzen usw. investiert. Im Wartezimmer wurde den Patienten eine große Auswahl von Zeitschriften geboten. Nicht nur der obligatorische Lesezirkel, sondern auch eine Anzahl von Zeitschriften, die der Lesezirkel normalerweise nicht bereithält. An der Empfangstheke wurde außerdem eine große Kaffeemaschine und ein Dispenser für kalte Getränke aufgestellt. Der einzelne Patient wird bei seinem Eintreffen in der Praxis danach gefragt, ob er gerne einen Kaffee oder lieber ein kaltes Getränk während des Aufenthalts im Wartezimmer wünscht. Jeder Patient erhält also bei einem Besuch ein kostenloses Getränk, was ihm sicherlich die Wartezeit verkürzt.

2. Es wurde ein spezieller Terminplan eingeführt, durch den die Patienten eine Wartezeit von maximal 15 bis 30 Minuten in Kauf nehmen müssen. Darüber hinaus wird strengstens darauf geachtet, daß kein Patient länger als 30 Minuten warten muß.
3. Für die Kinder wurde ein eigener Warteraum eingerichtet, in dem nicht nur Spielsachen angeboten, sondern in dem ganztägig lustige Kinderfilme laufen. Es ist außerdem selbstverständlich in dieser Praxis, daß jedes Kind eine kleine Aufmerksamkeit erhält.
4. Trotz Zeitdruck hatten wir uns darauf geeinigt, daß sich der Arzt für jeden seiner Patienten genügend Zeit nimmt, ihn nach seinen Beschwerden ausführlich befragt und dem Patienten in einfachen, verständlichen Worten nicht nur seine Beschwerden, sondern auch die vom Arzt vorgeschlagene Therapie erklärt. Dies mag für Sie vielleicht selbstverständlich sein, doch die Praxis in den Praxen deutscher Ärzte sieht in der Regel leider etwas anders aus. Der Arzt kann in der Regel sein Einkommen nur dann steigern, wenn er entsprechend viele Patienten während der ihm möglichen Arbeitszeit behandelt. Je mehr sich ein Arzt also pro Patient Zeit läßt, desto geringer wird letztendlich sein Einkommen ausfallen.

5. Die Mitarbeiter der Arztpraxis wurden in punkto Freundlichkeit und Patientenservice ausführlich und regelmäßig geschult. Dies hatte zur Folge, daß sich jeder Patient bereits bei seinem ersten Besuch wohl fühlte und er in Zukunft bei Beschwerden immer wieder gerne diese Praxis aufsuchte.
   Das Beispiel dieser Arztpraxis soll Ihnen vor Augen führen, daß es praktisch für jeden Berufszweig möglich ist, den Kundennutzen zu erhöhen.

Kneipe

Nach einer Unternehmensberatung besuchte ich abends in der Nähe von Bonn eine dort ansässige Kneipe. Bereits bei Eintritt in dieses Bistro wurde ich angenehm überrascht. Zwei nette Damen im lockeren Hawaii-Look empfingen mich fröhlich und legten mir eine Blumenkette um den Hals. Dabei erklärten Sie mir, daß heute abend hawaiianische Nacht sei. Ich fragte sie, ob dieses Motto an jedem Abend gelte. Sie verneinten dies, erklärten mir aber zu meiner Überraschung, daß in dieser Kneipe das Motto täglich wechsle und jeden Abend eine andere Attraktion geboten werde. Natürlich war es mit dieser Blumenkette und der freundlichen Begrüßung an diesem Abend nicht getan, sondern es wartete noch eine Vielzahl von Überraschungen auf mich. Vom besonderen Hawaii-Drink über Hawaii-Klänge bis hin zu verschiedenen Hawaii-Spielen, die in dieser Kneipe an jenem Abend veranstaltet wurden. Obwohl ich ursprünglich nur ein kurzes Bier zu mir nehmen wollte, verließ ich schließlich erst vier Stunden nach meinem Eintritt die Kneipe, restlos begeistert und mit einer Gesamtrechnung von über 100 DM.
Auch dies soll ein Beispiel dafür sein, wie Sie durch Kundennutzenerhöhung der Konkurrenz eine Nasenlänge voraus sein können und auch im neuen Zeitalter erfolgreich sein werden.

Metzgereibetrieb
Der Inhaber eines Metzgereibetriebs (den ich als Kunde meiner Sportanlage kennenlernte) hatte das Problem, daß er sich nicht nur mit der Konkurrenz der anderen Metzgereien auseinandersetzen mußte, sondern auch mit den zahlreichen Supermärkten, die mit immer größeren Angeboten an Wurst- und Fleischwaren aufwarteten.
Schließlich führten wir bei ihm – neben seinen normal üblichen Wurst- und Fleischwaren – eine neue Spezialisierung ein: Wursterzeugnisse für ernährungsbewußte Menschen! Die Palette umfaßte dabei nicht nur die obligatorische Geflügelwurst, sondern darüber hinaus eine Vielzahl von Wurst- und Fleischprodukten, die verschiedene Voraussetzungen erfüllen mußten:

- cholesterin- und purinarm,
- fettarm,
- ohne Konservierungsstoffe und Phosphate,
- geschmackvoll und wohlschmeckend,
- optisch gutaussehend.

Nachdem das Anforderungsprofil für diese Spezialisierung erstellt war, setzte der Metzgermeister das Vorhaben in die Tat um. Er begann mit einem größeren Grundsortiment an verschiedenen Wurst- und Fleischwaren, die die oben genannten Voraussetzungen erfüllten. Als erstes beobachteten wir, daß die bisherigen Kunden zum Teil das neue Angebot dankbar in Anspruch nahmen. Aber bereits kurz darauf erschienen immer mehr Neukunden in dem Laden des Metzgermeisters, die über die bestehenden Stammkunden von dem neuen Angebot gehört hatten und nun ganz gezielt nach diesen Produkten fragten.
Der Metzgermeister baute im Laufe der Zeit sein Angebot immer mehr aus. Nachdem er zusätzlich einen Partyservice

ins Leben gerufen hatte, wurde auch dort das neue Angebot mehr und mehr integriert. So konnten seine Kunden nicht nur die obligatorischen Braten, Spanferkel und Wurstplatten bestellen, sondern beispielsweise auch ganze gebratene Puten, Putenrollbraten, Hähnchenbrüste, Putenschenkel, Putengulasch usw. Der Metzgermeister steigerte mehr und mehr die Anzahl seiner Kunden, und aus der kleinen Spezialisierung wurde mittlerweile ein Riesenmarkt, so daß er Erzeugnisse nicht nur in seinem eigenen Laden anbietet, sondern auch noch darüber hinaus viele Metzgereibetriebe und Supermärkte mit seinen Produkten beliefert.

Praktische Umsetzung

Bei einer Großanalyse der von mir beratenen Betriebe stellte ich fest, daß durchschnittlich 90 Prozent aller neuen Kunden über die positive Mundpropaganda der Stammkunden geworben werden. Dieses Ergebnis setzte mich doch etwas in Erstaunen, bedeutete es doch, daß nicht die externe Werbung (zum Beispiel Zeitung, Mailing, Radio, Fernsehen) entscheidend ist, sondern zufriedene Kunden, die Firma und Produkt positiv weiterempfehlen. Ebenso stellte ich bei der Analyse fest, daß ein zufriedener Kunde vier bis sechs positive Neuempfehlungen ausspricht, während ein unzufriedener Kunde elf bis fünfzehn negative Empfehlungen weitergibt. Dieses Ergebnis sorgte für eine radikale Veränderung meiner Denkweise. Die Zufriedenheit der bestehenden Kunden stand ab sofort im Vordergrund all meiner Maßnahmen und meiner Bemühungen. Ich konzentrierte mich fortan in meinen eigenen und den von mir beratenen Unternehmen darauf, wie die Zufriedenheit der bestehenden Kunden beständig gesteigert werden könnte. Diese Grundmaxime meiner Handlungsweise habe ich seitdem nie bereut, und der Erfolg von über 500

Unternehmen spricht dafür ebenfalls eine deutliche Sprache.
Auch habe ich mich mit der Frage beschäftigt, wie denn wohl eine Firma ein positives Image aufbauen könnte. Ich kam dabei zu der Erkenntnis, daß ein positives Image zwar kurzfristig über Werbe- und Marketingmaßnahmen erzielt werden könne, aber die weitaus bessere und langfristig erfolgreichere Methode ist die, bestehende Kunden so zufriedenzustellen, daß sie Ihre Firma in ihrem kompletten Umfeld weiterempfehlen. Firmen, die sich an dieses System halten, werden den Betriebserfolg immer wieder steigern können, da die zufriedenen Altkunden als Kunden erhalten bleiben und sich durch die positive Mundpropaganda die Zahl der Kunden permanent ausweitet.
Ich möchte Ihnen nun eine Anzahl von allgemeinen Möglichkeiten nennen, wie der Kundennutzen in allen Branchen gesteigert werden kann, ohne auf die branchenspezifischen Möglichkeiten näher einzugehen.

Betreuung nach dem Verkauf
In vielen Firmen ist es üblich, daß ein Kunde ein Produkt erwirbt und dann nie wieder etwas vom Verkäufer hört. Während sich beim Verkaufsvorgang viele Verkäufer vor Freundlichkeit und Zuvorkommenheit fast überschlagen, halten es die wenigsten nach Abschluß des Verkaufsvorgangs für nötig, sich um den Kunden zu kümmern. Dies ist einer der größten und schwersten Fehler bei der Kundenbetreuung. Jeder Verkäufer sollte es sich zur Auflage machen, eine Woche nach Lieferung der Ware beim Kunden anzurufen, um ihn zum einen nochmals zu seiner Entscheidung zu beglückwünschen und ihn andererseits zu fragen, ob es irgend etwas gäbe, was der Verkäufer noch für den Kunden tun könnte. Dieser Anruf sorgt dafür, daß der Kunde sich zum einen nochmals in seiner Kaufentscheidung nachträglich bestätigt

fühlt, andererseits hat der Verkäufer die Möglichkeit, Beschwerden, die eventuell mit der Lieferung der Ware zusammenhängen, zu erfahren und hier zu reagieren. Es ist nun völlig gleichgültig, ob Ihr Betrieb eine Ware vertreibt oder etwa eine Dienstleistung. Machen Sie es sich zur Aufgabe, eine Woche nach dem Verkaufsvorgang den Kunden telefonisch zu kontaktieren. Vier Wochen nach dem Verkaufsvorgang sollte der Verkäufer abermals den Kunden anrufen und ihn danach fragen, wie seine ersten Erfahrungen mit dem neuen Produkt bzw. der neuen Dienstleistung seien und ob es irgend etwas gebe, was der Verkäufer sonst noch für den Kunden tun könne. Auch dieser zweite Anruf sorgt nun wieder für eine positive Grundstimmung beim Kunden. Selbst wenn zu diesem Zeitpunkt wirklich eine Reklamation des Kunden vorliegen sollte, wird er nun wieder angenehm von Ihrer Firma überrascht sein.
Bitte unterschätzen Sie nicht diese Kontakte mit Ihren Kunden, da Sie dadurch in die Lage versetzt werden, die Qualität des von Ihnen vertriebenen Produktes bzw. der von Ihnen angebotenen Dienstleistung durch die regelmäßigen Informationen zu steigern. Durch die Vielzahl der Kundenkontakte werden Sie schnell auf Schwachstellen bei Ihrem Produkt aufmerksam gemacht und haben auf diese Weise immer das Ohr am Markt.
Nach diesen ersten beiden Anrufen sollte dann der Verkäufer mindestens ein- bis zweimal jährlich weiterhin telefonischen Kontakt mit dem Kunden halten. Ob es sich nun um einen reinen Good-will-Anruf handelt (etwa um dem Kunden einen Geburtstagswunsch zu übermitteln), ob es sich darum handelt, beim Kunden einfach routinemäßig nachzufragen, wie er denn weiterhin mit dem Produkt bzw. der Dienstleistung zufrieden sei, oder ob es darum geht, zu einer Veranstaltung einzuladen – dieser telefonische Kontakt wird Ihre Kunden positiv beeindrucken und zufriedenstellen. Es ist nun einmal

eine Tatsache, daß ein Kunde, der beispielsweise ein Automobil erworben hat und regelmäßig durch sein Autohaus betreut wird, nach einigen Jahren sicherlich wieder in diesem Autohaus vorbeisehen wird, um sich über die neuesten Modelle und Angebote zu informieren. Ein unzufriedener Kunde aber wird sich vielleicht nach einem neuen Lieferanten oder Angebot umsehen. Es ist nicht zu glauben, welche vielfältigen Bemühungen und Investitionen Firmen vornehmen, ein Produkt zu verkaufen, um anschließend den Kunden mit seinem Produkt und den eventuell anfallenden Problemen völlig allein zu lassen.

Good-will-Betreuung
Besitzen Sie eigentlich eine neue und aktuelle Kundendatei? Ich meine hierbei nicht nur die blanke Adresse des jeweiligen Kunden, sondern darüber hinaus sein Geburtsdatum, eventuelle Informationen über seine Hobbys und Freizeitaktivitäten, eine genaue Auflistung über die Häufigkeit der Kundenbesuche (oder der erzielten Umsätze) usw. Erst eine solche genauestens geführte Kundendatei versetzt Sie in die Lage, Stammkundenbetreuung und Werbemaßnahmen zu starten. Haben Sie schon einmal darüber nachgedacht, Ihren Kunden zum Geburtstag eine Aufmerksamkeit zu schicken? Je nachdem, wie hoch der Umsatz Ihrer Kunden im Durchschnitt liegt, kann diese Aufmerksamkeit zum Geburtstag eventuell mit einem Geschenk versehen sein.
Beginnen wir mit der reinen Geburtstagskarte. Hier wird oft der Fehler begangen, Fertigkarten aus dem Schreibwarenladen zu erwerben, diese oftmals ohne persönliche Unterschrift in ein Couvert zu stecken und, mit einem Adressenetikett versehen, an den Kunden zu senden. Eine solche Art der Kundenbetreuung können Sie sich sparen, da dies eher eine negative als eine positive Betreuung ist. Wenn Sie Geburtstagskarten versenden, dann sollten Sie sich eine originelle und branchen-

spezifische Karte entwickeln lassen und sie für Ihre Kunden einsetzen. Bitte denken Sie daran: Gewinner treten aus der Masse heraus und machen immer alles anders als die anderen. Jeder Ihrer Kunden erhält zum Geburtstag eine Vielzahl gleichaussehender Geburtstagskarten – wenn Sie sich von dieser Masse abheben wollen, muß Ihre Geburtstagskarte also etwas Besonderes sein.

Im Rahmen meiner Unternehmensberatung haben wir für eine Vielzahl von Branchen mittlerweile spezifische Geburtstagskarten entwickelt, von Fitneß-Studios über Tenniszentren, Sonnenstudios, Kosmetikstudios, Hotels bis Versicherungsagenturen. Wenn Sie eine eigene, originelle Geburtstagskarte einsetzen, dann gilt als zweiter Grundsatz, daß die Adressen auf dem Umschlag grundsätzlich per Hand geschrieben und mit einer Briefmarke versehen werden. Die Geburtstagskarte selber sollte handschriftlich einen besonderen Gruß an den Kunden (wenn Sie eine genaue Kundenkartei mit Beruf, Hobbys und Freizeitinteressen führen, können Sie diesen Zusatz sicherlich leicht entwerfen) und auf alle Fälle die persönlichen Unterschriften des Inhabers *und* des Teams enthalten.

Bitte bedenken Sie, daß 90 Prozent Ihrer Neukunden von zufriedenen Altkunden geworben werden. Wenn die Umsatzgröße Ihrer Kunden etwas höher liegt, so können Sie der Geburtstagskarte zusätzlich ein Geschenk beifügen. Bei einer von INLINE betreuten Boutique wird auf jeder Geburtstagskarte der Zusatz vermerkt, daß das Geburtstagskind die Geburtstagskarte in den nächsten vier Wochen mit zur Boutique bringen sollte, da ein Geschenk im Wert von 25 DM darauf wartet, abgeholt zu werden. Interessanterweise sind es nur 25 Prozent der Kunden, die die Karte vorbeibringen, ihr Geschenk mitnehmen und ohne weiteren Einkauf die Boutique wieder verlassen. Über 80 Prozent der Kunden holen sich nicht nur ihr Geschenk ab, sondern kaufen darüber hinaus aus der aktuellen Kollektion noch das eine oder andere Teil ein.

Für den Arbeitsaufwand hinsichtlich der Geburtstagskarten können Sie sicherlich einen Mitarbeiter einsetzen, der im Moment über etwas Zeit verfügt. Gerade im Einzelhandel gibt es immer wieder Zeiten, in denen der eine oder andere Mitarbeiter nicht voll ausgelastet ist.

Das gleiche, was für Geburtstagskarten Gültigkeit besitzt, gilt auch für Weihnachtskarten. In einem Friseurgeschäft werden jedes Jahr über viertausend Kunden mit einer originellen, auf die Friseurbranche bezogenen Weihnachtskarte angeschrieben. In die Karte wird gleich der Zusatz eingedruckt, daß im Januar gegen Vorlage der Weihnachtskarte bei einer Dauerwellenbehandlung 25 DM gutgeschrieben werden. Hier muß angefügt werden, daß dieser Friseur bei einer normalen Dauerwellenbehandlung (inklusive der Zusatzverkäufe an Kosmetika und Friseurartikeln) einen Umsatz von durchschnittlich 131 DM erzielt. Das Ergebnis dieser Weihnachtskartenaktion ist, daß der Friseurunternehmer im Januar den mit Abstand größten Umsatz des Jahres erzielt – trotz des beträchtlichen Rabatts von 25 DM je Behandlung.

Weitere Good-will-Aktionen sind beispielsweise Kundenfeiern in unregelmäßigen Abständen. Bei Autohäusern ist es üblich, daß bei der Vorstellung eines neuen Modells die Kunden zu einer kleinen Feier eingeladen werden. Dabei wird in vielen Autohäusern nicht nur für das leibliche Wohl gesorgt, sondern es spielt zum Beispiel eine örtliche Jazzband, und es werden verschiedene Attraktionen geboten. Eine solche Aktion wird natürlich immer beim Kunden mit dem Gedanken verknüpft, daß das Unternehmen etwas verkaufen möchte. Trotzdem wird der Kunde, wenn die Feier anspruchsvoll gestaltet wird, seine Bindung zu Ihrem Betrieb verstärken. Es muß aber nicht unbedingt die Neueinführung eines Produktes sein, die Sie zum Anlaß nehmen, für Ihre Kunden eine Feier zu starten.

Wie wäre es mit einem Sommerfest, einem Jazz-Frühschoppen, einer Weihnachtsfeier, einer Osterfeier usw.? Anlässe für solche Feierlichkeiten gibt es genügend, und Sie sollten sich darüber Gedanken machen, daß die hier investierten finanziellen Mittel eine hundertprozentige Investition nach außen (in den Kunden) bedeuten. Ich habe diese Erfahrung auch bei der INLINE Unternehmensberatung gemacht. Wir veranstalten jedes Jahr eine große Weihnachtsfeier für unsere Kunden. Dabei bieten wir eine zweitägige Fachtagung mit namhaften Referenten, bei der die INLINE-Kunden freien Eintritt erhalten. Am zweiten Tag schließt sich an die Fachtagung eine Abendgala an, bei der unter anderem eine bekannte Jazzband spielt, den Kunden ein tolles kaltes und warmes Buffet geboten wird und ein eigens engagierter Discjockey die Kunden zu heißen Tänzen animiert. Der letzte Besucher verläßt den Galaabend meist erst morgens nach 8.00 Uhr! Sie können sich vorstellen, daß diese Veranstaltung keine billige Angelegenheit für INLINE ist, da für die Teilnehmer sowohl der Besuch der Fachtagung als auch der der Abendgala kostenfrei ist. Doch die Resonanz auf diese Veranstaltung ist riesengroß und festigt die Beziehungen zu den Kunden beträchtlich. Investieren Sie also in diesen Bereich, und seien Sie versichert, daß sich jede investierte Mark um ein Vielfaches wieder auszahlen wird. Leben Sie also in der Praxis das Prinzip des »Nutzen-Gebens«.

Es ließen sich noch etliche Beispiele von Good-will-Aktionen aufzählen. Mittlerweile gibt es viele Betriebe, die Ausflüge für ihre Kunden organisieren und anbieten. Warum laden Sie nicht Ihre wichtigsten Kunden einmal zu einem gemeinsamen Ausflug zum Starlight-Express ein? Oder wie wäre es mit dem Angebot zu einem gemeinsamen Ritteressen?

Haben Sie schon einmal darüber nachgedacht, Ihre wichtig-

sten Kunden vielleicht zu einer Wochenend-Kurzreise einzuladen? Überprüfen Sie bitte selbst, wie intensiv Ihre Geschäftsbeziehungen mit den jeweiligen Kunden sind. Natürlich können Sie nicht, falls der durchschnittliche Jahresumsatz eines Kunden bei Ihnen mit 100 DM zu Buche schlägt, die großartigsten Ausflüge und Veranstaltungen kostenfrei anbieten. Aber selbst dann können sie solche Angebote organisieren und zum Selbstkostenpreis weitergeben.
Viele Unternehmen veranstalten eine Kundenfeier oder einen Kundenausflug mit der Absicht, dadurch noch Gewinne zu erwirtschaften. Dies ist sicherlich der falsche Denkansatz und wird beim Kunden nicht nur für Unverständnis, sondern für Verärgerung sorgen. Analysieren Sie also bitte Ihren Betrieb selbständig, und entscheiden Sie dann, welche Angebote und Aktionen Sie für Ihre Kunden starten können.

Werbung

Viele der von INLINE beratenen Unternehmen haben eine eigene »Newsletter« eingeführt. Diese Newsletter erscheint vier- bis sechsmal jährlich und wird an alle Adressen der Kundendatei kostenlos verschickt. Sie sehen also, daß eine gepflegte Kundendatei für die verschiedensten Bereiche der Kundenansprache verwendet werden kann. Eine Hauszeitschrift sollte dabei so aufgebaut sein, daß sie zu zwei Dritteln aus nützlichen Informationen für den Kunden besteht und zu einem Drittel aus Werbung für den eigenen Betrieb.
Als Beispiel sei hier die »Newsletter« eines exklusiven Restaurants in Franken erwähnt. Diese vierseitige Hauszeitschrift erscheint sechsmal jährlich in zweifarbigem Druck auf Luxoprint-Papier. In einer typischen Ausgabe des Restaurants wurden im Monat Mai ausführlich der Spargel, seine Vorzüge und seine Zubereitung erläutert. Außerdem erhielt die Hauszeitschrift verschiedene detaillierte Rezepte für die Zubereitung von Spargelgerichten. In einem weiteren Teil

der Hauszeitschrift wurde den Restaurantkunden eine kleine Weinkunde präsentiert. Zu welchen Gerichten passen welche Weine am besten? Des weiteren wurden in der Hauszeitschrift einige Prominente vorgestellt, die das Restaurant in den letzten Wochen als Gäste begrüßen konnte. Eine weitere Rubrik nimmt in jeder dieser Hauszeitschriften des Restaurants die Vorstellung der Mitarbeiter sowie deren ständige Aus- und Fortbildung ein. Auf diese Weise wird zum einen der persönliche Kontakt vom Kunden zu den Mitarbeitern des Restaurants hergestellt, zum anderen werden die Gäste darauf aufmerksam gemacht, daß sich das Restaurant nicht auf seinen Lorbeeren ausruht, sondern durch die ständige Aus- und Fortbildung seiner Mitarbeiter um eine Weiterentwicklung bemüht ist. Natürlich fehlt in der Hauszeitschrift auch nicht der Teil, in dem für die nächsten acht Wochen das eigene Restaurant und die darin stattfindenden Aktionswochen ausführlich vorgestellt und beworben werden (Mai: Spargelwochen, Juni: besondere Desserts mit Erdbeeren, usw.).
Eine weitere gute Möglichkeit, schnell und kostengünstig die eigenen Stammkunden zu informieren und zu bewerben, besteht über ein persönliches Direct-mailing an die Kunden. Zu diesem Zweck benötigen Sie unbedingt eine Computeranlage, in der Sie die Adressen und Namen Ihrer Kunden speichern. Wenn Sie nun außerdem noch über ein professionelles Textverarbeitungsprogramm (eventuell noch ein Grafikprogramm) verfügen, so können Sie Ihre Kunden regelmäßig persönlich anschreiben. Diese Mailings sollten dabei immer verschiedene Bestandteile enthalten:

- Information über Besonderheiten innerhalb des Betriebes (etwa Einladung zu einer besonderen Feier).
- Eventuell Nachbewerbung einer vergangenen Aktion (zum Beispiel der letzten Kundenfeier, des letzten Ausflugs, der zuletzt durchgeführten Kunden-Nutzen-Aktion).

- Ankündigung einer Kundennutzen-Erhöhung, die in naher Zukunft vollzogen wird. Dadurch haben Ihre Kunden immer wieder das Gefühl, daß es in Ihrem Betrieb keinen Stillstand gibt und daß Sie permanent am Ausbau Ihres Kundennutzens arbeiten.
- In Ihren Mailings sollten Sie durchaus signalisieren, daß Sie von Ihren Kunden erwarten, sie auch in Zukunft zu Ihren Kunden zählen zu dürfen.

Auch Ihre Werbung können Sie mit einem erkennbaren Kundennutzen versehen. An dieser Stelle möchte ich Ihnen mein *»Affenfaust-Prinzip«* vorstellen:
In dem herrlichen Film »Die lustige Welt der Tiere« von Walt Disney wird gezeigt, wie die Buschmänner in Afrika an ihr Ziel (= Wasser) gelangen. Zunächst einmal fertigen sie aus Pflanzen eine Art Weidenkorb. Dieser hat eine relativ schmale Öffnung. Diesen Korb stellen sie nun im Busch in der Nähe einer Affenkolonie auf. Nun legen sie eine Spur (wie bei Hänsel und Gretel) mit kleinen Salzstückchen direkt zum Weidenkorb. Salz ist in dieser Gegend Mangelware, daher ist es für die Affen nicht nur überlebensnotwendig, sondern ein »Schmankerl«. Sie beginnen nun das erste Salzstück zu essen, laufen der Spur nach, bis sie schließlich zum Weidenkorb kommen. Der Affe langt mit einer Hand in den Weidenkorb, fühlt die Salzstückchen und umschließt eines mit seiner Hand. Nun versucht er verzweifelt, seine Hand wieder herauszuziehen – ohne Erfolg, da aufgrund der geschlossenen Hand die Öffnung zu klein für ihn ist. Anstatt nun einfach das Salzstück loszulassen und zu verschwinden, umklammert er panisch das Salzstückchen, ohne das es ihm gelingt, sich zu befreien. Der Buschmann, der regelmäßig seine Weidenkörbe kontrolliert, findet schließlich den Affen und legt ihm eine Leine um den Hals; nun läßt der Affe los, wo es zu spät ist. Der Buschmann bindet ihn so fest, daß er sich mitten in der sengenden Sonne

befindet. Er gibt ihm weitere Salzstückchen, die der Affe gierig frißt. Doch da er sich in der Sonne aufhält und das Salz gefressen hat, wird sein Durst größer und größer. Der Buschmann läßt den Affen jedoch einige Stunden zappeln, und erst wenn die »Not« so richtig groß geworden ist, läßt er ihn wieder frei. Er muß nun nur noch hinter dem Affen herlaufen, der jetzt alle Vorsicht beiseite läßt und den Buschmann direkt zu einer unterirdischen versteckten Quelle mit reinem, herrlichen Wasser führt.

Sie werden sich sicherlich fragen, was diese »Affenfaust« denn nun mit modernen Unternehmen und deren Kundenwerbung zu tun hat. Übertragen Sie das »Affenfaust-Prinzip« doch einfach auf die freie Wirtschaft! Haben Sie nicht auch die Möglichkeit, Ihren Kunden zunächst einmal einen kleinen »Lederball« zuzuwerfen, mit dessen Hilfe Sie dann das »dicke Geschäft« kurze Zeit später tätigen?

Viele Branchen arbeiten heute mit diesem »Affenfaust-Prinzip« höchst erfolgreich. Man denke nur einmal an die kommerziellen Fitneß- und Sportanlagen, in denen es eigentlich gang und gäbe ist, daß Mitglieder einen Interessenten zu einem kostenfreien Probetraining unter Anleitung eines Trainers einladen können. Kommt nun der Interessent zu seinem Probetermin, so kümmert sich der Trainer ausführlich und sorgfältig um ihn. Das Ziel dieses kostenfreien Probetrainings ist ganz klar, handelt es sich doch dabei um nichts anderes als die »Affenfaust«. Der Kunde nimmt das Angebot der kostenlosen Einladung seines Bekannten an und kann in aller Ruhe testen, ob ihm der Sportclub und das Angebot gefallen oder nicht.

Wenn nun der Trainer den Interessenten freundlich behandelt, ihm den Nutzen, den der Club bietet, deutlich aufzeigt, besteht eine große Chance, daß der eingeladene Interessent dann letztendlich eine feste Mitgliedschaft in diesem Sportzentrum beginnt.

Auch große Automobilhäuser arbeiten mittlerweile nach dem »Affenfaust-Prinzip«. Vor einigen Monaten fuhr ich bei meiner örtlichen Mercedes-Vertretung vorbei (mit meinem BMW ...) und interessierte mich für die neue S-Klasse und die SL-Klasse. Der Verkäufer nahm sich sehr viel Zeit und erklärte mir freundlich und ausführlich die verschiedenen Modelle. Allerdings konnte er mir keinen Wagen verkaufen, da ich mich eigentlich nur einmal informationshalber für die verschiedenen Modelle interessierte. Der Verkäufer machte mir schließlich das Angebot, daß ich einen Wagen der neuen S-Klasse für ein Wochenende kostenfrei nutzen könne, und erklärte mir, daß Mercedes zusätzlich bereit sei, mir ein Hotelzimmer zu bezahlen. Ich konnte dieses Angebot zunächst nicht glauben und sah wahrscheinlich ziemlich verdutzt aus. Doch der Verkäufer erklärte mir mehrmals, daß er nicht scherze, sondern daß dieses Angebot tatsächlich stehe. Erst später wurde mir klar: Auch Mercedes arbeitet mit dem »Affenfaust-Prinzip« – das Wochenende ist der kleine »Lederball«, durch den dann anschließend dem Kunden der große Wagen verkauft werden soll.

Warum ich dieses »Affenfaust-Prinzip« überhaupt unter der Rubrik »Kundennutzen« einordne, liegt daran, daß jede »Affenfaust« bereits einen großen Nutzen für den Kunden bedeutet. Er kann sich in Ruhe mit dem Produkt befassen, er kann alle Vorzüge und Nachteile abwägen und sich dann immer noch aus freien Stücken entscheiden.

Welchen besseren Vertrauensbeweis kann eine Firma eigentlich ihren Interessenten bieten als die Möglichkeit, das Produkt unverbindlich zu testen? Sie erkennen jetzt, warum für mich die »Affenfaust« für einen perfekten Kundennutzen und darüber hinaus für gute Werbung wie auch für ein hervorragendes Verkaufsargument steht. Überlegen Sie nur einmal, wie oft Sie schon kurz davor standen, irgendein Produkt zu erwerben bzw. eine Dienstleistung in Anspruch zu nehmen, sich dann aber letztlich doch nicht zur Kaufentscheidung durchringen konnten, weil Sie noch einige wichtige Einwände hatten und Sie sich nicht sicher waren, ob das angebotene Produkt bzw. die angebotene Dienstleistung auf Ihre Bedürfnisse hundertprozentig zugeschnitten ist. Wie oft hätte Ihnen eine Firma das entsprechende Produkt verkaufen können, wenn Sie die Möglichkeit gehabt hätten, das Produkt zu testen und seinen Nutzen zu erkennen.

Natürlich setzt der Einsatz der »Affenfaust« voraus, daß Ihr Produkt einzigartig ist und einen hohen Qualitätsstandard besitzt. Ein schlechtes Produkt, ein Produkt mit niedriger Qualität, ein Produkt, das vielleicht schlechter ist als das der Mitbewerber, können Sie über das »Affenfaust-Prinzip« nicht verkaufen. Bei einem schlechten Produkt mit geringem Nutzen kann sich das »Affenfaust-Prinzip« sogar letztendlich schädlich auswirken. Überprüfen Sie also einmal in aller Ruhe, ob Sie:

a) über ein qualitativ hochwertiges Produkt mit hohem Nutzen verfügen und
b) dann eine »Affenfaust« für Ihre Kunden anbieten können.

Zur »Affenfaust« passend können Sie dann natürlich noch irgendeine Art von Garantie dem Kunden anbieten.

Wie steht es denn mit der althergebrachten »Bei-Unzufriedenheit-Geld-zurück-Garantie«? Eine solche Garantie (oder eine Garantie in ähnlicher Form) kann natürlich nur die Firma anbieten, die von ihrem Produkt, ihrer Leistung und ihrem Service derart überzeugt ist, daß sie nur wenig Kundenreklamation befürchten muß. Der amerikanische Automobilkonzern Chrysler hat einmal in einer Werbekampagne seinen Kunden einen Betrag von 50 Dollar versprochen, falls sich der Interessent nach einer ausführlichen Information über die Chrysler-Autos dann letztendlich doch für den Kauf eines

Wagens eines anderen Herstellers entscheiden sollte. Ein riskantes Wagnis, sicherlich. Doch diese Kampagne hat dafür gesorgt, daß sich in den USA Tausende von Interessenten über Chrysler-Autos informieren ließen, und viele von ihnen erwarben natürlich auch ein Chrysler-Auto. Sicher gab es auch einige, die dieses Werbeversprechen ausnutzten, sich über Chrysler informieren ließen, das Modell eines anderen Herstellers kauften und sich die versprochene Geldsumme von Chrysler auszahlen ließen. Doch alles in allem verkaufte Chrysler durch diese riskante Werbeaktion so viele PKWs, daß sich die Zahlungen der Prämien dagegen als minimaler Aufwand herausstellten.

Feedback von Kunden

Für den zukünftigen Unternehmenserfolg wird es immer wichtiger, die Kunden in die Prozesse Ihres Unternehmens einzubinden. Da im neuen Zeitalter (vgl. das 6. Kapitel) viele Unternehmen immer weniger Zeit zur Verfügung haben, um ein Produkt zu entwickeln, zu erforschen, Informationen einzuholen und letztendlich ein perfektes Produkt auf den Markt zu bringen, liegt die Zukunft darin, beständig kleinere Qualitätsverbesserungen und eine Erhöhung des Kundennutzens durchzuführen. Ihre besten Hilfsmittel bei der ständigen Fortentwicklung von Produkt- und Kundennutzen sind dabei – *Ihre Kunden!*

Nur wenn es Ihnen gelingt, Ihre Kunden in ein Kommunikationssystem einzubinden, können Sie zukünftig permanente Verbesserungen erzielen. Wie bereits in Abschnitt 1 dieses Kapitels beschrieben (»Betreuung nach dem Verkauf«), beginnt die Kommunikation mit dem Kunden schon unmittelbar nach dem Verkauf. Die Verkäufer sollten angewiesen werden, hier ein regelmäßiges System einzuführen und auf diese Weise für Feedback vom Kunden zu sorgen.

Sie können auch bei vielen Problemstellungen Ihre Kunden in

den Prozeß der Entscheidungsfindung einbeziehen. In den allermeisten Betrieben entscheidet die Unternehmensleitung darüber, welche Investitionen und Veränderungen in einem Betrieb durchgeführt werden. Haben Sie schon einmal darüber nachgedacht, ob Sie in diese Prozesse Ihre Kunden einbeziehen können?

- Warum startet eine Diskothek nicht eine Umfrage unter ihren Gästen, welche Musikrichtung, welche Getränkeangebote, welche Öffnungszeiten usw. sich die Kunden wünschen?
- Ein Fitneßclub möchte neue Fitneßgeräte erwerben. Warum entscheidet hier der Clubinhaber alleine, welche Geräte er erwerben wird, und fragt nicht seine Kunden, welche zusätzlichen Geräte sie sich wünschen?
- Warum nimmt ein Textilhersteller nicht Rücksprache bei seinen Einzelhandelskunden, wie die Schnitte, Formen, Farben usw. bei ihnen ankommen und wo sie sich in Zukunft eine Verbesserung vorstellen könnten?
- Warum werden die Käufer von PKWs nicht ausführlich nach ihrer Meinung befragt, wie sie mit dem erworbenen PKW zufrieden sind und welche Verbesserungsmöglichkeiten sie sich für die Zukunft vorstellen könnten?

Die Liste ließe sich beliebig verlängern, doch ich glaube, Ihnen ist bereits der Sinn klar geworden, warum Kunden in die Weiterentwicklung von Produkt und Unternehmen mit einbezogen werden sollten. Einmal jährlich sollten Sie jedenfalls eine großangelegte Kundenbefragung durchführen. Dabei haben wir festgestellt, daß diese Befragungen dann am erfolgreichsten sind, wenn sie persönlich durch einen Mitarbeiter durchgeführt werden. Natürlich gibt es einige Dinge, über die der Kunde bei solchen Befragungen ungern Auskunft gibt, doch in aller Regel haben wir mit der persönlichen Befragung gute Erfahrungen gemacht.

Eine persönliche Befragung sorgt automatisch für Kommunikation, und zwischen den einzelnen Fragen und Antworten erhält der Interviewer in der Regel zusätzliche Informationen, die er bei der Auswertung der kompletten Befragungsaktion verwenden kann. Eine solche jährliche Kundenbefragung sollte in vier Hauptblöcke unterteilt sein:

Erster Block:	Worauf kam es Ihnen beim Erwerb des Produktes bzw. der Dienstleistung besonders an?
Zweiter Block:	Worauf legen Sie bei Ihrem ______________ (Autohaus, Friseur, Sportcenter usw.) besonderen Wert?
Dritter Block:	Welche zusätzlichen Angebote und Möglichkeiten würden Sie sich von unserem Betrieb erwarten?
Vierter Block:	Welche Verbesserungen würden Sie sich noch wünschen?

Zu jedem dieser vier Blöcke können Sie individuell für Ihre Branche und Ihren Betrieb die einzelnen Teilfragen festlegen. Wichtig bei dieser Umfrage ist es, daß der von Ihnen befragte Kunde auf *jede Teilfrage* nicht mit ja oder nein antwortet, sondern Prozentzahlen angibt. Noch mal: Ihr Kunde gibt bei jeder Teilfrage an, wieviel Prozent dieses Teilaspekts für ihn wichtig sind.

Beispiel:
Nehmen wir einmal an, Sie stellen Ihrem Kunden aus dem zweiten Block die Frage: »Sollte unser Betrieb möglichst nahe zur Stadtmitte liegen?«, dann kann nun der befragte Kunde eine Prozentzahl zwischen 0 und 100 angeben und damit deutlich machen, ob dieser Teilaspekt für ihn völlig unwichtig ist, oder ob er für ihn eine gewisse Bedeutung, gar eine große Bedeutung besitzt. Wenn Sie nun bei der Auswer-

tung der Befragungsaktion ein Ergebnis ermitteln, erhalten Sie zu dem Teilaspekt eine Durchschnittsangabe in Prozent. Bei der Auswertung der Befragung sollten Sie mindestens fünfzig Befragungsergebnisse heranziehen. Je nachdem, wie groß Ihr Unternehmen ist und wie viele Kunden Sie besitzen, können Sie die Anzahl der Befragungen natürlich steigern, um ein noch genaueres Bild der Kundenwünsche zu erhalten.
Wenn Sie bei jedem der vier Teilblöcke ca. zehn Teilfragen stellen, dauert eine solche ausführliche Kundenbefragung im Schnitt ca. 15 bis 20 Minuten. Vergessen Sie bitte deshalb nicht, vor der Befragung dem Kunden mitzuteilen, was der Sinn und Zweck dieser ausführlichen Analyse der Kundenwünsche sein soll. Weisen Sie Ihren Kunden auch deutlich daraufhin, daß er einer der Kunden ist, die für Ihr Unternehmen sehr wichtig sind, die Sie als Kunden behalten möchten und auf deren Meinung und Vorschläge Sie allergrößten Wert legen. Nach der Befragung sollten Sie Ihrem Kunden als Dankeschön für seine Mühe ein kleines Geschenk überreichen.
Neben solch einer großangelegten Befragungsaktion können Sie zusätzlich per Telefon oder durch persönliche Befragung Ihrer Kunden schnelle Informationen zu Einzelfragen erhalten.
So stellt sich vielleicht ein Textileinzelhändler vor der Bestellung der neuen Frühjahrs- bzw. Sommerkollektion die Frage, ob er für die kommende Saison viele Sakkos der neuen bunten Farben einkaufen soll. Er ist hier unsicher, da er in der Vergangenheit bereits die Erfahrung gemacht hatte, daß Männer im Modebereich sehr konservativ einkaufen. Andererseits hat er verschiedene Informationen in Fachzeitschriften erhalten, daß in diesem Frühjahr bzw. Sommer die Männer Farbe bekennen wollen und deshalb ein guter Absatz an Sakkos in bunten Farben zu erwarten ist. Bevor nun der Unternehmer die einsame Entscheidung des Einkaufs treffen muß, könnte er auch durch eine einfache Telefonumfrage bei seinen wich-

tigsten männlichen Kunden herausfinden, ob diese überhaupt Interesse an bunten Sakkos zeigen.
Ein Hersteller von fertigen Software-Programmen hat eine Idee, was er in einem seiner Fertigprogramme noch zusätzlich einbauen könnte. Die Entwicklung und Programmierung würde jedoch ansehnliche Kosten verursachen und das Software-Programm um 20 Prozent verteuern. Er ist sich nun nicht sicher, ob seine Kunden diese Zusatzleistung mit einem 20prozentigen Aufschlag akzeptieren würden. Warum führt der Unternehmer nicht eine Umfrage bei seinen bisherigen Käufern des Software-Programms durch und fragt sie, ob sie bereit wären, gegen 20 Prozent Aufschlag den zusätzlichen Nutzen zu diesem Programm zu erwerben?
Die Liste der Beispiele ließe sich beliebig fortführen. Es soll hier allerdings auch die Warnung ausgesprochen werden, daß es nicht immer möglich ist, alle Entscheidungen mit dem Kunden gemeinsam abzustimmen. Gerade bei Neuentwicklungen und fortschrittlichen Produkten können sich die Kunden im Vorfeld oft nicht vorstellen, was sie mit diesem Produkt bzw. dieser Neuerung anfangen sollen. Bei einer Umfrage würden sie dann natürlich die Weiterentwicklung ablehnen.
Es geht mir vielmehr darum, Ihr Bewußtsein für Kundenwünsche und -Anregungen zu verstärken. Oft genug kommt es vor, daß an den Kundenwünschen vorbei Produkte entwickelt werden, die dann als Flop enden und dem Unternehmen beträchtliche Verluste bescheren. Das Ohr am Kunden zu haben hilft Ihnen also in Zukunft, die Bedürfnisse des Marktes und Ihres Kundenkreises zu kennen und durch das ständige Feedback Ihrer Kunden kleine, aber kontinuierliche Verbesserungen des Produkt- und Kundennutzens durchzuführen.

Kundenbeschwerden
Ihnen ist es vielleicht auch schon einmal passiert: Nachdem Sie in einem Betrieb eine Beschwerde vorbrachten, lautete

die erste Reaktion des Mitarbeiters: »Was? Das ist ja noch nie passiert.« Oder: »Da sind Sie aber der erste, der sich darüber beschwert.« Oder: »Das ist aber komisch, daß dies ... nun defekt sein soll, vor wenigen Minuten war es noch intakt.«

Sie merken, worauf ich hinaus möchte? Es ist bei über 95 Prozent aller Beschwerden üblich, dem Kunden das Gefühl zu geben, er habe unrecht, er sei ein notorischer Nörgler, es sei unverständlich, warum sich der Kunde überhaupt aufrege. Eine Studie des Technical Assistance Research Programs ergab, daß sich von 27 unzufriedenen Kunden nur ein einziger beschwert, während die 26 anderen unzufriedenen Kunden ihre Verärgerung für sich behalten. Als man nach den Ursachen forschte, warum sich nur eine solch geringe Anzahl von verärgerten Kunden überhaupt beschwert, zeigte das Ergebnis, daß sie von vornherein nicht erwarteten, nach ihrer Beschwerde zufriedengestellt zu werden, und daß sie deshalb ihre Verärgerung für sich behielten. Die Studie zeigte jedoch noch ein weiteres Ergebnis: 91 Prozent der Kunden, die sich tatsächlich beschweren (denken Sie daran, nur einer von 27 beschwert sich), verliert das Unternehmen als Kunde. Die Studie zeigte auch, daß dieses Ergebnis völlig unabhängig davon ist, ob es sich um einen Kunden handelt, der eine Ware für einen geringen oder einen hohen Betrag erwirbt. Wenn Sie nun noch die Information aus einem der vorangegangenen Kapitel berücksichtigen, daß ein unzufriedener Kunde seine schlechte Erfahrung an elf bis fünfzehn Personen durch Mundpropaganda weitergibt, so können Sie sich vorstellen, mit welch einfachen Mitteln es möglich ist, ein Unternehmen zu schädigen und letztendlich vielleicht sogar zu ruinieren. Die Studie ergab jedoch auch folgendes: Je nach Branche können 82 bis 95 Prozent der Kunden, die sich beschweren, gehalten werden, falls auf die Beschwerde richtig reagiert wird.

Denken Sie an meine Beispiele aus dem Euro-Disney-Park in Paris. Die Mitarbeiter hatten geringfügige Fehler begangen,

jedoch ohne jeglichen Kommentar (mit Ausnahme einer absolut freundlichen Entschuldigung für das Versehen) übernahm Euro-Disney die Kosten komplett. Oder denken Sie an den Vorfall, der mir in meinem ehemaligen Stammcafé passierte. Der Inhaber erreichte mit seinem Verhalten, daß ich ihm einen Eiskaffee im Wert von 4,50 DM bezahlte, aber er verlor wichtige Kunden, die ihm, auf Jahre hochgerechnet, einige tausend Mark mehr Umsatz gebracht hätten. Sie sehen also, daß bei Beschwerden einfach oft zu kurzfristig gedacht und gehandelt wird. In dem Bemühen, recht zu behalten und der Firma Kosten zu sparen, nehmen wir in Kauf, den Kunden mit seinem künftigen Umsatz, den er gebracht hätte, zu verlieren.
Ich möchte Ihnen hiermit einmal einen Weg in fünf Schritten aufzeigen, wie auf Kundenbeschwerden richtig reagiert werden sollte. Es nützt jedoch nichts, wenn Sie als Führungskraft diese Art der Beschwerdebehandlung kennen und anwenden, während Ihre Mitarbeiter davon noch nie etwas gehört haben. Es ist deshalb unumgänglich, daß Ihre Mitarbeiter in diesem Bereich geschult werden (möglichst von einer externen Person, die bei den Mitarbeitern immer einen Kompetenzvorsprung im Vergleich zu firmeninternen Ausbildern genießt).

Erster Schritt:
Wenn ein Kunde sich beschwert, gleich aus welchem Grund, gleich ob zu Recht oder Unrecht, so soll er zunächst einmal »Dampf ablassen«. Lassen Sie den Kunden in aller Ruhe ausreden, behalten Sie dabei ein freundliches Gesicht, und ermuntern Sie den Kunden durch kurze Bestätigungen ihrerseits (»ja«, »aha«, »verstehe« usw.), seinen Ärger vollständig vorzutragen. Dieser erste Schritt ist gleichzeitig einer der wichtigsten, denn oft erreichen Sie dadurch, daß der Ärger des Kunden deutlich abgebaut wird. Begehen Sie in

keinem Fall den Fehler, den Kunden in dieser Phase zu unterbrechen oder bereits mit Argumentationen und Erwiderungen auf die Beschwerde des Kunden zu reagieren. Lassen Sie ihn in aller Ruhe ausreden. Erst wenn der Kunde seine Beschwerde vollständig beendet hat, gehen Sie zum zweiten Schritt über.

Ein Beispiel hierzu:
In der großen Sportanlage, an der ich Mitinhaber bin, kommt ein Kunde zur Rezeption und beschwert sich bei der Empfangsdame darüber, daß das Duschwasser kalt sei. Unterbrechen Sie auf keinen Fall den Kunden mit der Bemerkung: »Was? Bislang hat sich noch keiner beschwert«, sondern lassen Sie ihn in aller Ruhe seine Beschwerde vorbringen.

Zweiter Schritt:
Widersprechen Sie dem Kunden in dieser Phase des Beschwerdegespräches auf gar keinen Fall. Im Gegenteil: Geben Sie ihm recht und bestätigen Sie, daß er wirklich mit seinem Ärger recht habe und die Beschwerde völlig korrekt sei. Vielleicht widerstrebt es Ihnen, Ihrem Kunden recht zu geben, wenn Sie wissen, daß er unrecht hat, doch zu diesem Zeitpunkt entscheiden Sie selbst, ob Sie diesen Kunden behalten oder verlieren wollen. Betrachten Sie das Ganze einmal aus der Sicht des Kunden: Er ist einer der wenigen, die sich überhaupt zutrauen, eine Beschwerde zu formulieren und diese vorzutragen. Wenn er nicht (natürlich aus seiner eigenen Sichtweise betrachtet) recht hätte, würde er sicherlich die Beschwerde nicht formulieren. Niemand beschwert sich, wenn er weiß, daß er unrecht hat. Wenn Sie dem Kunden deshalb bei der Beschwerde widersprechen und ihm zu Beginn des Gespräches beweisen, daß er im Unrecht ist, haben Sie das Gespräch vielleicht gewonnen – aber einen treuen Kunden verloren! Bestätigen Sie deshalb in diesem zweiten Schritt

dem Kunden, daß seine Beschwerde okay ist und daß Sie ihn verstehen.

Beispiel:
Nachdem sich der Kunde über das kalte Wasser beschwert hatte, gab ihm unsere Rezeptionskraft recht: »Oh, das tut mir leid, Herr Müller! Es ist natürlich wirklich unangenehm, wenn man sich nach dem Sport auf eine schöne, warme Dusche freut und dann das Wasser nur kalt herauskommt. Ich kann Ihre Verärgerung gut verstehen«! Erst nachdem Sie den Kunden positiv bestätigt haben, gehen Sie über zu Schritt drei.

Dritter Schritt:
Im dritten Schritt stellen Sie nun dem Kunden gezielte Fragen. Dadurch erhalten Sie wertvolle Informationen, die Sie dann dazu verwenden können, den Beschwerdegrund möglichst umgehend zu beheben. Gleichzeitig dokumentieren Sie damit dem Kunden, daß Sie seine Beschwerde wirklich ernst nehmen und etwas unternehmen möchten.

Beispiel:
Nachdem unser Kunde sich über das kalte Wasser beschwert und unsere Rezeptionskraft dem Kunden die Beschwerde bestätigt hatte, stellte sie nun einige gezielte Fragen:

- Ist das Wasser eiskalt oder nur lauwarm?
- War es das erstemal, daß unser Duschwasser kalt war?
- Haben Sie Informationen darüber, wie lange das Duschwasser heute bereits kalt ist?

Der Kunde bemerkt nun, daß Sie ihn ernst nehmen, und wird Ihnen bereitwillig die Auskünfte geben. Mittlerweile ist sein Ärger bereits einigermaßen »verraucht«, und Sie können nun auf einer rationalen Ebene mit dem Kunden sprechen.

Vierter Schritt:
Oft gibt es die Möglichkeit, den Kunden im vierten Schritt um Rat zu fragen, wie denn der Grund des Ärgernisses eventuell behoben werden könnte. Wenn Sie den Kunden um Rat fragen, ob er eine Möglichkeit sehe, den Beschwerdegrund zu beheben, so fühlt er sich weiterhin ernst genommen. Nun appellieren Sie an seine Fähigkeiten und seine Hilfsbereitschaft.

Beispiel:
Die Rezeptionskraft in meiner Anlage, die kein sonderlich großes technisches Verständnis besitzt, fragte den Kunden, ob er sich vorstellen könne, was die Ursache für das kalte Wasser sei.
Der Kunde erklärte daraufhin eifrig, daß es am Kundenbesuch sicherlich nicht liegen könne, denn an diesem Tag sei der Besuch im Vergleich zu anderen Tagen sogar eher schwächer gewesen. Er könne sich höchstens vorstellen, daß bei der Warmwasserbereitungsanlage eine Störung vorliege. Meine Mitarbeiterin erklärte daraufhin dem Kunden, daß sie sofort am nächsten Vormittag einen Installationsbetrieb mit der Überprüfung und einer eventuellen Reparatur beauftragen werde.

Fünfter Schritt:
Wenn Sie die Schritte eins bis vier richtig eingesetzt haben, ist zum jetzigen Zeitpunkt der Kunde zufriedengestellt, denn seine Beschwerde hat den gewünschten Erfolg erzielt. Im fünften Schritt ist es nun Ihre Aufgabe, sich beim Kunden für seine Beschwerde zu bedanken. Jawohl, Sie haben richtig gelesen, Sie müssen sich bei Ihrem Kunden bedanken! Erklären Sie ihm, daß es für Sie nicht selbstverständlich sei, daß ein Kunde seine Verärgerung vortrage, und daß Sie nur durch offene und konstruktive Kritik der Kunden in die Lage versetzt würden, dem Beschwerdegrund nachzugehen.

Sie können sogar noch einen Schritt weitergehen und dem Kunden als Zeichen Ihrer Dankbarkeit ein kleines Präsent überreichen. Denken Sie an den Disney-Park, als die Mitarbeiterin im Restaurant beide Martinis aus der Rechnung strich.

Beispiel:
Unsere Rezeptionskraft bedankte sich bei unserem Kunden für die Mitteilung über das kalte Wasser und gab ihm als Entschädigung und als kleines Dankeschön für seine Mühe einen Verzehrgutschein über 5 DM, den er in unserem Clubrestaurant einlösen könne. Unser Kunde war völlig überrascht, konnte es gar nicht glauben und verabschiedete sich von unserer Mitarbeiterin mit einem Lächeln, einem Händedruck und mit den Worten: »Das wäre doch gar nicht nötig gewesen, deswegen habe ich mich garantiert nicht beschwert.« Es erübrigt sich, Ihnen mitzuteilen, daß dieser Kunde seitdem zu unseren begeistertsten Mitgliedern zählt und bei Gesprächen mit anderen Kunden oder Interessenten unseren Club immer in höchsten Tönen lobt.
Bei den von INLINE beratenen Unternehmen haben wir das Thema »Richtige Behandlung von Kundenbeschwerden« immer zu einem zentralen Punkt unserer Beratung gemacht.
In vielen Unternehmen haben wir umgesetzt, daß die Unternehmen in Kundenbeschwerden richtig investieren, um diesen wichtigen Bereich des Unternehmenserfolges zu gewährleisten. So wurde zum Beispiel umgesetzt, daß in einem Restaurant *jede* Beschwerde, aber auch wirklich *jede* akzeptiert wird. Beschwert sich beispielswiese ein Kunde, sein Kaffee sei zu kalt, erhält er in freundlichster Art und Weise ohne jegliche Kommentierung (mit Ausnahme einer Entschuldigung!) einen neuen Kaffee, und beide Kaffees werden nicht berechnet. Beschwert sich in einer Boutique eine Kundin, die Nähte ihres neuen Pullovers seien aufgeplatzt, erhält sie ohne jegliche Beanstandung oder Kommentar Ersatz.

In einer Druckerei, in der sich ein Kunde über einen schlechten Druck beschwert, erhält er kostenlos einen neuen Andruck.
Ich könnte Ihnen noch eine Vielzahl von Beispielen aufführen, was wir unter richtiger Behandlung von Kundenbeschwerden verstehen, doch sollten Sie sich zu Ihrem Betrieb Ihre eigenen Gedanken machen, wie Sie diesen Punkt umsetzen können. Seien Sie sich jedoch dessen bewußt, wie wichtig es ist, einen bestehenden Kunden zufriedenzustellen, damit Sie mit ihm auch in Zukunft gute Geschäfte abwickeln können. Rechnen Sie sich doch einmal aus, welchen Aufwand und welche Kosten Sie investieren müssen, um für Ihr Unternehmen einen Neukunden zu werben:

- Kosten und Aufwand für die Werbeaufwendungen,
- Kosten und Aufwand für die Verkäufer,
- Kosten und Aufwand für die administrative Bearbeitung des neuen Kunden.

Bedenken Sie dagegen, wie einfach es ist, einen bestehenden Kunden zufriedenzustellen, ihn als Kunden zu behalten und vielleicht den Umsatz mit diesem Kunden noch auszuweiten. Sind Sie wirklich darauf versessen, für den scheinbaren »Gewinn« bei einem Beschwerdegespräch einen treuen und lukrativen Stammkunden zu verlieren? Investieren Sie doch einfach einen kleinen Etat Ihres Kostenapparates in die richtige Behandlung von Kundenbeschwerden – und Sie werden sehen: Diese Investitionen werden sich um ein Vielfaches für sie auszahlen.
In diesem Zusammenhang möchte ich, sozusagen zur Anregung, aus dem Buch »Kreatives Chaos« von Tom Peters eine Geschichte der Firma Nordstrom (Sie erinnern sich?) zum besten geben...
Die Führungskraft eines großen Unternehmens war bislang

noch kein Kunde bei Nordstrom, obwohl seine Frau und seine Firmenkollegen immer von Nordstrom und dem einzigartigen Service schwärmten. Eines Tages ließ er sich von seiner Frau überreden und besuchte ein Nordstrom-Geschäft. Er erwarb auch zwei Anzüge und war überrascht von dem freundlichen Nordstrom-Service. Die Anzüge paßten jedoch nicht genau und mußten deshalb geändert werden. Nordstrom bietet an, normale Ware (keine reduzierte Ware) innerhalb von 24 Stunden zu ändern. Der Mann war damit einverstanden und begab sich am nächsten Tag um 17.45 Uhr (15 Minuten vor Dienstschluß) in das Nordstrom-Geschäft, um seine Anzüge abzuholen. Der Mitarbeiter mußte ihm zu seinem Bedauern mitteilen, daß die Anzüge leider noch nicht fertig seien.
Unser Freund konnte sich ein Gefühl des Triumphes nicht verkneifen, obwohl er die Anzüge dringend benötigte, da er eine Reise nach Dallas vor sich hatte. Als er im Hotel ankam, wartete bereits ein Paket von Nordstrom auf ihn. Jawohl, es enthielt seine beiden Anzüge. Die Versandkosten für den Federal Express betrugen 98 Dollar. Zusätzlich hatte Nordstrom drei Seidenkrawatten im Wert von jeweils 25 Dollar dem Paket beigelegt, außerdem ein Schreiben des Verkäufers, in dem er sich für das Mißgeschick entschuldigte. Sicherlich können Sie sich vorstellen, daß unser Freund seitdem ebenfalls begeisterter Nordstrom-Kunde ist und seine persönliche »Nordstrom-Geschichte« immer und überall weitergibt.

Machen Sie sich also nochmals Gedanken zum Thema Kundenbeschwerden, und überlegen Sie sich zukünftig ganz genau, wie in Ihrer Firma darauf reagiert wird. Wenn Sie sich aber zu einer Änderung bei Kundenbeschwerden entschlossen haben, dann behalten Sie dies nicht für sich, sondern schulen Sie Ihre Mitarbeiter, denn diese stehen an der Front und müssen mit dem Kundenärger zurechtkommen.

Richtiger Verkauf

Sicherlich stoße ich bei einigen Lesern auf Unverständnis, wenn ich das Thema Verkauf im Kapitel Kundennutzen aufführe. Dies liegt daran, daß für viele Menschen (vor allem auch für die Mitarbeiter in Ihrer Firma!) der Verkauf etwas Unmoralisches ist. Bei den vielen hundert Verkaufsschulungen, die von INLINE in den letzten Jahren durchgeführt wurden, wurde immer wieder festgestellt, daß bei Menschen eine Abneigung gegen Verkaufen, vor allem gegen das Wort »Verkauf« besteht. Für viele Menschen ist Verkaufen gleichgesetzt mit

- jemanden überreden,
- jemandem etwas andrehen,
- jemanden über den Tisch ziehen,
- jemanden übers Ohr hauen.

Es ist aber nun einmal so, daß jede Firma bzw. jedes Unternehmen ihr bzw. sein Angebot (Ware oder Dienstleistung) verkaufen *muß!* Der Verkauf ist also wesentlicher Bestandteil jeder Firma bzw. jedes Unternehmens, ja, er ist die Grundvoraussetzung für Unternehmenserfolg. Bei Mitarbeiteranalysen in Unternehmen wurde von einer größeren Unternehmensberatung immer folgende Frage an die Mitarbeiter gestellt: »Was ist die Hauptaufgabe Ihres Unternehmens?« Die Antwort lautete dabei, je nach Branche unterschiedlich: »Wir stellen Automobilteile her.« Oder: »Wir stellen Textilien her.«

Doch die Hauptaufgabe eines Unternehmens ist es nicht, etwas herzustellen oder anzubieten, sondern das vertriebene Produkt zu *verkaufen!* Eine Firma kann von einem Produkt soviel herstellen oder anbieten, wie sie will, wenn sie nicht in der Lage ist, das angebotene Produkt zu verkaufen, wird sie in allerkürzester Zeit Konkurs anmelden müssen.

Obwohl also die Wichtigkeit des Verkaufens nicht diskutierbar ist, wird sie von den Mitarbeitern als etwas Unmoralisches angesehen. Schuld daran sind viele Verkäufer, die mit »Hochdruck-Verfahren« ihre Produkte veräußern, ohne Rücksicht auf die Bedürfnisse und Probleme des Kunden. Jeder von uns hat hier sicherlich bereits vielfältige Erfahrungen gemacht – und wenn es sich auch »nur« um einen Verkäufer an der Haustür handelt, der mit Hilfe von »Lügenmärchen« seine Zeitschriftenabos verkaufen will. Auch ist es bestimmt vielen schon passiert, daß sie ein Produkt kauften und erst später feststellten, daß die Versprechungen des Verkäufers unrichtig oder falsch waren. Da ist es eigentlich nur ganz natürlich, wenn die meisten Menschen eine negative Einstellung zum Thema Verkauf besitzen. Beim Verkauf in Ihrem Betrieb sollten Sie also verschiedene Dinge beachten und berücksichtigen...

Versprechungen
Achten Sie darauf, daß die Bereiche »Bewerbung Ihres Produktes«, Verkaufsversprechen und tatsächliches Produkt miteinander übereinstimmen. Sie werden die größten Schwierigkeiten bekommen, wenn in Ihrer Werbung oder beim Verkauf Aussagen getroffen werden, die Ihr Produkt nach dem Erwerb nicht einhalten kann.

Kauf-Bedürfnisse
Jeder Käufer hat vor Erwerb eines Produktes ein Bedürfnis, das er durch den Kauf Ihres Produktes erfüllt haben möchte. Jemand, der eine Waschmaschine erwirbt, setzt ganz bestimmte Erwartungen in den Kauf dieses Artikels. Der Käufer eines Automobils hat ebenfalls eine bestimmte Erwartungshaltung und erhofft sich einen klar umrissenen Nutzen durch den Kauf. Sie sehen also, daß kein Produkt nur einfach so erworben wird, sondern daß sich damit immer eine Nutzenerwartung für den Käufer verknüpft. Nun ist es aber

so, daß viele Produkte nicht nur ein Bedürfnis, sondern die unterschiedlichsten Bedürfnisse erfüllen können.

Beispiele:

- Ein Restaurantgast besucht das Lokal, weil er die angenehme Atmosphäre schätzt; ein anderer kommt wegen des schmackhaften Essens; ein weiterer schätzt die kalorienarme Küche; wieder ein anderer trifft dort immer Leute – usw., usw.
- Durch den Erwerb eines Automobils könnte der Käufer ein Fortbewegungsmittel erwerben, er könnte ein Transportmittel erwerben, er könnte ein Spaßobjekt erwerben, er könnte aber dadurch auch sein Geltungsbedürfnis befriedigen – usw., usw.
- Ein Kunde, der einem Sportclub beitritt, kann dadurch seine Figur verbessern, er kann seine Gesundheit verbessern, er könnte aber auch wegen der Kommunikation beigetreten sein – usw., usw.

Sie merken schon: Kunden tragen meistens unterschiedliche Bedürfnisse in sich. Nun ist sich aber Ihr Kunde vielleicht oftmals gar nicht darüber klar, ob er sein persönliches Bedürfnis bei Ihnen tatsächlich erfüllt bekommt. Der Interessent in einem Fitneßclub hat vielleicht Bedürfnisse, die auf seine Gesundheit ausgerichtet sind, aber aufgrund verschiedener Informationen, die er in der Vergangenheit erhalten hat, hat er das Gefühl, einem Fitneßclub gehörten nur lauter junge, gesunde und fite Menschen an. Ein Interessent in einem Autohaus hat vielleicht das Bedürfnis, ein sportliches Auto zu fahren, hat aber Angst vor den hohen Kosten. Die Aufgabe des Verkäufers wäre es dann, dem Interessenten zu verdeutlichen, daß auch ein sportliches Automobil durchaus sparsam im Verbrauch und in den Unterhaltungskosten sein kann.
Worum es also beim Verkaufen geht, ist, dem Interessenten

ein Produkt zu verkaufen, das er zur Erfüllung seiner Bedürfnisse wirklich benötigt.
Die Aufgabe des Verkäufers besteht also darin, den Kunden zu beraten und ihm zu helfen und keinesfalls dem Kunden das Produkt nur um des Verkaufens willen zu veräußern.
Ich möchte Ihnen ein kleines Beispiel erzählen: Wenn ich mich in ein Bekleidungsgeschäft begebe, weil ich mich für einen neuen Anzug interessiere, dann läuft das Gespräch mit dem Verkäufer in etwa immer gleich ab. Der Verkäufer kommt mit einem Lächeln auf mich zu und fragt mich, ob er mir irgendwie helfen könne. Da ich mir nicht sicher bin, in diesem Geschäft den richtigen Anzug zu finden, und da ich vor Verkäufern auch eine gewisse Scheu habe, verneine ich seine Frage und antworte ihm, daß ich mich lediglich etwas umschauen wolle. Der Verkäufer bedankt sich und läßt mich alleine suchen. Dieser schlechte Verkaufsstil des Verkäufers hat zwei Konsequenzen:

a) Der Verkäufer hat aller Wahrscheinlichkeit Umsatz verloren (weil ich mich alleine nie für etwas entscheiden kann).
b) Ich verlasse das Geschäft mit einem unguten Gefühl, denn ich habe dort eine gewisse Zeit investiert und das Geschäft ohne die Erfüllung meines Zieles verlassen, nämlich einen neuen Anzug zu erwerben.

Aber wie könnte sich nun der Verkäufer besser verhalten und mir mehr Nutzen bieten? Zunächst einmal sicherlich dadurch, daß er meine Antwort: »Nein danke, ich möchte mich nur etwas umsehen« akzeptiert mit den Worten: »Ja, das verstehe ich« und dann einfach darüber hinweggeht, indem er mich fragt, für welchen Bereich ich mich denn genau interessiere. Ich würde ihm natürlich nun antworten: »Für Anzüge und Kombinationen«. Der Verkäufer weist mir daraufhin den Weg in den entsprechenden Bereich des Hauses. Nun sollte er nicht die obligatorische Frage nach meiner Größe stellen (ich möchte schließlich keine »Größe« kaufen, sondern habe bestimmte Anforderungen an einen Anzug), sondern mich ganz direkt fragen, worauf es mir denn beim Kauf eines Anzuges besonders ankomme. Ich würde ihm nun antworten, daß es für mich wichtig sei, einen hochwertigen Anzug zu erwerben, der nach einigen Stunden Autofahrt immer noch knitterfrei sei. Der Verkäufer sollte nun sein Verständnis dafür kundtun, aber sich mit dieser Antwort noch nicht zufriedengeben, sondern die nächste Frage stellen, sich also erkundigen, ob es noch etwas gebe, was beim Erwerb eines Anzuges für mich wichtig sei. Nun würde ich damit herausrücken, daß ich des öfteren beim Essen das Problem hätte, daß mir eine »Kleinigkeit« auf den Anzug geriete. Deshalb müßten meine Anzüge sehr oft gereinigt werden. Ich hätte allerdings bereits die schlechte Erfahrung gemacht, daß viele Anzüge nach zwei- oder dreimaliger Reinigung ihre Form nicht mehr besäßen und ich den Anzug nicht mehr verwenden könne. Ich teile dem Verkäufer also mit, daß ein von mir erworbener Anzug möglichst viele Reinigungen unbeschadet überstehen müsse. Nun hat der Verkäufer zum einen zwei wichtige Informationen erhalten, durch die er mich fachlich qualifiziert beraten kann, zum anderen hat er bereits ein großes Vertrauen bei mir aufgebaut, fühle ich mich doch bei ihm nun gut aufgehoben und vertraue darauf, daß er mir nun Anzüge vorschlagen wird, die meine beiden Bedürfnisse erfüllen.

Wenn mir nun der Verkäufer tatsächlich einige Anzüge zur Auswahl gibt und darauf hinweist, daß diese Modelle meine Anforderungen erfüllen, dann werde ich aller Voraussicht nach (unter der Voraussetzung, daß die angebotenen Farben und Größen für mich in Frage kommen) in diesem Geschäft einen Anzug erwerben. Natürlich würde ich dann gleichzeitig noch dazu passende Hemden, Krawatten, Socken, Pullover usw. aussuchen. Was die Folge dieses erstklassigen Verkaufes ist? Nehmen wir einmal an, der Anzug paßt gut und ich fühle

mich wohl darin; zusätzlich ist er tatsächlich so strapazierfähig, wie ich es mir erwartet habe. Wo glauben Sie, werde ich in Zukunft die nächsten Anzüge erwerben?
Sie sehen also, daß ein erstklassiger Verkauf nicht nur ein großer Nutzen für Ihren Betrieb ist, sondern auch für Ihre Kunden. Allerdings setzt dies voraus, daß *alle* Mitarbeiter eines Unternehmens wissen, was unter einem erstklassigen Verkauf in Ihrer Firma verstanden wird. Es geht eben nicht darum, »Verkauf um jeden Preis« zu betreiben, sondern darum, den Kunden *ehrlich, freundlich und qualifiziert* zu beraten. Es muß den Verkäufern auch deutlich gemacht werden, daß es einmal besser sein kann, auf einen Verkauf zu verzichten, aber den Kunden ehrlich beraten zu haben.

Ein weiteres Beispiel:
Vor einigen Jahren richtete ich mir eine Wohnung neu ein. Dabei wollte ich auch eine Waschmaschine mit Trockner erwerben. Ich suchte also einen großen Elektromarkt auf, um eventuell eine Waschmaschine zu erwerben. Es kam auch gleich ein Verkäufer auf mich zu und fragte mich, ob er mir helfen könne. Ich antwortete ihm, daß ich eine Waschmaschine suche. Er geleitete mich in die entsprechende Abteilung und stellte als erstes die Frage, was ich denn für die Waschmaschine ausgeben wolle. Er fragte mich also nicht, was ich von einer Waschmaschine erwartete, sondern er fragte mich, was ich ausgeben wollte. Da ich zu diesem Zeitpunkt keine Ahnung hatte, was eine Waschmaschine kostet, antwortete ich nach einigem Überlegen: »Na ja, vielleicht so in der mittleren Preiskategorie«. Daraufhin erklärte mir der Verkäufer die verschiedensten Geräte in der mittleren Preiskategorie. Er vergaß dabei nicht, jede Maschine ausführlich zu erläutern und mir klarzumachen, welche technischen Möglichkeiten ich durch diese Maschine hätte. Nach 30 Minuten Verkaufsgespräch verließ ich das Geschäft, ohne eine Maschine erworben

zu haben. Warum habe ich mich nicht für eine Maschine entscheiden können? Ganz einfach: Ich habe keinerlei technisches Verständnis, und es ist fürchterlich für mich, die Gebrauchsanweisung für ein neues technisches Gerät durchzulesen, um mit der Maschine zurechtzukommen.

Das heißt also, daß meine Erwartung an eine Waschmaschine neben dem Bedürfnis nach sauberer Wäsche auch das Bedürfnis nach einem möglichst einfachen, technischen Ablauf implizierte. Hätte mich der Verkäufer gefragt, auf was es mir denn beim Erwerb einer Waschmaschine ankomme, so hätte ich ihm geantwortet: »Ich erwarte eine zuverlässige Maschine, die meine Wäsche gut saubermacht.« Hätte er danach die zusätzliche Frage gestellt, auf was es mir eventuell noch ankommen würde, so hätte ich damit herausgerückt, keinerlei technisches Verständnis zu besitzen, mir demnach eine möglichst einfache, aber hochwertige Maschine wünsche.

Wenn nun diese Maschine die teuerste gewesen wäre und er mir erklärt hätte, daß diese Maschine durch den einen einfachen Knopfdruck automatisch das richtige Waschprogramm wählt, hätte ich mich hundertprozentig für die teuerste Maschine entschieden.

Was ich Ihnen mit diesen Beispielen klarmachen will, ist, daß Sie nicht von vornherein bei einem Beratungsgespräch mit dem Kunden davon ausgehen können, sein Bedürfnis zu kennen. Selbst wenn ein Produkt nur auf ein einziges Hauptbedürfnis ausgerichtet ist, so haben Ihre Kunden doch verschiedene Ansprüche an dieses Produkt. Gleichzeitig hegt aber jeder Mensch viele Bedenken und Einwände (allermeistens nur in seiner Einbildung), die es ihm nicht ermöglichen, sich spontan für das von Ihnen vertriebene Produkt zu entscheiden.

Seien Sie aber versichert, daß ein Kunde, der sich für Ihr Produkt interessiert, generell ein solches Produkt erwerben möchte. Es geht also nicht darum, ein Bedürfnis bei einem Kunden zu wecken, sondern sein vorhandenes Bedürfnis durch einen entsprechend großen Nutzen, den Sie ihm bieten, zu befriedigen. Verkaufen heißt also nichts anderes, als die Bedürfnisse des Kunden zu erkennen, ihn ehrlich und qualifiziert zu beraten und ihm den Nutzen des Kaufobjektes zu verdeutlichen. Firmen, die ihren Verkauf unter dieser Philosophie ansehen, sind in aller Regel immer erfolgreicher als die »Hochdruck-Verkäufer«, denen es nur um das schnelle Geschäft geht. Bedenken Sie bei Ihren Verkäufen immer, daß es nicht darum geht, einem Kunden einmalig ein Produkt zu verkaufen, sondern daß es darum geht, einen Kunden als Stammkunden zu gewinnen bzw. zu erhalten, also einen Kunden, der nicht nur selber Kunde bleibt, sondern durch Mundpropaganda viele weitere Interessenten für Ihre Firma wirbt.

Brainstorming

Der Prozeß der permanenten Kundennutzenerhöhung darf keine einmalige Angelegenheit sein, sondern muß ein kontinuierlicher Prozeß werden. Dabei darf sich dieser ständige Prozeß nicht nur auf die Führungsebene eines Unternehmens beschränken, sondern die Kunden und Mitarbeiter müssen in diese Entwicklung mit einbezogen werden. Gerade die Mitarbeiter, die ja schließlich an der »Front« ständigen Kundenkontakt pflegen, kennen die Stärken und Schwächen der Produkte und des gesamten Kundennutzens. Veranstalten Sie deshalb alle drei Monate ein Brainstorming mit Ihren Mitarbeitern zum Thema: »Wie kann unser Kundennutzen gesteigert werden?« Der Ablauf dabei ist folgendermaßen:

- Zuerst setzen sich die Mitarbeiter in kleinen Gruppen (fünf bis acht Personen) zusammen und entwickeln ihre Ideen und Vorstellungen.

- Anschließend setzen sich alle Mitarbeiter zusammen, und ein Sprecher aus jeder Gruppe trägt die von der Gruppe entwickelten Ideen vor. Alle Gruppen tragen auf diese Weise die entwickelten Ideen vor, und ein Moderator hält diese auf einem zentralen Papier (Flipchart) fest.
- Es bleibt Ihnen überlassen, ob Sie jeden einzelnen Punkt sofort diskutieren und die Möglichkeit der Umsetzbarkeit prüfen oder ob Sie erst alle gesammelten Ideen festhalten und sich dann Gedanken machen, was die fünf wichtigsten Ideen sind, die

a) eine bedeutende Nutzenerhöhung darstellen würden,
b) umsetzbar sind,
c) möglichst schnell umsetzbar sind.

Erstellen Sie nach jedem Brainstorming eine genaue Liste, welche Ideen zur Kundennutzenerhöhung in den nächsten drei Monaten umgesetzt werden sollen. Halten Sie genaue Termine, verantwortliche Mitarbeiter, Etatansetzung usw. schriftlich fest, und überprüfen Sie beim nächsten Brainstorming, ob die beim letzten Treffen entwickelten Vorschläge umgesetzt wurden.
Mit diesen regelmäßigen Brainstormings sorgen Sie nicht nur dafür, daß Sie das Potential aller Mitarbeiter anzapfen, sondern auch dafür, daß sich Ihre Mitarbeiter motivierter und begeisterter für Ihren Betrieb einsetzen werden. Lassen Sie sich überraschen, wie viele Ideen eine Gemeinschaft von Menschen produzieren kann, und seien Sie versichert, daß diese Ideen Ihnen einen dauerhaften Vorsprung vor den Mitbewerbern sichern. Setzen Sie schließlich die gruppendynamischen Energien sinnvoll für Ihr Unternehmen ein.
Natürlich werden die Ergebnisse dieser Brainstormings um so effektiver ausfallen, je weiter fortgeschritten die Denke Ihrer Mitarbeiter ist. Je konsequenter Sie am Geist Ihres

Unternehmens arbeiten, desto produktiver werden Mitarbeiterbesprechungen und Arbeitstreffen für Ihr Unternehmen werden.
Um Ihnen einige Beispiele aufzuzeigen, was ein solches Brainstorming mit den Mitarbeitern produzieren kann, möchte ich Ihnen das Beispiel eines großen Autohauses geben, das nach einem solchen Brainstorming eine kleine »Bar« in seinen Verkaufsräumen einrichtete. Dort haben die Kunden die Möglichkeit, ein Erfrischungsgetränk oder einen Kaffee gratis einzunehmen und auch eine der bereitliegenden Zeitschriften zu lesen. Diese kleine Theke ermöglicht es dem Autohaus, eventuelle Wartezeiten der Kunden erträglicher zu gestalten. Ferner schafft sie auch eine angenehmere Atmosphäre, wenn sich einer der Verkäufer mit einem Interessenten unterhält und ihm dabei etwas Erfrischendes anbieten kann.
In einem großen Einzelhandelsunternehmen wurde nach einer solchen Mitarbeiterbesprechung eine professionelle Kinderbetreuung für die Kunden eingerichtet. Dabei wurde natürlich nicht daran gedacht, Kinder ganztägig zu beaufsichtigen, sondern lediglich für die Dauer des Aufenthaltes in diesem Geschäft oder auch für die Dauer des Aufenthaltes in der Stadt generell. Es wurde also ein Kinderbereich geschaffen mit Kinderrutsche, einem ein Meter hohen Becken mit weichen Schaumstoffbällen, einem kleinen Bereich, in dem ständig lustige Kinderfilme laufen. Dafür wurde eine Kinderbetreuerin ganztägig eingesetzt. Der Effekt: Heute besuchen diesen Kinderbereich täglich 100 bis 150 Kinder. Sie können sich leicht selber ausrechnen, was dieser Kundenservice hinsichtlich Mehrumsatz und vor allen Dingen hinsichtlich Imagegewinn für das Unternehmen bedeutet.

Qualifizierung der Mitarbeiter
Da im 10. Kapitel auf den Bereich des »Mitarbeiternutzens« noch ausführlich eingegangen wird, soll hier an dieser Stelle

nur darauf hingewiesen werden, daß die Qualifizierung der Mitarbeiter – in allen Bereichen – eine absolute Notwendigkeit für den Unternehmenserfolg darstellt. Nur hochqualifizierte Mitarbeiter, deren Denke mit der Unternehmensführung übereinstimmt, können für eine ständige Kundennutzenerhöhung sorgen. Mitarbeiter sind dafür verantwortlich, daß Ideen und Innovationen entwickelt werden, und sind gleichermaßen dafür verantwortlich, daß Neuentwicklungen im Markt vertrieben werden. Denken Sie nur an Abschnitt 5 dieses Kapitels (»Kundenbeschwerden«), dann fällt Ihnen sicherlich sofort auf, daß Sie zwar das schönste System zur Behandlung von Kundenbeschwerden aufstellen können, doch umsetzen in die Praxis müssen es Ihre Mitarbeiter. Um dazu in der Lage zu sein, müssen sie qualifiziert und selbstbewußt sein.
Die Aus- und Fortbildung der Mitarbeiter ist also ein zentrales Thema für den Firmenerfolg und wird im nachfolgenden Kapitel ausführlich behandelt.

Der Kunde ist König!
Jeder Mitarbeiter in einem Unternehmen kennt diesen abgedroschenen Satz. Dennoch ist es erstaunlich, wie dieses simple Gesetz des Unternehmenserfolges in den meisten Firmen »mit Füßen getreten« wird. Man kann es teilweise gar nicht mehr fassen, wie man als Kunde in einem Restaurant, einer Boutique oder sonstwo teilweise behandelt wird. Kein Lächeln, kein Entgegenkommen, kein Service – nichts wird unternommen, um dem Kunden ein positives Gefühl zu vermitteln.
Ist es denn wirklich so schwer, die Wichtigkeit eines Kunden zu erfassen? Ist denn nicht jedem Mitarbeiter und jedem Inhaber einer Firma klar, daß jeder einzelne Kunde letztendlich dafür verantwortlich ist, ob ein Unternehmen erfolgreich oder erfolglos arbeitet? Ist vielen Mitarbeitern denn nicht

bewußt, daß nur zufriedene Kunden den zukünftigen Arbeitsplatz garantieren? Wenn man sich die Praxis der bundesdeutschen Unternehmen so ansieht, dann komme ich zu dem Schluß, daß diese Selbstverständlichkeiten für viele Menschen eben nicht eindeutig sind. Einfachste Regeln für den Umgang mit Menschen werden mit Füßen getreten. Ist es da eigentlich ein Wunder, daß viele Unternehmen um ihr Überleben kämpfen müssen?
Es kann im Rahmen dieses Buches nicht umfassend erläutert werden, wie ein Kunde richtig behandelt werden sollte, damit er als Kunde erhalten bleibt, doch können die Erkenntnisse dieses Buches vielleicht einen Bewußtseinsveränderungsprozeß in Ihrem Unternehmen auslösen.
Denken Sie daran: Es ist nicht entscheidend, wo Sie sich heute befinden und welche Fehler in der Vergangenheit gemacht wurden, sondern es ist wichtig, daß Sie sich Gedanken um das Morgen machen und heute damit beginnen, eine Verbesserung und eine positive Entwicklung einzuleiten. Hierfür einige Beispiele, wie Sie die Zufriedenheit Ihrer Kunden in Zukunft steigern können:

Schnelle Reaktion auf Kundenkontakt
Haben Sie es nicht schon erlebt, daß Sie in einem Unternehmen anrufen, die zuständige Person aber leider momentan nicht in der Lage ist, mit Ihnen zu sprechen, Ihnen jedoch versprochen wird, daß sie zurückruft. Anschließend dauert es einige Tage, ehe die gewünschte Person tatsächlich zurückruft. Wie ist Ihr Gefühl, ist Ihre Einstellung zu diesem Mitarbeiter und zu diesem Betrieb? Würde man den Mitarbeiter danach fragen, aus welchen Gründen er zwei Tage benötigt, bis er den Kunden zurückruft, so hätte er natürlich hundert Gründe: Er hatte gerade wichtige Arbeiten zu erledigen, Besprechungen hinderten ihn daran, er mußte für den Chef einen wichtigen Bericht abliefern, er mußte eine Kalkulation

durchführen usw., usw. Diese Gründe, die der Mitarbeiter anführen würde, sind alle logisch und alle korrekt. Gibt es überhaupt einen Grund, eine Entschuldigung dafür, daß ein Kunde auf einen Rückruf warten muß? Machen Sie es in Ihrem Unternehmen zum Grundsatz, daß vor allen anderen Arbeiten der Kundenrückruf oberste Priorität hat. Oder wissen Sie, warum der Kunde angerufen hat?
So ist es durchaus möglich, daß er einen riesigen Auftrag tätigen will oder daß er vielleicht einen neuen Kunden für Sie geworben hat. Auch ist es möglich, daß er eine große Beschwerde hat und aufgrund des mangelhaften Rückrufs seine Geschäftsbeziehung zu Ihnen abbricht. Ist es wirklich wichtiger, einen Bericht zu verfassen? Ist es wichtiger, eine Statistik zu Ende zu führen, als eventuell einen Kunden zufriedenzustellen? Ist es wichtiger, eine Kalkulation anzufertigen, als einen Kunden zurückzurufen und ihm das Gefühl der Wichtigkeit zu geben? Machen Sie es in Ihrem Betrieb zum Grundsatz, daß keine Arbeit, egal von welchem Auftraggeber, so wichtig ist wie der unmittelbare Kontakt zum Kunden. Achten Sie als Führungsperson darauf, daß Sie von den Mitarbeitern nicht permanent als Ausrede für unvollständige Aufträge benutzt werden.
Auch die Vorgesetzten müssen akzeptieren, wenn ein Mitarbeiter einen ausgesprochenen Auftrag zugunsten eines Kundenrückrufs nicht pünktlich ausführt.

Name des Kunden

Bei einem Seminar lernte ich einmal Herrn Kumberger vom »1st Fitnessclub« in Rosenheim kennen.
Dabei handelt es sich um einen Unternehmer, der als Autodidakt einen kleinen Fitneßclub gründete und heute einer der größten und erfolgreichsten Sportanlagen dieser Art in Deutschland besitzt. Sein Erfolgsgeheimnis besteht vor allem darin, daß für ihn der Kunde das wichtigste ist. Da für

jeden Menschen der eigene Name das wichtigste ist, ist es für Kumberger selbstverständlich, die Namen aller Kunden auswendig zu können. Auch alle seine Mitarbeiter werden permanent von ihm angehalten, die Namen jedes einzelnen Kunden zu wissen. Nun muß dazu angemerkt werden, daß es sich bei dem »1st Fitnessclub« nicht um ein kleinen Fitneß-Center, sondern um eine große Sportanlage mit ca. zweitausend Kunden handelt. Herr Kumberger, als Inhaber sicherlich mit Hunderten von Aufgaben beschäftigt, ist stolz darauf, jeden einzelnen Kunden mit Namen zu kennen. Seine Firmenphilosophie besteht darin, daß ein Kunde, den er mit Namen kennt (hinter der Philosophie steckt natürlich die Absicht, daß man nicht nur den Namen, sondern auch Hobbys, Aktivitäten und sonstige Informationen aus dem Privatleben des Kunden kennt) seine Mitgliedschaft niemals kündigen wird. Ist es Zufall, Glück oder Schicksal, daß der »1st Fitnessclub« heute zu einer der erfolgreichsten Sportanlagen dieser Art in Deutschland zählt?

Für Peter Hippeli, der eine Tennisschule betreibt, ist es selbstverständlich, daß er von jedem seiner Tennisschüler nicht nur den Namen, sondern auch Details aus dem Privatleben kennt. Er hat es sich zur Aufgabe gemacht, jede kleinste Information aus dem Privatbereich seiner Tennisschüler in seinem Gedächtnis zu speichern.
Absolviert einer seiner Tennisschüler dann eine Tennisstunde bei ihm, so erinnert er sich grundsätzlich an alle Details aus den vorangegangenen Tennisstunden. Er fragt beispielsweise eine Tennisschülerin, die acht Wochen keine Tennisstunde mehr bei ihm belegt hat, wie es ihr denn im Urlaub gefallen habe, da er von ihrem vierwöchigen USA-Aufenthalt weiß. Ist es Zufall, daß diese Tennisschule in ihrem Gebiet zu den erfolgreichsten zählt? (Es ist natürlich kein Zufall, daß Peter Hippeli mittlerweile zu meinen besten Mitarbeitern zählt.)

Aus Zeitmangel begebe ich mich nur zweimal jährlich zum Kleidereinkauf. Bei diesen jährlichen zwei »Einkaufstagen« erwerbe ich dann für die folgende Saison alle Textilien, die ich benötige. Vor einigen Jahren hatte ich erstmalig in einem neuen Bekleidungshaus eingekauft. Als ich nun sechs Monate später dort wieder auftauchte, können Sie sich sicherlich meine Überraschung vorstellen, als der Geschäftsinhaber freundlich auf mich zukam, mir die Hand gab und mich persönlich mit meinem Namen begrüßte. Halten Sie es für Zufall, daß ich in diesem Geschäft seither Stammkunde bin und einen sehr großen Umsatz dort tätige?

Machen Sie sich also die Mühe, die Namen Ihrer Kunden (und die Informationen, die dahinterstecken) zu speichern und immer beim Kundenkontakt abzurufen. Dies setzt natürlich voraus, daß Sie sich dem Kunden stets selber mit Namen vorstellen. In Einzelhandelsgeschäften empfiehlt es sich, daß jeder Mitarbeiter ein Namensschild trägt. Dies sorgt dafür, daß auch der Kunde den Mitarbeiter mit seinem Namen persönlich ansprechen kann.

Wie Sie nun an den Namen des Kunden gelangen? Ganz einfach: Sie gehen freundlich auf den Kunden zu, begrüßen ihn und stellen sich mit Ihrem Namen vor. In 90 Prozent aller Fälle wird sich nun auch der Kunde mit seinem Namen vorstellen, und Sie können diesen speichern und im Laufe des Gespräches verwenden. Sollte der Kunde zu den 10 Prozent gehören, die sich trotz Vorstellung Ihrer eigenen Person nicht zu erkennen geben, so stellen Sie einfach die Frage, ob er Ihnen kurz seinen Namen nennen könne, da Sie ihn gerne mit seinem Namen ansprechen würden. Sie halten das für ungewöhnlich und nicht durchführbar? Es gibt mittlerweile viele Betriebe, die diese Maßnahme umgesetzt haben und damit auf keinerlei Schwierigkeiten bei ihren Kunden treffen – ganz im Gegenteil, die Kunden sind erfreut, daß sich der Verkäufer so interessiert für ihre Person zeigt.

Ein kleines Lächeln . . .
Bei diesem Vorschlag geht es um nichts anderes, als daß Sie *jedem* Kunden bei *jedem* Kontakt ein Lächeln schenken. Ein chinesisches Sprichwort heißt:

»Wer nicht lächeln kann, kann nicht verkaufen!«

Ist es nicht erstaunlich, in wie vielen Betrieben Sie als Kunde erscheinen und die erste Kontaktperson nicht die Spur eines Lächelns zeigt?
Ist es nicht dagegen erfrischend, in einem Betrieb zu erscheinen, und der erste Mitarbeiter, der Sie bemerkt, geht freundlich auf Sie zu und begrüßt Sie? Ein Lächeln kostet nichts, nicht einmal einen besonderen körperlichen Aufwand – dennoch wird es zuwenig angewendet. Wenn ich bei meinen Seminaren dieses Thema anspreche, warum die Kunden so wenig angelächelt werden, so höre ich oft, daß man sich als Mitarbeiter eben auch einmal schlechter fühle und man sich ja dann verstelle, wenn man den Kunden anlächle. Außerdem gebe es eben auch Kunden, mit denen man nicht so gut zurechtkäme. Da wäre es doch »falsch«, den Kunden anzulächeln, obwohl man ihn nicht besonders sympathisch fände.
Falls Sie die Funktion eines Chefs haben, so werden jetzt Sie sicherlich lächeln und sich denken, das komme in Ihrem Betrieb nicht vor, das sei ja »an den Haaren herbeigezogen«. Doch seien Sie versichert, daß die allermeisten Mitarbeiter diese Denke besitzen. Über 80 Prozent der Seminarteilnehmer (in den letzten fünf Jahren über 20 000) haben diese Argumentation auf meine Frage vorgetragen, und Sie können sich vorstellen, wie diese Mitarbeiter in der Praxis die Kunden begrüßen und behandeln.
In meinen Seminaren stelle ich den Teilnehmern oft die Frage, was sie denn tun würden, wenn sie auf der Straße einen

Zehnmarkschein liegen sähen und weit und breit niemand zu sehen (und auch keine Schnur am Geldschein befestigt) sei. Die Teilnehmer antworten übereinstimmend, sie würden sich bücken und den Zehnmarkschein aufheben. Auf die Frage, was sie denn tun würden, falls sie ein Fünfmarkstück liegen sähen, antworten ebenfalls alle übereinstimmend: Dann bücken wir uns und heben das Fünfmarkstück auf. Auf meine dritte Frage – die den Teilnehmern dann meistens schon etwas auf die Nerven geht –, was sie denn tun würden, falls sie ein 50-Pfennig-Stück fänden, antworten alle übereinstimmend: Das heben wir auf. Als ich die vierte Frage stelle, was sie denn tun würden, falls sie einen Pfennig auf der Straße fänden, antworten dann in der Regel 50 Prozent: »Auch diesen Pfennig heben wir auf.« Ich erkläre dann den Seminarteilnehmern, daß ich ihr Verhalten unlogisch fände, denn für einen Pfennig sei jeder zweite Mitarbeiter bereit, sich zu bücken, sich der Gefahr einer Rückenverletzung auszusetzen, eine Anstrengung auf sich zu nehmen für einen letztlich doch kleinen Erfolg. Wenn Sie aber einen Kontakt mit einem Kunden hätten, der eventuell Tausende, vielleicht sogar Hunderttausende von Mark an jährlichem Umsatz bedeuten könnte, dann hätten sie für den Kunden nicht einmal ein Lächeln übrig, also eine vergleichsweise geringe Anstrengung!

Telefon

Überprüfen Sie in diesem Zusammenhang auch einmal, wie Kunden bei Ihnen am Telefon behandelt werden.
Am Telefon gibt es keinerlei Möglichkeiten, den Kunden positiv einzustimmen, mit einer einzigen Ausnahme:

Ihrer Stimme!

Nun ist es nicht sehr leicht, von heute auf morgen die Stimmlage positiv zu verändern (aber auch dafür gibt es Methoden; sie kosten jedoch Energie und Ausdauer). Doch jedem Menschen ist es möglich, seiner Stimme sowohl einen freundlichen als auch einen unfreundlichen Klang zu geben. Sie wissen vielleicht, daß viele Rundfunkmoderatoren darauf trainiert werden, *wie* sie ihre Ansage vortragen. Es ist oftmals nicht wichtig, *was* am Telefon gesagt wird, sondern *wie* es dem Kunden übermittelt wird. Dazu gibt es einen kleinen Trick: Trainieren Sie Ihre Mitarbeiter (und natürlich auch sich selbst) darauf, während des gesamten Telefongespräches immer ein kleines Lächeln zu behalten. Probieren Sie doch einmal aus, wie Sie mit herabhängenden Mundwinkeln und einem unfreundlichen Gesicht klingen und wie toll Ihre Stimme klingen kann, wenn sie beim Sprechen ein Lächeln auf Ihrem Gesicht behalten!
Als ich vor einigen Jahren einmal bei der Firma FAG Kugelfischer in Schweinfurt anrief, landete ich zunächst bei der Zentrale. Ein Stimme meldete sich: »FAG Kugelfischer«. Es war keine Begrüßung dabei, und die gesamte Stimme klang genervt und unfreundlich. Als ich der Telefondame mitteilte, ich würde gern mit Herrn XY sprechen, drückte sie, ohne ein weiteres Wort der Erklärung an mich, den Verbindungsknopf. Natürlich kann es sein, daß die Telefondame an diesem Tag bereits Hunderte von Anrufen verbunden hatte. Es ist auch möglich, daß sie private Sorgen an diesem Tag hatte. Es ist auch möglich, daß ich ihr an diesem Tag einfach als einer von tausend Anrufern »auf die Nerven ging«, doch ich hätte auch ein potentieller Kunde sein können, der einen größeren Auftrag tätigen wollte. Einige Jahre später, Anfang 1993, kämpfte das Großunternehmen FAG Kugelfischer ums Überleben – womit ich sicherlich nicht aussagen will, daß diese Telefondame an dieser Misere Schuld hat. Aber vielleicht drückt dieses Beispiel aus, in welchen Bereichen es bei der Firma noch haperte.

Leitthesen zur 9. Stufe

1. Je mehr Nutzen ich meinen Kunden biete, desto weniger Bedeutung haben Preis, Verkauf und Werbung!
2. Jeder zufriedene Kunde tätigt weiteren Umsatz und wird durch Weiterempfehlung neue Kunden für meinen Betrieb werben. Deshalb stelle ich meine Kunden zufrieden, und zwar in jeder, wirklich in jeder Beziehung!
3. Für mich hört die Betreuung des Kunden nach dem Verkauf nicht auf, sondern beginnt dann erst!
4. Zusammen mit meinen Mitarbeitern werde ich den Nutzen für meine Kunden ständig ausbauen und verbessern!
5. Werbung und Verkauf sollen ab sofort den Nutzen für meine Kunden erhöhen. Deshalb gibt es bei uns keinen Hochdruck-Verkauf, sondern seriöse Beratung!
6. Meine Kunden werden in Zukunft in immer mehr Entwicklungsprozesse mit einbezogen!
7. Ich freue mich in Zukunft über jede Kundenbeschwerde. Jede Beschwerde gibt mir die Möglichkeit, den Kunden noch fester an meine Firma zu binden!
8. Mein Kunde ist König, auch wenn er nicht immer recht hat!
9. Das wichtigste ist, immer und zu jeder Zeit freundlich zum Kunden zu sein!

Notizen: ______________________________

10. Stufe: Erhöhung des Mitarbeiternutzens

Was ist das Ergebnis motivierter Mitarbeiter?

Wie bereits im 8. Kapitel beschrieben wurde, ist der Mitarbeiternutzen – neben einer Erhöhung des Kundennutzens – entscheidend für zukünftigen Erfolg. Dabei kann sich keine Firma auf ihren Lorbeeren ausruhen, sondern muß permanent bestrebt sein, den Nutzen für Kunden und Mitarbeiter weiter auszubauen.
Nach dem 9. Kapitel werden Sie sicherlich ebenso davon überzeugt sein, daß die ständige Erhöhung des Kundennutzens ein Garant für den Erfolg ist. Aber wie steht es mit Ihrer Einstellung zu Ihren Mitarbeitern? Sind Ihre Mitarbeiter, neben Ihren Kunden, Ihr wichtigstes Gut? Hegen und pflegen Sie Ihre Mitarbeiter? Sind Ihre Mitarbeiter nur »Arbeitssklaven«, die beliebig austauschbar sind?
Ferdinand Porsche antwortete nach dem Krieg auf die Frage, was er denn behalten wolle, seine Fabrik oder seine Mitarbeiter, ganz entschieden: »Natürlich meine Leute, mit denen baue ich dann schnell wieder eine neue Fabrik auf!« Viele Unternehmer konnten nur deshalb riesige Konzerne und Unternehmen aufbauen, weil sie es verstanden haben, andere Menschen von ihren Visionen und Zielen zu begeistern. Niemand, auch der fleißigste und intelligenteste Mensch, könnte seinen Erfolg ausweiten, wenn er nicht andere Menschen findet, die ihn bei diesem Vorhaben unterstützen. Doch haben Sie schon einmal bewußt darüber nachgedacht, wie wichtig andere Menschen für Ihren persönlichen Erfolg sind?

Voraussetzungen für Motivation

Gerade die Amerikaner mit ihrem »Hire-and-fire«-Prinzip mußten in den letzten Jahren die Erfahrung machen, daß Mitarbeiter eben keine »austauschbare Arbeitssklaven« sind, sondern der zweite entscheidende Faktor für Unternehmenserfolg. Die Amerikaner haben durch die japanische Konkurrenz bitter zu spüren bekommen, daß unternehmerischer Spitzenerfolg auf Dauer nur mit der Unterstützung *aller* Mitarbeiter möglich ist. Die amerikanischen Autoren Peters und Waterman haben in ihrem Bestseller »Auf der Suche nach Spitzenleistungen« bereits 1982 empirisch belegt, daß motivierte Mitarbeiter der zentrale Erfolgsfaktor eines Unternehmens sind. Die nachfolgende Tabelle über einen Produktivitätsvergleich zwischen Japan und Deutschland soll Ihnen verdeutlichen, welche Bedeutung effektive und motivierte Mitarbeiter haben.

Tabelle 1: Produktivitätsvergleich Japan/Deutschland

1992	*Toyota*	*VW*
Beschäftigte	100 000	266 000
Produzierte Autos	4,54 Mio.	3,13 Mio.
Autos je Mitarbeiter pro Jahr	45	12

(nach Prof. Dr. Dr. Wolfgang Berger)

Sie sehen also, daß bei VW pro Mitarbeiter innerhalb von 12 Monaten 12 PKWs hergestellt wurden, während bei Toyota ein Mitarbeiter 45 PKWs produziert. Sie können jetzt natürlich argumentieren, daß die Japaner eine andere Mentalität besitzen, daß Japaner von Natur aus fleißiger sind, daß Japaner aus Gründen der Mentalität eben konstruktiver miteinander arbeiten können, usw., usw. Hierzu möchte ich Ihnen eine weitere Tabelle präsentieren, aus der ersichtlich wird, daß Erfolg nicht unbedingt nur etwas mit der Mentalität eines Volkes, sondern vielmehr mit der entsprechenden Denkweise zu tun hat.

Tabelle 2: Produktivitätsvergleich Japan/USA

1987	*GM*	*Toyota*	*UMM*
Montagestunden je Auto	31	16	19
Reichweite des Teilelagers	2 Wochen	2 Stunden	2 Tage
Montagefehler je 100 Autos	135	45	45

(nach Prof. Dr. Dr. Wolfgang Berger)

GM = General-Motors-Werk im Framingham, USA

Toyota = Toyota-Werk in Takaoka, Japan

UMM = New United Motor Manufacturing, Inc. in Fremont, USA (Joint Venture von Toyota und General Motors)

Nochmals zur Verdeutlichung: Bei General Motors handelt es sich um eine rein amerikanische Firma mit amerikanischem Management und amerikanischen Mitarbeitern. Bei Toyota handelt es sich um eine rein japanische Firma in Japan mit japanischem Management und japanischen Mitarbeitern. Bei der Firma UMM handelt es sich um eine Gemeinschaftsfirma, die in den USA ansässig ist, mit japanischen Topmanagern und rein amerikanischen Mitarbeitern. Wie Sie aus Tabelle 2 ersehen können, benötigt General Motors fast doppelt so viele Montagestunden je hergestelltem PKW wie Toyota in Japan. Die Gemeinschaftsfirma UMM dagegen liegt bei diesem Produktivitätsfaktor nur geringfügig höher als Toyota – obwohl die Firma nur eine Handvoll japanischer Manager, ansonsten jedoch nur amerikanische Mitarbeiter besitzt.

Noch krasser wird der Unterschied bei Betrachtung der Reichweite des Teilelagers. Während bei General Motors ein Zubehörteil angeliefert wird und im Durchschnitt vierzehn Tage später in einem fertigmontierten Auto die Fabrik wieder verläßt, beträgt diese Zeitspanne bei Toyota in Japan nur zwei Stunden. Bitte rechnen Sie sich nun einmal selbst aus, was alleine der Zinsvorteil der Firma Toyota an zusätzlichen Gewinnen beschert! Bei der Firma UMM beträgt die Reichweite des Teilelagers im Vergleich dazu zwei Tage.

Auch bei der Betrachtung der Montagefehler je 100 Autos ist überraschend, daß hier der statistische Durchschnitt bei Toyota und UMM gleich hoch ist, während er bei General Motors den dreifachen Wert einnimmt. Demnach fallen bei General Motors dreimal so viele Reklamationen an wie bei Toyota und UMM.

Wie Sie aus Tabelle 3 ersehen können, arbeiten bei japanischen Firmen, die in den USA produzieren, über 71 Prozent der Mitarbeiter in Teams, während es bei rein amerikanischen Firmen 17 Prozent und in Europa 1 Prozent sind. Vergleicht man nun anschließend, wie viele Verbesserungsvorschläge in den einzelnen Ländern erfolgen, so stellt man erstaunt fest, daß die japanischen Firmen, die in den USA produzieren, gegenüber rein amerikanischen oder europäischen Firmen das Dreieinhalbfache an Verbesserungsvorschlägen einbringen.

Tabelle 3: Vergleich Großserienhersteller

1989	*USA Japanische Firmen*	*USA Amerikanische Firmen*	*Europa*
Mitarbeiter im Team	71,3 %	17,3 %	0,6 %
Verbesserungs-vorschläge je Mitarbeiter	1,4	0,4	0,4

(nach Prof. Dr. Dr. Wolfgang Berger)

Was ich Ihnen mit diesen Vergleichen zwischen den japanischen, amerikanischen und europäischen Firmen klarmachen möchte, ist der Unterschied zwischen der japanischen und der amerikanischen bzw. europäischen Denkweise. Während vor allen Dingen in den USA die Mitarbeiter lediglich Mittel zum Zweck sind, ist die japanische Denkweise darauf ausgerichtet, daß nur harmonische, motivierte Teams in der Lage sind, mehr Erfolg zu produzieren. Mittlerweile ist diese Denkweise unter dem Schlagwort »Lean-production« auch in den USA und Europa bekannt geworden. Immer mehr Industriebetriebe gehen momentan dazu über, Lean-production einzuführen. Doch betrachtet man die vielgerühmte Lean-production, stellt man fest, daß in vielen Klein- und Mittelbetrieben die Grundsätze der Lean-production bereits seit Jahren erfolgreich umgesetzt wurden – ohne daß es diesen Firmen überhaupt bewußt wurde. Lean-production heißt in erster Linie, daß das geistige Potential und die Energie *aller* Mitarbeiter für das Unternehmen und den künftigen Erfolg genutzt werden.

Ganz so einfach, wie es sich viele Großbetriebe vorstellen, ist jedoch die Umsetzung dieser Philosophie in der Praxis dann doch nicht, erfordert es doch, beginnend bei der Geschäftsleitung, ein Umdenken in der gesamten Philosophie. Lean-production kann nur dann erfolgreich sein, wenn sich zuvor die Grundeinstellung der Unternehmensleitung zu den Mitarbeitern geändert hat. Das »Hire-and-fire«-Prinzip und ähnliche Vorstellungen von Unternehmensführung können das Konzept der Lean-production zerstören.
Interessant bei den oben abgebildeten Tabellen ist auch, daß es möglich ist, in den USA eine Fabrik mit rein amerikanischen Mitarbeitern nahezu genauso erfolgreich zu führen (UMM) wie eine Fabrik in Japan. Allerdings besitzt die Firma UMM eine japanische Führungsmannschaft, die durch ihre Denkweise und ihr Know-how anscheinend den Erfolg sicherstellt. Dies würde die Erkenntnisse aus den Kapiteln 1 bis 3 dieses Buches voll bestätigen. Ich möchte Ihnen nun in diesem Kapitel Möglichkeiten aufzeigen, wie Sie »Lean-production« sowohl in Großbetrieben als auch in kleinen und mittleren Betrieben erfolgreich umsetzen können.

Gemeinsame Vision

Viele erfolgreiche Firmen besitzen eine Firmenphilosophie, an die sich alle Mitarbeiter halten. Damit sich jedoch die Mitarbeiter einer Firma an die Firmenphilosophie halten können, ist es erforderlich, daß die Mitarbeiter bei der Findung dieser Philosophie mitwirken können. Was nützt eine Firmenphilosophie, die von der überwiegenden Mehrheit der Mitarbeiter nicht getragen wird? Es gibt einige erfolgreiche Firmen, so etwa die Schweizer Firma Mövenpick, bei denen die Mitarbeiter zusammen mit der Geschäftsleitung eine gemeinsame Philosophie entwickelten, an die sich dann alle halten. Bei Mövenpick lautet die Philosophie: »Wir bieten das leckerste Essen und die freundlichsten Mitarbeiter.«

Eine Philosophie, steht sie einmal fest, wird über verschiedene Mechanismen im Unterbewußtsein aller Mitarbeiter gespeichert, so daß sich jeder Mitarbeiter unbewußt an diese Philosophie hält. Denken Sie an die Disney-Philosophie »Fröhlichkeit, Freundlichkeit und Sauberkeit«. Besuchen Sie einmal einen Disney-Park, und Sie werden überrascht sein, wie diese Firmenphilosophie von jedem einzelnen Mitarbeiter (in Paris über 12 000) beherzigt und umgesetzt wird.
Bei der Festlegung der Firmenphilosophie sollten Sie immer daran denken, daß diese Philosophie möglichst oft nach außen dargestellt wird. Überlegen Sie, was für Ihre Firma das wichtigste Gut ist. Wie bereits in den letzten beiden Kapiteln beschrieben, handelt es sich dabei um Ihre Kunden und um Ihre Mitarbeiter. Finden Sie deshalb eine gemeinsame Firmenphilosophie (Vision), mit deren Hilfe sich der Nutzen für Ihre Kunden automatisch steigert. Diese Philosophie muß dann möglichst oft veröffentlicht und verbreitet werden:

- auf Geschäftspapier,
- in der Werbung,
- auf Firmenschildern,
- in Besprechungen,
- in Verkaufsgesprächen.

Auf diese Weise wird die Firmenphilosophie ins Unterbewußtsein aller Mitarbeiter programmiert. Unbewußt werden sich dann im Laufe der Zeit alle Firmenangehörigen daran halten.

Vorleben
Um überhaupt als Chef einen Zugang zu den Herzen seiner Mitarbeiter zu finden, ist es unumgänglich, als Vorleber und damit als Vorbild aufzutreten. Wie kann ein muffliger Chef erwarten, daß seine Mitarbeiter die Firmenkunden zuvor-

kommend und freundlich bedienen? Wie kommt ein unpünktlicher Chef auf die Idee, daß seine Mitarbeiter immer pünktlich und zuverlässig arbeiten müssen?
Wie kann ein Chef, der selber ab und zu »unehrlich« ist, erwarten, daß seine Mitarbeiter immer aufrichtig und ehrlich sind?
Wieso glaubt ein Chef, daß seine Mitarbeiter sparsam und kostensenkend denken, wenn er selber grundsätzlich nur erste Klasse fliegt, einen S-Klasse-Mercedes fährt und in seinem Büro das Beste gerade gut genug ist?
Ein Chef kann von seinen Mitarbeitern immer nur das verlangen, was er selber auch vorlebt. Nur das, was er bereit ist, einzubringen, kann er auch von seinen Mitarbeitern erwarten. Eine Führungspersönlichkeit, die selber als Vorbild vorangeht, wird automatisch begeisterte und motivierte Mitarbeiter nach sich ziehen. Vorleben bedeutet aber wirklich vorleben und nicht nur davon reden. In diesem Zusammenhang denke ich an einen Vorfall, wie er bei einem der drei großen Konzerne in Schweinfurt abgelaufen ist, bei dem die Mitarbeiter zu Lean-production und Kostensparen angehalten wurden, währenddessen der komplette Vorstand kurz darauf in der Concorde nach New York zu Verhandlungen flog (hätte man einen Economy-Flug für den Vorstand gebucht, hätte dies eine Kostenersparnis in sechsstelliger Höhe bedeutet).
Wir können nicht erwarten, daß unsere Mitarbeiter unsere Ziele und Visionen verfolgen, wenn wir sie nicht ehrlich behandeln. Vorleben heißt, sich selber nicht in den Vordergrund zu stellen, sondern den Mitarbeiter.
Um die Mitarbeiter dazu zu motivieren, als Team aufzutreten und dort als Einzelperson das Beste zu geben, bedarf es vielfältigster Überlegungen.
Mir fällt da das Beispiel des Inhabers einer kleinen Firma (fünfzehn Angestellte) ein, der seinen Mitarbeitern bei einer Personalbesprechung eröffnete, daß aus finanziellen Gründen die bereits gebuchte Teilnahme von acht Mitarbeitern an

einem Fortbildungsseminar gestrichen werden müßte. Daraufhin erklärten sich die Mitarbeiter bereit, die Fortbildungsmaßnahme aus eigener Tasche zu zahlen. Der Inhaber hielt es nicht einmal für nötig, bei dieser Fortbildungsveranstaltung (vier Tage) die Mitarbeiter zu einem Abendessen einzuladen. Einige Monate später fuhr dann der Inhaber mit seinem neuen BMW in seinem Betrieb vor. Wie können Mitarbeiter bei einem solchen Verhalten noch Vertrauen zu ihrem Chef haben? Und wie paßt das, was er redet, mit seinem Vorleben zusammen?

Wenn manch ein Leser nun Angst bekommt, er müsse zukünftig als Chef immer die meisten Stunden arbeiten, am wenigsten verdienen, am kostensparendsten arbeiten, so hat er sicherlich den Sinn meiner Ausführungen nicht hundertprozentig verstanden. Es ist durchaus möglich, daß ich mir als Chef ein gutes Gehalt zahle, ein tolles Auto fahre, mehrmals pro Jahr Urlaub nehme, ohne daß meine Mitarbeiter mir dies übelnehmen. Aber dann kann im Gegenzug der Chef seinen Mitarbeitern nicht vorjammern, wie schlecht das Geschäft laufe und warum jeder Pfennig gespart werden müsse. Wie ist es möglich, daß die Vorstände deutscher Großunternehmen siebenstellige Gehälter pro Jahr kassieren, die Unternehmen fast keinen Gewinn mehr erwirtschaften und die Vorstände am Jahresende noch eine Tantieme erhalten? Hier paßt einfach einiges nicht mehr zusammen, und man muß sich deshalb nicht wundern, wenn Mitarbeiter das Schlimmste in die Tat umsetzen, was überhaupt möglich ist: *die innere Kündigung!*

Hierarchien und Vorrechte abbauen

In den USA gab es vor einigen Jahren noch Großkonzerne, bei denen über 25 Hierarchiestufen existierten. Das bedeutet also, daß vom kleinsten Mitarbeiter in der Produktion bis zum Präsidenten einer Firma über 25 Posten zwischengeschaltet waren. Vielleicht können Sie nun nachempfinden, daß in solchen Großkonzernen eine schnelle Entwicklung praktisch unmöglich ist. Je mehr Hierarchiestufen in Ihrer Firma existieren, desto ineffizienter und langsamer werden Sie in Ihrer Entwicklung. Nicht von ungefähr haben Großkonzerne den Beinamen »Elefant« bekommen. Lean-production beruht unter anderem darauf, in Firmen Hierarchie-Ebenen abzubauen und auf diese Weise den Konzern schlagkräftiger zu gestalten.

Hierarchien abbauen bedeutet aber auch, daß die Unternehmen anfangen, darüber nachzudenken, wie tatsächlich Führung von Mitarbeitern in der Praxis aussehen sollte. Zeiten, in denen eine Führungskraft allen Mitarbeitern vorgibt, was sie zu tun und zu lassen hätten, sind jedenfalls vorbei. Ziel von flachen Hierarchie-Ebenen ist es, die Kommunikation unter den Mitarbeitern zu fördern. In einem späteren Abschnitt dieses Kapitels werden Sie unter dem Begriff »Besprechungen und Meetings« Anregungen dazu finden, wie in Zukunft die Kommunikation unter allen Mitarbeitern gefördert werden und optimal für alle Beteiligten ablaufen könnte.

Wenn Sie Hierarchien abbauen möchten, so machen Sie sich auch gleich Gedanken, die Vorrechte bestimmter Führungskräfte ebenfalls abzubauen. Es gibt nichts Demotivierenderes, als wenn sich Führungskräfte ihre Funktion im Betrieb deutlich anmerken lassen und ihre Position ausnützen. Anachronistische Vorrechte, wie etwa reservierte Parkplätze für bestimmte Führungskräfte, sollten daher abgeschafft werden. Auch die eigene Kantine für Führungskräfte mit den ausgesuchten Gerichten sollte eigentlich der Vergangenheit angehören. Unterschiedliche Büros, angepaßt an die jeweilige Position, sollten ebenfalls abgebaut werden (mit Ausnahme natürlich der Büros, in denen Kundenkontakte stattfinden; hier sollte die Ausstattung und Atmosphäre dem Kunden angepaßt sein).

Ferner sollten die Aufwendungen für Reisen für alle Mitarbeiter gleich ausgelegt sein, das heißt, daß zum Beispiel für *alle* Mitarbeiter (auch für Inhaber und Führungskräfte) grundsätzlich nur Economy- und keine First-Class-Flüge gebucht werden.
Diese Liste der Beispiele ließe sich beliebig fortführen, doch mir geht es eigentlich eher darum, Ihr Bewußtsein für diese vielen kleinen Demotivationen zu schärfen. Es geht sicherlich nicht darum, daß in einem Betrieb alle Mitarbeiter gleich sind und gleich behandelt werden. Aber dennoch sollten motivationsstörende Faktoren ausgeräumt werden. Grundsätzlich sollten Sie Ihre eigene Funktion und die Ihrer Führungskräfte daraufhin überprüfen, ob die »Chefs« ihre Mitarbeiter »ex officio«, also kraft ihres Amtes, oder »ex persona«, also kraft ihrer Persönlichkeit, führen.
Führungskräfte sollten von ihren Mitarbeitern anerkannt werden, weil sie qualifiziert sind, weil sie Menschen führen und begeistern können, weil sie als Vorbild ihren Mitarbeitern vorstehen und nicht deshalb, weil sie irgendwann einmal den entsprechenden Führungsposten in diesem Betrieb erhalten haben und nun schalten und walten wie ein König. Grundsätzlich sollte niemand mehr in einem Betrieb unantastbar sein. Finden Sie deshalb Systeme und Möglichkeiten, daß jeder Mitarbeiter jede Führungskraft kritisieren kann. Es gibt keine »Erbhöfe« mehr, sondern jeder Mitarbeiter, bis hin zur obersten Führungskraft, muß sich immer wieder neu beweisen und muß immer wieder die zu führenden Mitarbeiter begeistern und motivieren. Den Führungskräften, die immer noch ihre Mitarbeiter kraft ihres Amtes führen, sollten Sie deutlich vor Augen führen, daß Ämter und Posten in Ihrer Firma nur aufgrund von Leistungen vergeben werden und nicht aufgrund von Beziehungen.

Aus- und Fortbildung

Fähige Mitarbeiter stellen immer mehr die Forderung, eine permanente Möglichkeit zur eigenen Fortbildung in ihrer Firma zu erhalten. Diese Forderung ist für uns Unternehmer kein Nachteil, sondern läßt sich hervorragend mit den Interessen des Unternehmens verbinden. Wie bereits des öfteren in diesem Buch erwähnt, läßt sich unternehmerischer Erfolg in Zukunft grundsätzlich nur noch durch begeisterte Mitarbeiter erzielen. Jedes Unternehmen, jede Organisation, die wachsen will, benötigt mehr und mehr fähige Mitarbeiter. Es ist völlig unmöglich, daß ein Unternehmen nur durch die Intelligenz und Energie eines einzelnen wächst, sondern dazu bedarf es immer der Unterstützung vieler Menschen. Denken Sie nur einmal an all die vielen Möglichkeiten und Vorschläge aus diesem Buch! Sie werden diese Vorschläge nur dann in die Tat umsetzen können, wenn Ihre Mitarbeiter Sie dabei unterstützen. Es sind nun einmal die Mitarbeiter, die den regelmäßigen Kontakt mit den Kunden haben, es sind die Mitarbeiter, die Innovationen in den Unternehmen vorantreiben, es sind auch Mitarbeiter, die die Ideen Ihrer Chefs in die Praxis umsetzen müssen. Es bleibt Ihnen deshalb gar nichts anderes übrig, als mehr und mehr in die Aus- und Fortbildung Ihrer Mitarbeiter zu investieren. Sie sollten dabei jedoch bedenken, daß Sie nicht nur in den fachlichen Bereich investieren müssen, sondern darüber hinaus auch in die Persönlichkeitsentwicklung Ihrer Mitarbeiter. Was nützen Ihnen die höchstqualifizierten Fachleute, wenn diese nicht gelernt haben, mit Menschen umzugehen (und damit auch mit Kunden)? Was nützt der qualifizierteste Hochschulabsolvent, den Sie für eine Führungsposition einstellen, wenn der nie gelernt hat, Menschen zu begeistern und zu motivieren? Was nützt Ihnen der fachlich versierteste Verkäufer, der nicht in der Lage ist, auf die Bedürfnisse Ihrer Kunden einzugehen, und deshalb keine Verkaufserfolge erzielen kann? Was nützt Ihnen die

fähigste Sekretärin, die noch so viele Anschläge pro Minute schreiben kann und hervorragend mit Ihrer Computeranlage umgeht, wenn sie es nicht versteht, bei eingehenden Telefongesprächen eine natürlich Freundlichkeit in ihre Stimme zu legen?
Es ist deshalb in Zukunft nicht mehr ausreichend, daß Sie nur in eine fachliche Spezialqualifikation investieren, sondern darüber hinaus auch in Verkaufschulungen, Managementschulungen, Schulungen, die der Persönlichkeitsentwicklung und dem Umgang mit Menschen dienen. Ich gehe sogar so weit zu behaupten, daß es sich für ein Unternehmen immer auszahlt, selbst den »kleinsten« Büromitarbeiter auf ein viertägiges Managementseminar zu schicken. Horst Rohoff, Inhaber eines erfolgreichen Unternehmens in Lingen, besuchte bei mir einmal ein viertägiges Managementseminar. Er war danach so begeistert, daß er für das nächste Seminar einige seiner wichtigsten Mitarbeiter anmeldete. Im Laufe der Zeit schulte Horst Rohoff auf diese Weise *alle* Mitarbeiter seines Betriebes, bis hin zur Aushilfskraft. Die letztgenannten Mitarbeiter konnten natürlich ihr Managementwissen nicht unmittelbar in den Betrieb einbringen, aber etwas Wichtiges ist eingetreten: Die geschulten Mitarbeiter hatten nach dem Besuch der Seminare plötzlich die gleiche Denke, die gleichen Ansichten und die gleiche Einstellung wie ihr Chef. Es erübrigt sich wohl, Ihnen mitzuteilen, daß Horst Rohoff eines der motiviertesten Teams seiner Branche besitzt und sein Unternehmen mittlerweile zu den erfolgreichsten in Deutschland zählt.
Hier nun einige Möglichkeiten, wie Sie die Aus- und Fortbildung unterstützen können.

Seminare

Seminare sind ein wesentlicher Bestandteil der Aus- und Fortbildung. Mittlerweile werden von vielen seriösen Unternehmen hervorragende Seminarprogramme angeboten. Schicken Sie Ihre Mitarbeiter auf alle nur möglichen Bildungsmaßnahmen, die zum Ziel haben: Telefonschulung, Verkaufschulung, Umgang mit Menschen, Persönlichkeitsentwicklung, Management usw. Die zweite Möglichkeit besteht darin, daß Sie externe Trainer in Ihren Betrieb holen. Wenn Sie einen kleinen Betrieb besitzen, so könnten Sie beispielsweise einige Ihrer Geschäftsfreunde dazu animieren, daß zwei oder drei Betriebe gemeinsam Spitzenreferenten engagieren, um intern im Betrieb eine Fortbildungsveranstaltung durchzuführen. Oft ist dies wesentlich günstiger, als wenn Sie Ihre Mitarbeiter einzeln zu den Fortbildungsveranstaltungen schicken (Ersparnis von Fahrtkosten, Übernachtung, Spesen usw.). Bitte beachten Sie auch das von der Firma INLINE angebotene Seminarprogramm am Ende dieses Buches.

Brainstormings
Veranstalten Sie in bestimmten Abständen Brainstormings mit Ihren Mitarbeitern (in diesem Buch bereits beschrieben). Diese Brainstormings können sie zu den verschiedensten Themen veranstalten:

- Wie kann der Kundennutzen erhöht werden?
- Wie können wir uns gegenüber den Mitbewerbern abheben?
- Wie können wir Qualitätsverbesserung bei unserem Produkt erzielen?
- Wie können unsere Marketinganstrengungen optimiert werden?

Veranstalten Sie einfach ein erstes Brainstorming mit Ihren Mitarbeitern zu dem Thema »Wie kann der Kundennutzen erhöht werden?«, und anschließend können Sie mit Ihren Mitarbeitern darüber sprechen, welche Brainstormings zu welchen Themen in Zukunft durchgeführt werden sollen. Führen Sie bitte diese Treffen mit Ihren Mitarbeitern durch, und Sie werden überrascht sein, welche Begeisterung und Motivation solche Treffen auslösen können.

Besprechungen
Innerhalb Ihres Betriebes sollten regelmäßige Besprechungen stattfinden. Zu diesem Zweck empfiehlt es sich, sogenannte »Netzwerke« zu gründen. Eine Besprechung sollte mit maximal acht bis zwölf Personen durchgeführt werden – bei mehr Teilnehmern wird es schwierig, konstruktive Ergebnisse zu erzielen. Diese Besprechungen sollten an einem runden bzw. ovalen Tisch stattfinden. Dort sitzt natürlich auch der Chef dieser Mitarbeiter mit am Tisch, der jedoch keine andere Aufgabe als die des Gesprächsleiters besitzt. Neben dem Gesprächsleiter sitzen dann die entsprechenden Mitarbeiter mit am Tisch (Sie können diese Besprechungen auch ohne Tische, nur mit einem Kreis von Stühlen, durchführen).
Es gibt nun verschiedene Modelle, wie die einzelnen Mitarbeiter ihre Themen und Vorschläge vorbringen. Eine Möglichkeit besteht darin, daß jeder Mitarbeiter ein oder mehrere Themenvorschläge der Runde vorstellt und diese stichpunktartig an einer Flip-chart-Tafel festgehalten werden. Wenn alle Mitarbeiter ihre Vorschläge vorgetragen haben und diese stichpunktartig an der Tafel notiert sind, wird anschließend gemeinschaftlich darüber beschlossen, welche Themen bei dieser Besprechung in welcher Reihenfolge besprochen werden. Zu diesem Zweck hat jeder Mitarbeiter dreimal Punkte zu vergeben:

Für das für ihn wichtigste Thema:	einmal drei Punkte;
Für das für ihn zweitwichtigste Thema:	einmal zwei Punkte;
Für das für ihn drittwichtigste Thema:	einmal einen Punkt.

Nachdem die Auswertung erfolgt ist und feststeht, in welcher Reihenfolge die Themen diskutiert werden sollen, beginnt die Besprechung. Eine zweite Möglichkeit besteht darin, daß ein Mitarbeiter beginnt, ein Thema anzuschneiden, und daß darüber so lange diskutiert wird, bis ein Ergebnis erzielt wird. Anschließend wird das Wort reihum dem nächsten Mitarbeiter erteilt, so daß alle beteiligten Mitarbeiter bei der Besprechung gleich viele Punkte vortragen können.

Um es nochmal zu verdeutlichen: Der Chef dieser Mitarbeiter hat eigentlich keine andere Funktion als die Besprechung zu coachen und letztendlich die Ergebnisse der Gruppe nach außen zu vertreten. Natürlich besitzt er auch eine Stimme, doch sollten in der Gruppe möglichst viele Themen gemeinschaftlich abgestimmt werden. Dies hat den großen Vorteil, daß sich jeder Mitarbeiter ernstgenommen fühlt und sich mehr und mehr aktiv an diesen Besprechungen beteiligt. Neben dem enormen Potential, das in den Besprechungen selbst liegt, sollten Sie auch nicht den Motivationsschub für alle Mitarbeiter unterschätzen. Plötzlich sind sie keine Befehlsempfänger und ausführenden Kräfte mehr, sondern sie können mitgestalten, ihre Ideen einbringen, kritisieren, selber ein kleiner »Chef« sein.

Der einzige Grund, der Führungskräfte daran hindert, ihre Mitarbeiter in ein solches Netzwerk einzubinden, ist die Angst, plötzlich die Bedeutung zu verlieren. Doch um es noch mal zu wiederholen: Gefragt sind in Zukunft die Führungskräfte, die von ihren Mitarbeitern kraft ihrer Person und nicht kraft ihres Amtes anerkannt werden. Natürlich besteht für die ein oder andere Führungskraft das Risiko, daß durch diese Netzwerke ihre Autorität und der Respekt bei den Mitarbeitern an Bedeutung verlieren. Für den Betrieb insgesamt kann dies nur förderlich sein, sorgen doch diese Mitarbeiternetzwerke dafür, daß sich in kürzester Zeit die Führungskraft entweder ebenfalls weiterentwickelt oder daß sie, im negativen Fall, Kompetenz und damit eines Tages auch die Stellung verliert.

Die Führungskraft muß jedenfalls in ihrer Persönlichkeit so gefestigt sein, daß sie Kritik der Mitarbeiter in der Besprechung erträgt und fördert. Ein solches Netzwerk kann nicht funktionieren, wenn hier der Chef nur seine Ideen und Anweisungen vorträgt und die Runde der Mitarbeiter lediglich mit dem Kopf nicken darf. Eine solche Besprechung bringt dann den größten Erfolg, wenn kontrovers diskutiert werden und jeder seine Anregungen vorbringen kann. Erst durch eine kontroverse Diskussion versetzen Sie den Mitarbeiter in die Lage, reell entscheiden zu können. Und nun wird Ihnen auch klar, warum sich ständige Aus- und Fortbildungsmaßnahmen mit dieser Art der Besprechung hervorragend ergänzen. Durch ständige Fortbildung der Mitarbeiter wird in diesen Besprechungen eine permanente Innovation und Weiterentwicklung stattfinden. Je höher das geistige Niveau aller Mitarbeiter einer solchen Gruppe ist, desto konstruktiver und kreativer werden die Ergebnisse sein. Achten Sie jedoch in den Besprechungen darauf, daß jeder Diskussionspunkt ein Ergebnis erfährt, und halten Sie dieses schriftlich fest. Welcher Mitarbeiter ist bei diesem Einzelpunkt für was verantwortlich, bis wann sollen die Ergebnisse erzielt werden, wer bringt wann das Ergebnis als Feedback in die Gruppe zurück? Klären Sie all diese Fragen zu jedem einzelnen Punkt Ihrer Besprechung ab, und halten Sie diese Ergebnisse in einem Besprechungsprotokoll genauestens fest. Bei allen Besprechungen dieser Art besteht nämlich immer die Gefahr, daß durch lauter Diskussion letztendlich keine Entscheidungen mehr getroffen werden. Der Gesprächsleiter (Chef) muß auch ein feines Gespür dafür haben, wie lange er einzelne Mitarbeiter reden läßt, wie oft sich Mitarbeiter zu einem Punkt zu Wort melden können und wann eine Diskussion abgebrochen und eine Entscheidung durch Abstimmung getroffen werden muß.

Neben den Netzwerken, die in bestimmten regelmäßigen Abständen stattfinden sollten, sollte es in jedem Betrieb auch eine große Versammlung geben, bei der möglichst alle (in großen Betrieben möglichst viele) Mitarbeiter anwesend sind. Hier sollten dann bestimmte Informationen und Ergebnisse des Betriebes an alle Mitarbeiter veröffentlicht werden. Thema kann beispielsweise ein neues Produkt sein, eine Werbekampagne, der Zustand des Betriebes (wird Gewinn oder Verlust erwirtschaftet?), statistische Ergebnisse, Kundenbeschwerden usw. Sicherlich finden sich für diese großen Versammlungen immer wieder genügend Themen, die die meisten der anwesenden Mitarbeiter betreffen. Auf diese Weise werden Sie die Mitarbeiter nicht nur als Team und damit als Firma einschwören, sondern die Mitarbeiter werden bestmöglichst informiert. Nur gut informierte Mitarbeiter können motiviert arbeiten und ihrerseits wieder Kunden informieren und motivieren (nämlich zum Kauf).

Betriebseigene Bibliothek
Warum errichten Sie nicht eine betriebseigene Bibliothek, bei der es den Mitarbeitern gestattet ist, kostenfrei Bücher, Videos, Fachzeitschriften usw. auszuleihen? Natürlich geht es bei den angebotenen Büchern und Videos nicht um irgendwelche Unterhaltungsangebote, sondern um Fachbücher, die Know-how, Management, Persönlichkeitsentwicklung usw. zum Thema haben. Ein Vorteil ist der, daß Sie nur einige wenige Bücher, Videos usw. erwerben müssen. Im Laufe der Zeit können dann alle Ihre Mitarbeiter daraus ihren Nutzen ziehen. Ein weiterer Vorteil ist der, daß sich die Mitarbeiter nur etwas aus dem Bereich ausleihen, an dem sie Interesse haben. Wenn dann die Führungskräfte noch angewiesen werden, kontinuierlich ihre Mitarbeiter darauf hinzuweisen, sich der angebotenen Möglichkeiten zu bedienen und das eigene Know-how zu fördern, dann wird sich dieses Angebot positiv

auf Ihren Betrieb auswirken. Sie sollten jedoch, je größer Ihre Firma ist und je mehr Mitarbeiter sie besitzt, die wichtigsten Bücher nicht nur einmal, sondern vielleicht sogar mehrmals anbieten. Auch empfiehlt es sich für Großunternehmen, daß in jeder Hauptabteilung eine eigene Bibliothek besteht, bei der dann auch entsprechend den Erfordernissen auf die Auswahl hingewirkt wird. In der Fertigung sind sicherlich weniger Management- und dafür mehr fachliche Bücher geeignet. In Führungsetagen dagegen ist es sicherlich in Zukunft angebracht, mehr Bücher über den Bereich der Bewußtseinserweiterung und vor allem des positiven Umgangs mit Menschen zur Verfügung zu stellen.
Sie können auch hier als Führungsperson positiv auf Ihre Mitarbeiter einwirken. Weisen Sie Ihre Mitarbeiter immer wieder auf die positiven Wirkungen von zusätzlichem Know-how und Informationen hin, und erwähnen Sie dabei immer wieder Ihre betriebseigene Bibliothek. Der einzige Nachteil besteht darin, daß Sie einen kleinen administrativen Aufwand durch ein solches Angebot haben. Schließlich können die Bücher nicht einfach irgendwo stehen und von den Mitarbeitern ausgeliehen werden, sondern es muß festgehalten werden, wann wer welches Buch ausgeliehen und wieder zurückgegeben hat. Es muß also für diesen Bereich eine verantwortliche Person gefunden werden. Dabei ist es bestimmt möglich, einen Mitarbeiter zu finden, der vielleicht einmal pro Woche für ein oder zwei Stunden die Bibliothek öffnet (vielleicht sogar jemand, der dies auf freiwilliger Basis – ohne zusätzliche Zahlung – gerne übernimmt). Wie wäre es, wenn Führungskräfte hier mit gutem Beispiel vorangehen und sich regelmäßig Lektüre aus der Bibliothek holen? Wie wäre es, wenn die Mitarbeiter, die regelmäßig Bücher ausleihen und dadurch das Know-how nicht nur für sich selbst, sondern auch für die Firma erhöhen, vielleicht einmal ein zusätzliches Dankeschön, ideell und materiell, erhalten?

Know-how-Transfer
Je größer Firmen sind, desto größer ist der Schwachpunkt des innerbetrieblichen Transfers von Informationen und Know-how. Es gibt Betriebe, in denen einzelne Führungskräfte den Transfer von Know-how derart blockieren, daß er von einer Abteilung zur anderen zum Stillstand kommt. Grund dafür ist die Eifersucht und die Angst, bei einer Beförderung könnte eventuell der Kollege der anderen Abteilung bevorzugt werden. Veranstalten Sie doch einfach einmal ein Brainstorming unter Ihren Mitarbeitern, wie der Transfer von Know-how und Informationen in Ihrem Betrieb gesteigert werden könnte. Wie steht es denn mit Fachzeitschriften? Werden diese nur vom Chef oder den wichtigsten Führungskräften gelesen, oder werden sie an alle Mitarbeiter weitergegeben? Ist es nicht so, daß oft in einem Betrieb mit dreißig Mitarbeitern nur eine einzige Fachzeitschrift abonniert ist? Selbst einmal angenommen, die Fachzeitschrift soll unter den Mitarbeitern rotieren, dann würde jeder Mitarbeiter im Schnitt ca. ein bis zwei Wochen für das genaue Studium benötigen. Auf diese Weise wäre eine Fachzeitschrift bis zu einem Jahr unterwegs, ehe sie den letzten Mitarbeiter erreicht hätte – viele Informationen wären durch die schnellebige Zeit bis dahin bereits wieder überholt. Investieren Sie deshalb etwas in diesem Bereich, abonnieren Sie entsprechend mehr Ausgaben der notwendigen Fachzeitschriften, und lassen Sie diese nach einem bestimmten System rotieren.
Auch sollten es sich alle Führungskräfte und Mitarbeiter zur Aufgabe machen, Ideen und Informationen jeglicher Art allen Mitarbeitern zugänglich zu machen. Jeder Betrieb besitzt mittlerweile Kopiergeräte, durch die es mit Pfennigbeträgen möglich ist, eine Information zu vervielfältigen und allen Mitarbeitern zugänglich zu machen. Sicherlich erhöht dies Ihren Kostenblock, doch sind es nicht sinnvolle Investitionen, die Sie hier tätigen?

Je mehr Mitarbeiter sich an diesem Know-how-Transfer beteiligen, desto größer wird die Übereinstimmung und desto stärker wird die Denke in Ihrem Betrieb.

Bücher und Know-how verschenken
Schenken Sie wichtigen und verdienten Mitarbeitern doch einfach mal Know-how! Wie wäre es zum Beispiel, wenn Sie etwa wertvolle Bücher, Videos, eventuell auch ein Abonnement für eine besondere Fachzeitschrift Mitarbeitern schenken? Damit erreichen Sie verschiedene Effekte:

- Sie können sich bei Ihren Mitarbeitern für besondere Leistungen und Anstrengungen mit einem solchen Geschenk (natürlich auch nicht das persönliche Lob dabei vergessen) bedanken. Bedeutende Persönlichkeiten zeigen sich anderen Menschen gegenüber immer dankbar!
- Anerkennung. Sie können nicht nur Ihre eigene Dankbarkeit zeigen, sondern auch dem Mitarbeiter durch ein solches Geschenk Anerkennung und Lob zollen.
- Motivation. Wenn der Mitarbeiter merkt, daß Sie seine Leistungen und seinen Werdegang aufmerksam verfolgen und Sie auch sein positives Wirken und Verhalten immer anerkennen und belohnen, wird dadurch seine eigene Motivation spürbar gesteigert.
- Gleiches Denken. Indem Sie solche sinnvollen Geschenke weitergeben, wird sich der Mitarbeiter als Persönlichkeit entwickeln und dadurch zwangsläufig noch wertvoller für den Betrieb werden.
- Laut meiner Erfahrung kommen solche Geschenke, selbst wenn sie im Vergleich zu anderen Geschenken relativ kostengünstig sind, gut bei den Mitarbeitern an. Wenn beispielsweise mein Buch für Sie wichtig ist und eine Entwicklung bei Ihnen bewirkt, so schenken Sie doch Ihren wichtigsten Mitarbeitern ein Exemplar davon. Sorgen Sie jeden-

falls dafür, daß Sie nicht der einzige in Ihrer Firma bleiben, der sein Bewußtsein und sein Denken erweitert. Die besten Ideen werden nämlich bei einem einsamen Propheten in der Wüste verpuffen. Sie benötigen die Menschen in Ihrer Umgebung, die Sie bei den neuen Vorhaben und Umsetzungen unterstützen. Diese Menschen, Ihre Mitarbeiter, können Sie jedoch nur dann unterstützen, wenn Sie das gleiche Grundwissen, das gleiche Grunddenken besitzen.

Kleine Einheiten formieren
Sorgen Sie für kleine, aber leistungsfähige Einheiten in Ihrem Betrieb. Es ist heute nicht mehr möglich, einen mittleren oder größeren Betrieb mit einem normalen Hierarchieaufbau erfolgreich zu führen.

Altes Zeitalter	*Neues Zeitalter*
– Hierarchie – Linear – Starr – Organisiert – Unflexibel	– Netzwerk – Individuell – Gleichberechtigung – Chaos – Schnelligkeit – Flexibel – Kreativ – Innovativ

Beim alten Hierarchieaufbau stand an der Spitze der Inhaber, und von Stufe zu Stufe verzweigte sich der Hierarchieaufbau mehr und mehr. Beim neuen Modell hingegen gibt es eine Vielzahl von eigenständigen Gruppen, bei denen jeweils eine Person als Gruppensprecher (»Chef«) fungiert. Damit wieder ein reger Erfahrungsaustausch unter den einzelnen Gruppen stattfinden kann, entsendet die einzelne Gruppe den Gruppensprecher (»Chef«) wieder in ein gemeinsames neues Netzwerk. Da jede Gruppe aus 8 bis 25 Personen bestehen sollte, dürfte selbst ein Konzern mit 20 000 Mitarbeitern nicht mehr als drei bis vier Hierarchiestufen aufweisen.

In der Automobilindustrie hat man mittlerweile nicht nur in Japan, sondern auch in den USA und Europa die Team-Philosophie erfolgreich in die Praxis umgesetzt. Während noch vor kurzer Zeit in den Automobilkonzernen ein Auto auf einer Fertigungsstraße hergestellt wurde (jeder Arbeiter macht nur einige wenige Handgriffe und weiß gar nicht, wie sich sein Tun, ob positiv oder negativ, für den gesamten PKW auswirkt), werden heute Autos von kleinen Gruppen (ca. zwölf Personen) komplett zusammengebaut. Noch vor wenigen Jahren als völlig ineffizient betrachtet, hat man mittlerweile festgestellt, daß diese Teams ein Auto – im Vergleich zu einer Fertigungsstraße – in wesentlich kürzerer Zeit zusammenbauen. Die Begründung dabei ist ganz einfach: Jeder Mitarbeiter sieht einen Sinn in seiner Tätigkeit, das Team bespricht sich regelmäßig, wie man beim Zusammenbau etwas verbessern könnte, und Fehler eines einzelnen Mitarbeiters fallen der ganzen Gruppe auf, so daß ein positiver Gruppenzwang besteht.

Wie Sie aus Tabelle 4 ersehen können, gibt es bei den Opelwerken Rüsselsheim und Eisenach bei der Produktivität erhebliche Unterschiede. Während auf einen Mitarbeiter in Rüsselsheim durchschnittlich 16 Autos pro Jahr entfallen, sind es in Eisenach auf einen Mitarbeiter 75, also fast das Fünffache. Daß die Produktivität in Eisenach so hoch ist, liegt an den völlig neuen Methoden, die in Eisenach erstmalig in großem Umfang bei einem deutschen Automobilkonzern angewandt werden. In Eisenach wird die sogenannte Lean-production perfekt in die Tat umgesetzt, und das Ergebnis gibt der Firma Opel natürlich recht.

Tabelle 4: Die Fertigungswerke Rüsselsheim und Eisenach im Vergleich

Opel	*Mitarbeiter*	*Autos pro Jahr*	*Autos je Mitarbeiter pro Jahr*
Rüsselsheim	18 000	293 000	16
Eisenach	2 000	150 000	75

(nach Prof. Dr. Dr. Wolfgang Berger)

Die Frage, die wir uns jetzt stellen müssen, ist natürlich die, ob eine Erhöhung des Mitarbeiternutzens nur in der Automobilindustrie möglich ist oder ob sie sich in allen Branchen produktivitätssteigernd auswirken kann. Aufgrund meiner Erfahrung kann ich diese Frage nur eindeutig mit Ja beantworten.

Der am 13. März 1993 verstorbene Wissenschaftler Parkinson hat in einem seiner Bücher die weltweit beachtete These aufgestellt, daß *jede* Organisation immer dazu neigt, mehr und mehr überflüssige Bürokratie aufzubauen. Die Richtigkeit dieser These haben weltweit viele tausend Unternehmen feststellen müssen. Gerade beim hierarchischen Aufbau eines Unternehmens ist es nun einmal so, daß auch mehr und mehr Bürokratie aufgebaut wird. Man muß sich nur einmal vorstellen, daß in den letzten Jahren die meisten Industrieunternehmen je produzierendem Arbeiter in der Fertigung eine weitere Person für die Verwaltung bezahlen mußten. Bei manchen Betrieben war dieses Verhältnis zugunsten der Angestellten bereits verschoben. Die Frage dabei ist natürlich, warum das so ist. Eine mögliche Erklärung ist sicherlich, daß die Inhaber wichtiger Positionen in der Hierarchie ihren Posten verteidigen müssen. Je höher ein Mitarbeiter aufsteigt, desto mehr

beginnt er, sich nach »unten« abzuschotten und seine Position zu verteidigen. Gleichzeitig geht es bei vielen Führungskräften gar nicht mehr darum, die optimale Leistung für das Unternehmen zu erbringen, sondern darum, ihren Posten zu behalten oder noch eine Stufe höher zu klettern. Aber dies ist sicherlich nur ein Grund, der dazu führt, daß sich immer mehr Bürokratie aufbaut.
Bei einem Kunden haben wir einmal einen »Heißen Stuhl« veranstaltet, auf dem der Chef Platz nehmen mußte. Die Mitarbeiter brachten zunächst einmal alle Dinge zur Sprache, die ihnen am Chef und an der Firma »stanken«, ehe sie dann alle Dinge vortrugen, die sie am Chef und an der Firma in Ordnung fanden. Bei einem solchen Unterfangen ist es unbedingt notwendig, daß ein erfahrener Coach das Treffen leitet, damit es in die richtigen Bahnen gelenkt wird. Ein solcher »Heißer Stuhl« ist übrigens ein tolles Medium, um ein Team intensiv zusammenzuschweißen. Wie gesagt, bei einem meiner Kunden veranstaltete ich ein solches Treffen, wobei herauskam, daß sich die Mitarbeiter ständig kontrolliert fühlten. Aufgrund der Vorschläge einer anderen Unternehmensberatung, die er vor meiner Zeit in Anspruch genommen hatte, hatte er ein perfektes Kontrollsystem in seinem Unternehmen eingeführt. So sah das Kontrollsystem unter anderem vor, daß einmal täglich die Empfangstheke kontrolliert wurde. (Ich muß an dieser Stelle hinzufügen, daß das Unternehmen bis dahin höchst erfolgreich arbeitete und mit seinen Ergebnissen weit über denen des Branchendurchschnitts lag.) Bei diesen regelmäßigen Kontrollen wurden dann natürlich Dinge festgestellt, die eigentlich nicht in Ordnung waren. Als Folge wurden die Mitarbeiter auf diese Dinge hingewiesen. Trotzdem wurde immer wieder bei der einen oder anderen Kontrolle etwas bemerkt, das nicht ordnungsgemäß war. Schließlich ordnete der Firmeninhaber eine zweite Kontrolle an, die nun nicht zu einem bestimmten Zeitpunkt, sondern unregelmäßig

stattfand. Außerdem führte er diese unregelmäßige Kontrolle selber durch. Nun wurden noch mehr Dinge festgestellt, die von den Mitarbeitern falsch oder fehlerhaft durchgeführt wurden. Im Laufe der Zeit entwickelten die Mitarbeiter der Empfangsbereiche eine regelrechte Angst vor dem Auftauchen des Chefs. Bei unserem »Heißen Stuhl« fanden wir dann heraus, daß es oft einfach nicht möglich ist, zu hundert Prozent diesen Empfangsbereich immer so zu organisieren, wie es im Idealfall eigentlich sein sollte. Es kann etwa vorkommen, daß nicht ein Kunde nach dem anderen erscheint, sondern vielleicht einmal sechs oder acht Kunden gleichzeitig. Unmittelbar nachdem diese Kunden höchst freundlich und zuvorkommend begrüßt und weitergeleitet worden waren, erschien dann vielleicht gerade der Chef und entdeckte auf der Empfangstheke einen Aschenbecher, der nicht ausgeleert und gereinigt war. Zu diesem Zeitpunkt sah er nur einen menschenleeren Empfangsbereich und den schmutzigen Aschenbecher. Logischerweise vermerkte er das in seinem Kontrollbericht und wies die jeweiligen Mitarbeiterinnen bei der nächsten Besprechung darauf hin. Durch die vermehrten Kontrollgänge entwickelten sich bei den Mitarbeiterinnen natürlich Angst und Unsicherheit, und ihre Fehler nahmen zu. Folglich stellte der Firmeninhaber immer mehr Dinge fest, die nicht in Ordnung waren. Als Konsequenz weitete er daher ständig sein Kontrollsystem aus.

All diese Kontrollen bewirkten letztendlich eine Demotivation der Mitarbeiter und einen zusätzlichen bürokratischen Aufbau. Sie sehen also, wie leicht es möglich ist, Bürokratie aufzubauen, was letztendlich nicht nur unnötig, sondern sogar schädlich für ein Unternehmen ist. Man kann heute davon ausgehen, daß die Zukunft der Unternehmen darin liegt, kleine, schlagkräftige Einheiten zu formen. Wie dies in der Praxis in den einzelnen Betrieben umformbar ist, ist unterschiedlich. Eine große Computerfirma könnte sich

sicherlich Gedanken machen, kleine Profitcenter für die einzelnen Bereiche zu gründen (etwa eine Einheit für Software A, eine Einheit für Software B, eine Einheit für Software C, eine Einheit für den Verkauf von Druckern usw.). Die Richtung heißt also: Weg von der Zentralisierung, hin zur Dezentralisierung. Während man früher glaubte, durch Zentralisierung Kosten einsparen zu können, ist man heute zu der Erkenntnis gelangt, daß Dezentralisierung für eine meßbare Produktivitätssteigerung sorgt. Bei dem oben beschriebenen Beispiel einer großen Computerfirma könnte ich mir durchaus vorstellen, daß diese innerhalb einer Holding eine Vielzahl kleiner Firmen gründet und die Mitarbeiter am Betriebsergebnis ihrer jeweiligen Gruppe direkt beteiligt.
Das Ziel bei der Mitarbeiterführung muß es zukünftig sein, jeden Mitarbeiter zu einem kleinen »Unternehmer« zu machen. Jedem Mitarbeiter muß die Möglichkeit gegeben werden, Kosten zu sparen und den Umsatz zu steigern. Dies wird nur erreicht, wenn der Mitarbeiter in einem kleinen Team arbeitet, einen Sinn in seiner Tätigkeit sieht und, durch Gewinnbeteiligung, zusätzlich motiviert wird.

Bürokratie abbauen
Absicht der Zentralisierung war es, durch zentrale Verwaltung, zentralen Einkauf, zentrale Lagerhaltung usw. Kosten zu sparen. Gerade Großkonzerne zogen hieraus ihren Nutzen, wuchs doch zunächst einmal der Anteil des administrativen Bereiches verhältnismäßig geringer als der des Produktionsbereiches. Allerdings kam es im Laufe der Zeit zu einer umgekehrten Entwicklung, und die Zentralisierung als solche produzierte wieder so viele zusätzliche Arbeiten, daß der administrative Aufwand immens groß, Innovation und Kreativität dagegen immer geringer wurden. In vielen Konzernen trat schließlich ein Verhältnis ein, das getrost als ungesund bezeichnet werden konnte: Einem produzierenden Mitarbei-

ter stand mehr als ein Mitarbeiter in der Verwaltung gegenüber. Eine derartige Kostenexplosion konnte natürlich nur von den wenigsten Betrieben durch rationellere Produktionsverfahren aufgefangen werden. Warum aber kam es nun zu diesem Aufblähen des Verwaltungsapparates?
Zunächst einmal wurden zentral für das komplette Unternehmen verschiedene Arbeitsbereiche organisiert und zusammengefaßt (zentrale Verwaltung, zentraler Einkauf, zentrales Controlling usw.). Es wurden dann aber in der zentralen Verwaltung nicht nur die notwendigen betrieblichen Arbeiten, wie etwa der Verkauf, die Buchführung, die Personalverwaltung durchgeführt, sondern es wurden mehr und mehr Tätigkeiten ohne einen direkten Zusammenhang zwischen Produktion und Verwaltung ins Leben gerufen. Bei solch einer Entwicklung stellt eine Firma ab einer gewissen Größe einen Controller ein, der für ständiges Feedback sorgen soll. Die Firmen beginnen mehr und mehr Statistiken zu führen, Zielkontrollen zu überprüfen, Kontrollen jeglicher Art einzuführen, immer perfektere Stellenplatzbeschreibungen und Dienstpläne aufzustellen, Arbeitsplatzbeschreibungen, Tätigkeitsprotokolle, Berichte von Mitarbeiter zur Führungskraft, von Mitarbeitern zu anderen Mitarbeitern, von Abteilung zu Abteilung usw.
Ich könnte hier fortfahren und Dutzende von Beispielen geben, wie solch ein Verwaltungsapparat aufgebläht wird. Damit Sie mich nicht falsch verstehen: Ich spreche nicht davon, daß Sie in Zukunft jegliche Statistiken, Zielkontrollen usw. wegfallen lassen sollten, doch sollten Sie einmal überprüfen, ob und wo Sie in diesen Bereichen nicht auch Tätigkeiten und damit Kosten sparen können. Doch falls ein Unternehmen all die Energie der Mitarbeiter und die in diesen Bereichen anfallenden Kosten in Weiterentwicklung, Innovation und direkt in den Kundennutzen investieren würde, wäre der Betrieb letztendlich bestimmt erfolgreicher.

Die meisten kleinen und auch einige der mittelgroßen Firmen arbeiten im Controlling-Bereich ohne solch großen Aufwand – und sie arbeiten in der Regel höchst erfolgreich und rentabel. Ab einem gewissen Punkt beginnen jedoch die Firmeninhaber ein schlechtes Gewissen zu entwickeln, da sie dem Bereich Controlling im Vergleich zu anderen Bereichen, die sie kennen, bisher nur eine geringe Aufmerksamkeit geschenkt haben. Nicht selten wird dann dem Bereich Controlling mehr Aufmerksamkeit gewidmet. Ob jedoch der Schritt in diese Richtung letztendlich mehr Umsatz bringt und dadurch vielleicht eine höhere Rendite erwirtschaftet wird, mag dahingestellt sein. Deshalb sollten Sie sich genau überlegen, welche der Tätigkeiten in diesem Bereich überhaupt einen Sinn haben und sich in einer deutlichen Weiterentwicklung Ihres Unternehmens ausdrücken.
Denken Sie nur an die Beispiele vieler großer Konzerne, die für diese Tätigkeiten sicherlich Abteilungen mit vielen Mitarbeitern besitzen – und dann manchmal innerhalb eines Jahres von der Gewinn- in die Verlustzone rutschen. Wie anders wäre es möglich, daß ein Konzern wie IBM, der sicherlich über Hunderte wenn nicht Tausende von Mitarbeitern in diesem Bereich verfügt, innerhalb eines Jahres Milliardeneinbrüche beim Ertrag zu beklagen hatte.
In vielen Betrieben werden beispielsweise genaue Stellenplatzbeschreibungen entwickelt. Der Mitarbeiter hat nun die Vorgabe, sich konsequent an die darin stehenden Richtlinien zu halten. Welchen Sinn haben eigentlich diese Stellenplatzbeschreibungen? Ziel ist es, daß der Mitarbeiter wirklich alle Tätigkeiten und Vorgänge, die in seiner Arbeitsplatzbeschreibung aufgelistet sind, auch durchführt. Da der Mitarbeiter daran gemessen wird, ob er diese Tätigkeiten ordentlich und genauestens ausführt, wird er sich auf ihre Erfüllung voll konzentrieren. Es ist aber nicht möglich, in einer Stellenplatzbeschreibung alle Tätigkeiten aufzuführen bzw. so genau

zu beschreiben, daß sie immer zur vollsten Zufriedenheit ausgeführt werden. Ziel sollte es vielmehr sein, daß Mitarbeiter über ihren eigenen Arbeitsplatz und ihre eigene Abteilung hinaus offen sind und sich Gedanken um alle Bereiche eines Unternehmens machen. Die dazu erforderliche Kreativität wird jedoch um so stärker erstickt, je exakter und genauer Stellenplatzbeschreibungen formuliert sind. Denken Sie beispielsweise an Ihre Putzabteilung. Sie hat vielleicht genaueste Anweisungen, was wo und wann zu putzen ist. Sie werden es aber niemals schaffen, alle Unwägbarkeiten und Möglichkeiten in Ihrer Stellenplatzbeschreibung festzuhalten. Wenn sich dann die Putzabteilung exakt auf die angegebenen Bereiche konzentriert, wird sie eventuell das neue Spinngewebe im Besucherzimmer übersehen.
Nochmals: Eine gewisse Anzahl von Statistiken und ein paar Tätigkeiten aus dem Controlling-Bereich sind sicherlich notwendig und sinnvoll, aber nicht wenige der in diesen Bereichen durchgeführten Tätigkeiten machen absolut keinen Sinn, ja wirken sich sogar erfolgsstörend für den Betrieb aus.

Materielle Erhöhung des Mitarbeiternutzens

In der nachfolgenden Aufstellung sind einige Möglichkeiten aufgeführt, wie der Mitarbeiternutzen ideell und materiell erhöht werden kann. Jene Beispiele müssen nicht für alle Betriebe und Branchen gelten. Auch für die Erhöhung des Mitarbeiternutzens gilt es, sich hierüber regelmäßig Gedanken zu machen. Wie wäre es denn beispielsweise mit einem Brainstorming der Führungsmannschaft mit der Vorgabe, wie der Nutzen aller Mitarbeiter im Betrieb erhöht werden könnte? Solch ein Brainstorming sollte alle drei bis sechs Monate durchgeführt werden.
Zu den einzelnen Möglichkeiten der aufgeführten Vorschläge

Tabelle 5: Erhöhung des Mitarbeiternutzens (Beispiele)

Materiell	*Ideell*
• Altersversorgung = Lebensversicherung • Firmen-PKW • Vermögenswirksame Leistungen • Getränke frei • Obst und Gebäck frei • Betriebsferien und Ausflüge = Eigenes Firmenprogramm • Gemeinsames Frühstück oder Abendessen • Gewinnbeteiligung • Zugaben: = Essen für zwei Personen = Geschenke = Reise • Soziale Leistungen = Mitgliedschaft in einem Fitneßclub = Gesundheitsprämie = Theaterdauerkarte = Stadionkarten usw. = Konkurrenz-Programmprämie = Vorschlags-Programmprämie	• Sicherer Arbeitsplatz • Unersetzlichkeitsgefühl • Verantwortung • Zukunftsziele • Arbeitsplatz mitgestalten • Know-how • Besprechungen und Meetings, einzeln und in der Gruppe, Netzwerk • Transparenz • Lob • Anerkennung • Konflikte offen angehen • Mitarbeiterzeitung • Gefühl, Mitarbeiter in einem erfolgreichen Betrieb zu sein • Umfragen durchführen

möchte ich jedoch noch einige wichtige Informationen anfügen. Wenn Sie im materiellen Bereich den Nutzen erhöhen, steigert dies für den Betrieb zunächst natürlich erst einmal die Kosten. Wägen Sie deshalb gut ab, welche Nutzenerhöhungen Sie tatsächlich umsetzen wollen, und beachten Sie dabei das Verhältnis zwischen Kosten und Reaktion bei Ihren Mitarbeitern. Im materiellen Bereich steht wohl an erster Stelle die Altersversorgung, was jedoch nicht heißen soll, daß dies der wichtigste materielle Nutzen ist. Dabei kann es sich um eine Lebensversicherung handeln, die der Betrieb für den Mitarbeiter abschließt und die er dann im Pensionsalter in Form einer zusätzlichen Rente erhält. Eine solche Altersversorgung hat den Vorteil, daß der Mitarbeiter stärker an den Betrieb gebunden wird und Gedanken des Firmenwechsels vielleicht dadurch etwas stärker unterbunden werden.
Eine weitere Möglichkeit besteht darin, den wichtigsten Mitarbeitern einen Firmen-PKW zur Verfügung zu stellen. Klären Sie jedoch solch eine Maßnahme mit Ihrem Steuerberater ab, da sie vom Finanzamt als Geldwertvorteil ausgelegt werden kann – und das kann teuer werden. Ist jedoch hier von seiten des Finanzamts nichts zu befürchten, ist ein Firmen-PKW natürlich ein toller Anreiz für Mitarbeiter.
Denkbar ist auch, für den einzelnen Mitarbeiter eine vermögenswirksame Leistung zu zahlen, die er nach einigen Jahren als angesparte Summe zuzüglich Zins und Zinseszins erhält.
Haben Sie schon einmal darüber nachgedacht, durch kleinere Investitionen Ihren Mitarbeitern die Arbeitszeit erträglicher zu gestalten? Wie wäre es, wenn Sie Ihren Mitarbeitern beispielsweise bestimmte Getränke sowie Obst und Gebäck in gewissem Umfang zur Verfügung stellen? In meinem Betrieb habe ich dies umgesetzt, sicherlich zunächst mit gemischten Gefühlen, doch das Ergebnis, das sich auf Dauer entwickelte, hat mich erstaunt. Sechs Büromitarbeiter verursachen

monatliche Kosten von durchschnittlich 150 DM, was in etwa pro Mitarbeiter eine Mark je Tag bedeutet. Natürlich bergen solche Angebote ein gewisses Risiko – die Mitarbeiter könnten es ausnutzen, die Kosten könnten sprunghaft steigen usw. Doch in den Firmen, in denen diese Angebote existieren, haben wir festgestellt, daß die Mitarbeiter sehr verantwortlich mit diesem Angebot umgehen und sich die Kosten durchaus im Rahmen halten. Doch stellen Sie sich einmal vor, welch toller Motivationseffekt durch ein solches Angebot bei den Mitarbeitern entsteht! In welchem Betrieb gibt es schon ein solches Angebot, und wie stolz werden die Mitarbeiter auf ihre Firma sein?

Wie wäre es, des öfteren Betriebsfeiern und Betriebsausflüge zu organisieren? Ich habe festgestellt, daß jegliche Art von gesellschaftlichen Zusammenkünften immer förderlich für das Betriebsklima ist. Die Mitarbeiter lernen sich außerhalb der gewohnten Arbeitsumgebung, außerhalb ihrer festgelegten »Rolle« einmal von der privaten Seite kennen, und auf diese Weise werden Vorurteile, Konflikte und Aggressionen abgebaut. Vielleicht freunden Sie sich mit dem Gedanken an, in Ihrem Betrieb ein regelrechtes Jahresprogramm für solche Betriebsveranstaltungen aufzulassen. Dabei denke ich nicht nur an die obligatorische jährliche Betriebsfeier, sondern darüber hinaus an kleinere Zusammenkünfte, um gemeinsame Ausflüge (Wochenend-Kurzreise, Besuch eines Musicals, Theaterbesuch mit anschließendem Essen usw.) zu unternehmen.

Zwei meiner Kunden und mittlerweile gute Freunde, Wolfgang Dahl aus Fulda und Ralf Graulich aus Lauterbach, setzten sich und ihren Mitarbeitern im Sommer 1992 ein besonderes Ziel. Dabei versprachen sie ihren Mitarbeitern: Falls das gesteckte Ziel innerhalb von drei Monaten erreicht würde, würden *alle* Mitarbeiter zu einer viertägigen Kurzreise eingeladen werden. Beide Betriebe haben die Ziele nicht nur

erreicht, sondern sogar deutlich übertroffen. Daraufhin organisierten die beiden Firmen zwei Viertagesreisen, bei denen jeweils die Hälfte der Mitarbeiter teilnahm. Nach Aussagen der beiden Inhaber und der Mitarbeiter, mit denen ich nachher sprach, waren diese vier Tage das Schönste, was sie seit langem erlebt hatten. Das Team war nach den vier Tagen total »zusammengeschweißt«, vorher schwelende Konflikte waren verschwunden, und noch Monate nach dieser Kurzreise war das Betriebsklima derart gut, daß die Mitarbeiter alle eine deutliche Leistungssteigerung zeigten.
Nutzen Sie also jede Möglichkeit, die Gemeinsamkeit Ihres Teams zu fördern und das Team zusammenzuschweißen. Wäre es nicht auch eine Idee für ein gemeinsames Brainstorming, ein solches Jahresprogramm für gemeinsame Feiern und Ausflüge zu erarbeiten? Allein die Vorfreude auf diese Veranstaltungen und die Möglichkeit, daran aktiv mitwirken zu können, wird die Motivation Ihrer Mitarbeiter spürbar steigern.
Haben Sie als Führungspersönlichkeit schon einmal darüber nachgedacht, mit Ihren Mitarbeitern öfters einmal gemeinsam zu frühstücken oder gemeinsam zu Abend zu essen? Dabei geht es nicht um die obligatorischen Arbeitsessen, bei denen es sich eigentlich nur um getarnte Besprechungen handelt. Es geht darum, sich formlos, ohne festgelegte Punkte und Programme, gemeinsam zu treffen und miteinander zu reden. Dabei soll auch nicht vorausgesetzt werden, daß bei diesem Essen über betriebliche Belange gesprochen wird, sondern es ist durchaus okay, wenn ausschließlich über private Dinge geredet wird. Sie werden überrascht sein, welch positive Auswirkungen solche Treffen für das Betriebsklima und damit letztendlich auch für den Firmenerfolg haben. Seien Sie versichert, daß bei solchen zwanglosen Treffen oft bessere Antworten auf betriebliche Fragen formuliert werden, als dies bei offiziellen Meetings der Fall ist. In Japan sind sol-

che gemeinsamen Essen an der Tagesordnung, und der Erfolg gibt dieser These recht. Nutzen Sie die Gelegenheit, zu solchen Treffen auch einmal die Lebenspartner Ihrer Mitarbeiter einzuladen. Gerade motivierte Mitarbeiter, die sich für einen Betrieb in besonderem Maße einsetzen (auch über eine erhöhte Arbeitszeit!), haben oft Schwierigkeiten mit ihren Lebenspartnern. Vor allem bei berufstätigen Frauen kommt es häufig vor, daß der Mann kein Verständnis für die große Motivation und den übergroßen Einsatz seiner Partnerin zeigt. Können Sie sich wirklich vorstellen, daß sich ein Mitarbeiter, der von seinem Lebensgefährten »gebremst« wird, tatsächlich hundertprozentig für Ihren Betrieb einsetzen kann? Deshalb ist es wichtig, immer wieder einmal die Lebensgefährten der Mitarbeiter bei solchen Treffen und Veranstaltungen einzubeziehen. Es ist gut, wenn die Lebenspartner die Arbeitskollegen kennenlernen, sich ein Bild von der Firma machen können, vielleicht sogar neue Erkenntnisse gewinnen und auf diese Weise dann vielleicht ein bißchen stolz auf die Firma sind, in der ihr Partner arbeitet. Unterschätzen Sie jedenfalls nicht den Einfluß jener Lebensgefährten, die durch ständiges Nörgeln über den Arbeitseinsatz ihres Partners im Laufe der Zeit eine Demotivation bei Ihrem Mitarbeiter herbeiführen.

Eine weitere Möglichkeit (eine der besten vielleicht überhaupt) zur Motivationssteigerung Ihrer Mitarbeiter ist eine Beteiligung am Erfolg. Unter Erfolgsbeteiligung verstehe ich dabei die direkte Beteiligung am Betriebsergebnis und keine »Kopfprämie« für den Verkäufer, keine Prämien für entsprechende Umsätze usw.

Bei jedem Unternehmen setzt sich das Betriebsergebnis aus dem Verhältnis zwischen erzielten Umsätzen und erforderlichen Kosten zusammen. Je höher der Umsatz ist und je geringer die Kosten gehalten werden, desto höher fällt das Betriebsergebnis aus. Meiner Meinung ist es deshalb völlig

unsinnig, einen Mitarbeiter über Umsatzziele (und entsprechende Beteiligungen) zu motivieren, da eine Umsatzsteigerung bzw. ein guter Verkaufsabschluß wenig Aussagekraft über den Gesamterfolg des Unternehmens hat.
Für große Betriebe und Konzerne sollte es das Ziel sein, kleine, völlig selbständige Teams zu schaffen, die ihr eigenes Betriebsergebnis produzieren und direkt an diesem Ergebnis beteiligt sind. So könnte beispielsweise ein Großkonzern Hunderte von einzelnen Firmen gründen. An diesen Firmen könnten die Mitarbeiter sogar als Gesellschafter beteiligt sein (während über all diesen kleinen Firmeneinheiten dann eine Holding als Mutter steht). Als Beispiel mag die schwedische Firma ABB dienen: Ihr sind weltweit 280 000 Mitarbeiter in ca. 5 000 Einzelfirmen unterstellt. Jede Firma besteht dabei durchschnittlich aus 500 Mitarbeitern und nur einer Hierarchiestufe.
Für kleine Firmen gibt es die unterschiedlichsten Möglichkeiten der Erfolgsbeteiligung für Mitarbeiter, doch aufgrund meiner Erfahrung gibt es für kleinere Betriebe (bis zu fünfzig Mitarbeiter) eigentlich nur ein Modell, das wirklich funktioniert – und motiviert. Gerade in kleinen Betrieben, bei denen der Chef und die wichtigsten Führungskräfte jeden einzelnen Mitarbeiter gut kennen (und damit auch seine Leistung und seinen Einsatz für den Betrieb beurteilen können), funktioniert dieses Modell der Unternehmensbeteiligung hervorragend. Ausgangspunkt ist, daß die Mitarbeiter immer darüber informiert werden, wie die Entwicklung des Betriebes im letzten Monat gewesen ist. Dies bedeutet **nicht**, daß jeder Mitarbeiter unbedingt alle Zahlen des Betriebes kennen muß, aber Sie sollten ehrlich jedem Mitarbeiter bekanntgeben, ob das Ergebnis im letzten Monat etwas besser oder etwas schlechter ausgefallen ist. Durch diesen ersten Schritt ist Ihr Mitarbeiter immer informiert und hat einen direkten Bezug zu Ihrem Unternehmen. Machen Sie sich jeden Monat die Mühe, mit Ihren Mitar-

beitern einzeln über das Ergebnis vom letzten Monat zu sprechen. In kleinen Betrieben (bis zu fünfzehn Mitarbeiter) kann dies der Inhaber selber vornehmen, in mittleren Betrieben können sich diese Aufgaben die wichtigsten Führungskräfte teilen. Wenn Sie dieses Gespräch tatsächlich in die Praxis umsetzen, haben Sie jeden Monat, unabhängig von der tatsächlichen Auszahlung an den Mitarbeiter, einen riesigen Motivationsschub hervorgerufen dadurch, daß sich der Chef jeden Monat mit jedem einzelnen Mitarbeiter persönlich unterhält und ihn über die Entwicklung des Betriebes unterrichtet. In welchem Betrieb wird dies schon praktiziert? Sie können sich deshalb leicht die positiven Auswirkungen auf Ihre Mitarbeiter vorstellen. Der nächste Schritt ist, daß Sie dem einzelnen Mitarbeiter ganz genau mitteilen, wie Sie seine Leistung im letzten Monat sehen, womit Sie zufrieden und auch, womit Sie nicht so zufrieden waren. Anschließend erhält der Mitarbeiter eine bestimmte Summe, die in einem entsprechenden Verhältnis zum gesamten Betriebsergebnis stehen sollte. Das heißt also, daß Sie Ihren Mitarbeitern nicht immer eine feste Gewinnbeteiligung versprechen, sondern, individuell für jeden Mitarbeiter, jeden Monat neu festlegen, welche zusätzliche Prämie Sie für gerechtfertigt halten. Eine feste Gewinnbeteiligung, bei der jeder Mitarbeiter einen bestimmten Anteil vom gesamten Betriebsergebnis erhält, reicht meines Erachtens als gezieltes Instrument zur Motivationssteigerung nicht aus. Warum soll ein Mitarbeiter, der im letzten Monat wenig Einsatz gezeigt hat, den gleichen Gewinnanteil erhalten wie jemand, der im letzten Monat ein Übermaß an Einsatz und Motivationsbereitschaft an den Tag gelegt hat? Ihr Ziel sollte es also sein, die Mitarbeiter, die sich besonders für Ihren Betrieb einsetzen, auch besonders zu belohnen. Mitarbeiter, die dagegen eine mangelhafte Einsatzbereitschaft zeigen, erhalten eben eine entsprechend niedrigere Beteiligung am Betriebsergebnis.

Durch dieses System zwingen Sie die Mitarbeiter geradezu, jeden Monat das Beste zu geben. Und genau das ist das Geheimnis des Erfolges. Wenn nämlich *jeder* einzelne Mitarbeiter eines Unternehmens *jeden* Tag die bestmögliche Leistung und den größtmöglichen Einsatz bringt, dann kann sich Ihr Betrieb nur permanent verbessern und weiterentwikkeln!
Ist Ihnen das System klar geworden? Ihr Betrieb erwirtschaftet Umsätze und Kosten. Die Differenz ist das Betriebsergebnis, also der Gewinn Ihres Unternehmens. Von diesem Gewinn schütten Sie jeden Monat einen bestimmten Teil an Ihre Mitarbeiter aus; der übrige Anteil geht an die Eigentümer des Unternehmens. Dieses Gewinnbeteiligungsmodell müssen Sie Ihren Mitarbeitern in vielen Einzelgesprächen immer wieder verdeutlichen, damit es sich im Unterbewußtsein Ihrer Mitarbeiter verankert. Jeder Mitarbeiter muß verinnerlichen, im gesamten Betrieb Kosten zu sparen und sich gleichzeitig im gesamten Betrieb nach Möglichkeiten der Umsatzsteigerung umzusehen. Nur wenn *jeder* einzelne Mitarbeiter dieses System verstanden und in seinem Unterbewußtsein abgespeichert hat, kann eine Firma dauerhaft erfolgreich sein. Denken Sie dabei daran, an dieses System der Beteiligung immer und immer wieder in Ihren Besprechungen (einzeln oder in der Gruppe) zu erinnern. Erst durch die permanente Wiederholung wird sich dieses Leistungsdenken bei Ihren Mitarbeitern im Unterbewußtsein verankern und sich automatisch in die Praxis umsetzen. Den Anteil des Betriebsergebnisses, den Sie an Ihre Mitarbeiter ausschütten, teilen Sie nicht gleichmäßig aus, sondern Sie orientieren sich dabei an der Leistung des Mitarbeiters. Hier noch einmal die Vorteile dieses Beteiligungsmodells:

1. Die Mitarbeiter verlieren das »Schubladendenken« und

sehen über ihre eigentliche Tätigkeit und ihre Abteilung hinaus.

2. Die Mitarbeiter werden unmittelbar und direkt für die Leistung des letzten Monats belohnt (oder auch nicht).
3. Der Inhaber bzw. die Führungskräfte, die für diese Auszahlungen verantwortlich sind, werden gezwungen, sich jeden Monat aufs neue mit jedem einzelnen Mitarbeiter zu beschäftigen. Sie werden im Laufe der Zeit einen ganz anderen Blick für die Mitarbeiter erhalten, was sich letztendlich positiv auf die Zusammenarbeit auswirken wird.
4. Es besteht kein Risiko für das Unternehmen. Fällt das Betriebsergebnis negativ aus, so entfällt auch die Gewinnbeteiligung für die Mitarbeiter.
5. Die Mitarbeiter entwickeln nicht nur ein Umsatzdenken, sondern werden auch sensibilisiert für die Kosten eines Unternehmens.
6. Der Mitarbeiter sieht seinen eigenen Erfolg mit dem Gesamterfolg der Firma verknüpft. Unternehmen und Mitarbeiter haben also die gleichen Ziele und ziehen deshalb in eine gemeinsame Richtung.
7. Da die Mitarbeiter am Betriebsergebnis beteiligt sind, werden sogenannte »Mitläufer« unter den Kollegen nicht mehr toleriert. Jeder Mitarbeiter muß sein Bestes geben, ansonsten wird er in kürzester Zeit Schwierigkeiten mit seinen Kollegen bekommen.
8. Da die Gewinnbeteiligung stets unterschiedlich hoch ausfällt, entsteht kein Gewöhnungseffekt bei Ihren Mitarbeitern. Jeder Monat und jede Auszahlung ist wieder neu motivierend für Ihre Mitarbeiter, im Gegensatz zu einer festen Gehaltserhöhung oder einer dauerhaften, planbaren Zulage, die zwar zunächst einmal Mitarbeiter kurzfristig motiviert, aber bereits nach zwei oder drei Monaten als Selbstverständlichkeit hingenommen wird.

9. Die Mitarbeiter werden gerecht entlohnt. Mitarbeiter, die sich für den Betrieb einsetzen, erhalten eine höhere Gewinnbeteiligung als leistungsschwache Mitarbeiter. Dies mag vielleicht hart klingen, ist aber gerecht.

Natürlich gibt es auch Nachteile bei diesem Gewinnbeteiligungsmodell. Ein Nachteil könnte entstehen, wenn der Chef (bzw. die Führungskräfte) ihre Mitarbeiter nicht gerecht beurteilen. Es spielen vielleicht persönliche Beweggründe (Sympathie oder Antipathie) in die Beurteilung hinein – und entsprechend fällt dann die Gewinnbeteiligung des Mitarbeiters aus. Hier muß genauestens differenziert werden, damit keine Ungerechtigkeit entsteht. Eine weitere Schwierigkeit besteht dann, wenn der Chef dieses Gewinnbeteiligungsmodell nur für sich ausnutzen will. Es könnte zum Beispiel sein, daß der Betrieb in einem Monat ein besonders gutes Ergebnis erzielt, er aber Beteiligungen an die Mitarbeiter in diesem Monat kürzt und ihnen erzählt, das Betriebsergebnis sei schlecht ausgefallen. Seien Sie versichert, daß Mitarbeiter ein genaues Gespür für die Entwicklung eines Unternehmens haben und durchaus beurteilen können, ob die Aussagen des Chefs der Wahrheit entsprechen oder nicht. Sobald hier auch nur der Anflug der Mogelei bemerkt wird, ist das gesamte Beteiligungsmodell gestorben und wirkt sich dann negativ aus. Eine weitere Schwierigkeit besteht darin, den einzelnen Mitarbeitern immer wieder verdeutlichen zu müssen, daß diese Gewinnzulage eine freiwillige Leistung des Betriebes ist und daß nicht jeder Mitarbeiter eine solche Zulage erhält. Dies müssen Sie natürlich im Einzelgespräch jedem Mitarbeiter erklären. Es kann enormer Ärger entstehen, wenn ein Mitarbeiter eine höhere Zulage als ein anderer erhält. Denken Sie daran, daß kein Mensch von sich glaubt, er sei schlechter als seine Kollegen, sondern immer der Meinung ist, er sei besser. *Achten Sie also darauf, daß der Mitarbeiter seine Son-*

derzahlungen für sich behält und keinesfalls an Dritte weitergibt. Machen Sie das einfach zur Auflage. Falls ein Mitarbeiter gegen diese Auflage verstößt, erhält er zukünftig keinerlei Gewinnbeteiligungen mehr.

Wenn Sie die negativen Punkte vermeiden und das Modell in der Praxis wirklich so umsetzen, wie es oben beschrieben wurde, werden Sie hervorragende Ergebnisse damit erzielen.

Neben einer Gewinnbeteiligung gibt es natürlich noch eine Vielzahl von Vergünstigungen, Zugaben und Sonderleistungen, die Sie Ihren Mitarbeitern unregelmäßig zukommenlassen können. So können Sie beispielsweise einem Mitarbeiter einmal ein Abendessen für zwei Personen schenken, einer verdienten Mitarbeiterin ihr Lieblingsparfum. Ferner können Sie Ihren Mitarbeitern Eintrittskarten für Kino, Theater und sonstige Veranstaltungen schenken, bei besonders guten Leistungen vielleicht auch einmal eine Wochenendreise für zwei Personen. Diese Zugaben und Aufmerksamkeiten können Sie ohne weiteres in die Gewinnbeteiligung einfließen lassen. Ein Geschenk, über das Sie ausführlich nachgedacht haben und das den Geschmack des Mitarbeiters trifft, wird nicht selten als wertvoller angesehen denn Bargeld.

Auch bei den zusätzlichen sozialen Leistungen sollten Sie Ihre Phantasie etwas spielen lassen. Es muß nicht nur die obligatorische vermögenswirksame Leistung sein, sondern es gibt eine Vielzahl von Möglichkeiten, Ihren Mitarbeitern zusätzlichen Nutzen zu bieten. Haben Sie etwa schon einmal darüber nachgedacht, mit einer örtlichen Sportanlage (Fitneßclub, Squashclub) eine Betriebsfitneß-Vereinbarung zu treffen? Wenn Sie hier gut verhandeln, können Sie für einen relativ geringen Betrag Ihren Mitarbeitern einen tollen Nutzen bieten. Allerdings habe ich bei den von mir beratenen Unternehmen die Erfahrung gemacht, daß diese zusätzlichen Leistungen zwar stark bezuschußt, aber nicht völlig gratis an die Mitarbeiter weitergegeben werden sollten. Es besteht nämlich die Gefahr, daß bei einem völligen Gratisangebot dies von den Mitarbeitern nicht als wertvoll angesehen und deshalb auch nicht regelmäßig genutzt wird. Wenn Sie also für Ihren Betrieb mit einem örtlichen kommerziellen Sportclub eine Betriebsfitneß-Vereinbarung treffen, so gibt es drei Möglichkeiten...

1. Für kleine Betriebe (ca. 20 bis 25 Mitarbeiter): Hier wird für *alle* eine Komplettvereinbarung getroffen. Das heißt: Der Betrieb wird mit *allen* Mitarbeitern im örtlichen Fitneßclub Mitglied. Dafür räumt der Club einen Rabatt in Höhe von 50 Prozent ein.
2. Für Mittelbetriebe (25 bis 250 Personen): Hier könnte mit dem örtlichen Fitneßclub eine Vereinbarung getroffen werden, daß Sie für jede Mitgliedschaft, die einer Ihrer Mitarbeiter dort beginnt, einen bestimmten Betrag zuschießen. Der örtliche Fitneßclub erklärt sich wiederum bereit, die gleiche Summe, die Sie dem Mitarbeiter zuschießen, als Rabatt einzuräumen. Beispiel: In einem örtlichen Fitneßclub liegt der Monatsbeitrag bei 90 DM; Sie übernehmen 30 DM als Zuschuß; daraufhin räumt der Fitneßclub einen Rabatt von 30 DM ein, so daß Ihr Mitarbeiter letztlich nur 30 DM für die komplette Leistung zahlen muß.
3. Für Großbetriebe (ab 250 Mitarbeiter): Hier zahlt der Betrieb eine jährliche Summe an den örtlichen Fitneßclub, und alle Mitarbeiter, die eine Mitgliedschaft beginnen, erhalten einen ordentlichen Rabatt (zum Beispiel 50 Prozent vom normalen Mitgliedsbeitrag).

Nochmals: Ihre Mitarbeiter, die dieses Angebot in Anspruch nehmen, sollten auf jeden Fall mit einer kleinen Summe daran beteiligt werden, damit die Motivation besteht, das Angebot dann auch letztendlich zu nutzen.

Eine weitere Idee wäre es, für das Theater vor Ort Dauerkarten zu erwerben und es Ihren Mitarbeitern zu ermöglichen, abwechselnd die Vorstellungen zu besuchen. Oder wie wäre es – falls Sie einen Profisportverein in der Nähe haben (Fußball, Handball, Eishockey usw.) –, wenn Sie im örtlichen Stadion einige Dauerkarten erwerben und Ihren Mitarbeitern ermöglichen, die Heimspiele kostenfrei zu besuchen?
All diese Beispiele sollen dazu dienen, daß sich der Nutzen für Ihre Mitarbeiter deutlich erhöht. Ein zweiter Vorteil besteht darin, daß sich die Mitarbeiter bei diesen Freizeitveranstaltungen treffen (was das Betriebsklima steigert). Der dritte Nutzen besteht darin, daß Ihr Betrieb generell für Mitarbeiter immer attraktiver wird (was sich auf die Anziehungskraft für neue Mitarbeiter günstig auswirkt). Ein Unternehmen, daß sich ständig Gedanken um die Erhöhung des Mitarbeiternutzens macht und diese Möglichkeiten auch konsequent in die Praxis umsetzt, wird in der Regel keinerlei Schwierigkeiten haben, daß sich Spitzenmitarbeiter bei dieser Firma bewerben. Denken Sie an das 1. Kapitel mit der Konsequenz, daß Materie immer dem Geist folgt. Wenn Sie einen Teil Ihrer Energie auf die Mitarbeiter konzentrieren, wird dies immer wieder mehr Nutzen geben, und so werden Sie zwangsläufig auch Mitarbeiter anziehen, die ihrerseits bereit sind, dem Betrieb einen großen Nutzen zurückzugeben. Denn: Ein Unternehmen mit vielen motivierten und qualifizierten Mitarbeitern kann letztendlich nur Erfolg haben.
Einen derartigen Erfolg konnte einer meiner Kunden, Dieter Hümmer, Inhaber einer großen Apotheke, erzielen. Er führte in seinem Geschäft ein Gesundheitsprogramm ein. Eine der Maßnahmen dieses Gesundheitsprogramms bestand darin, daß er für alle Mitarbeiter eine Betriebsfitneß-Vereinbarung mit meinem Fit-&-Fun-Club abschloß. Eine weitere Maßnahme bestand darin, daß jeder Mitarbeiter die Möglichkeit erhielt, eine Gesundheitsprämie über 2000 DM nach zwölf

Monaten zu erhalten. Von diesen 2 000 DM wurde jedoch für jeden vollen Krankheitstag eine Summe 100 DM abgezogen. Dies hatte also zur Konsequenz, daß ein Mitarbeiter, der zwanzig und mehr Tage in diesen zwölf Monaten krank war, keine Gesundheitsprämie erhielt, ein Mitarbeiter, der nur zehn Tage krank war, eine Prämie von 1 000 DM und ein Mitarbeiter, der überhaupt keinen einzigen Tag krank war, die volle Prämie von 2 000 DM. Es wurden in diesem Gesundheitsprogramm noch einige andere Maßnahmen durchgeführt, die schließlich dazu führten, daß die Krankheitstage pro Mitarbeiter um 50 Prozent abnahmen. Heute liegt die krankheitsbedingte durchschnittliche Fehlquote pro Mitarbeiter bei unter sieben Tagen im Jahr (was deutlich unter dem Bundesdurchschnitt liegt). Es geht dabei gar nicht darum, daß Mitarbeiter absichtlich krank sind oder »krank feiern«. Aufgrund meiner Erfahrung nimmt kein Mitarbeiter eine solche Gesundheitsprämie übel, ganz im Gegenteil, Sie belohnen die wertvollen Mitarbeiter einfach zusätzlich – die Mitarbeiter, die krank sind, haben dadurch ja keinen Nachteil, sondern kommen lediglich nicht in den Genuß des zusätzlichen Vorteils. – Wie dieses Modell rechtlich und steuerlich umsetzbar ist, sollten Sie mit Ihrem Steuerberater und Ihrem Anwalt jedoch vorher abklären.

Was sich ebenfalls immer wieder als erfolgreich herausstellt, sind bestimmte innerbetriebliche Wettbewerbe und Programme, durch die jeder Mitarbeiter einen zusätzlichen Nutzen erhalten kann. So haben bereits einige Unternehmen ein betriebliches Vorschlagswesen eingeführt, durch das jeder Mitarbeiter zusätzlich persönliche Vorteile erreichen kann. Sehen Sie sich in diesem Zusammenhang noch einmal Tabelle 3 (Seite 158) an. Die Kernaussage dieser Tabelle: Die Mitarbeiter der japanisch geführten Unternehmen in den USA entwickelten 1989 mehr als dreimal so viele Verbesserungsvorschläge für ihren Betrieb als die Mitarbeiter der rein amerika-

nisch und europäisch geführten Unternehmen. Eine Firma, in der jeder Mitarbeiter zu 100 Prozent daran interessiert ist, Verbesserungen herbeizuführen, wird sich um den Fortbestand und die künftige Ausweitung des Erfolges keine Gedanken machen müssen. In vielen Firmen wird jedoch das betriebliche Vorschlagswesen zu wenig belohnt. Dabei geht es nicht allein um die materielle Belohnung, sondern auch um die ideelle. So hängt beispielsweise in einigen japanischen Unternehmen in einem stark frequentierten Bereich eine große Tafel, auf der alle Mitarbeiter mit Bild und Erläuterung festgehalten sind, die sich für die Weiterentwicklung des Unternehmens (Vorschlagswesen) erfolgreich eingesetzt haben. Die Mitarbeiter sind an dieser Wand verewigt, und das Unternehmen dokumentiert dadurch, wie wertvoll und wichtig diese Mitarbeiter für das Unternehmen sind. Wie könnte sich der Mitarbeiter anders verhalten, als in Zukunft noch intensiver darüber nachzudenken, was in seinem Unternehmen verbessert werden könnte? Wie könnte auch ein solcher Mitarbeiter, der an dieser Wand verewigt ist, jemals diesen Betrieb verlassen?
Hier einige Möglichkeiten und Vorschläge, wie Sie das betriebliche Vorschlagswesen unterstützen können:

a) Belohnen Sie betriebliche Verbesserungsvorschläge mit ordentlichen Beträgen. Geld ist immer noch einer der wichtigsten Motivationsfaktoren. Je höher der materielle Anreiz ist, desto eher werden die Mitarbeiter bereit sein, Verbesserungsvorschläge einzureichen.
b) Auf Seite 203 werde ich nochmals darauf eingehen, wie wichtig es ist, den Mitarbeitern einen sicheren Arbeitsplatz zu garantieren und jedem Mitarbeiter zu verdeutlichen, daß er für das Unternehmen unersetzlich ist. In vielen Betrieben besteht die Angst, daß durch Verbesserungsvorschläge, mit deren Hilfe vielleicht Rationalisierungseffekte erzielt werden könnten, auch der eigene Arbeitsplatz ge-

fährdet sein könnte – und deshalb Verbesserungsvorschläge, die in diese Richtung gehen, gar nicht erst eingereicht werden. In Unternehmen, in denen keinerlei Angst vor Entlassungen besteht, sind die Mitarbeiter deshalb viel eher bereit, Verbesserungsvorschläge einzureichen. Als Beispiel seien hier nur die japanischen Unternehmen genannt. Dort war es bisher üblich, daß selbst in Rezessionszeiten kein Mitarbeiter entlassen wurde. Wundert es Sie daher, daß Japaner fast viermal so viele Verbesserungsvorschläge einreichen als ihre deutschen Kollegen?

c) Verankern Sie die Notwendigkeit vieler Verbesserungsvorschläge im Unterbewußtsein Ihrer Mitarbeiter. In Besprechungen, Versammlungen, Rundschreiben usw. soll deshalb immer und immer wieder auf diese Notwendigkeit hingewiesen werden.

d) Stellen Sie die Mitarbeiter, die einen Verbesserungsvorschlag eingereicht haben, der in die Praxis umgesetzt wurde, möglichst oft und vielfältig heraus. Wie wäre es denn zum Beispiel mit der Einrichtung einer Wand, die die Überschrift »Unsere verdientesten Mitarbeiter« trägt? Oder wie wäre es, in jeder Hauszeitschrift die Mitarbeiter mit Bild und Text vorzustellen, die die erfolgreichsten Verbesserungsvorschläge eingereicht haben? Wie steht es damit bei Besprechungen und Meetings? Werden dort bei Ihnen die verdienten Mitarbeiter, die sich durch Verbesserungsvorschläge um den Erfolg Ihres Unternehmens besonders verdient gemacht haben, auch ausreichend herausgestellt und gewürdigt? Veranstalten Sie doch einmal ein betriebsinternes Brainstorming mit Ihren Führungskräften, dessen ausschließliches Thema ist, wie Sie in Zukunft verdiente Mitarbeiter *materiell und ideell* belohnen sollten.

e) Wie wäre es z. B., den Mitarbeitern mit guten Verbesserungsvorschlägen einen sicheren Arbeitsplatz zu garantieren?

f) Veranstalten Sie doch einmal einen Wettbewerb mit dreimonatiger Laufzeit. Dabei können Sie verschiedene Preise aussetzen:
   - Tolle Hauptpreise für wirklich gute Verbesserungsvorschläge.
   - Sonderpreise für die Mitarbeiter, die die meisten Vorschläge einreichen. Dabei ist es gleichgültig, ob die eingereichten Vorschläge in der Praxis auch umsetzbar sind. Seien Sie versichert: Je mehr Verbesserungsvorschläge insgesamt von Mitarbeitern eingereicht werden, um so mehr Vorschläge können erfolgreich in die Praxis umgesetzt werden.

Dies waren nur einige Beispiele, die aufgezeigt haben, welche Möglichkeiten gegeben sind, um auf das betriebliche Vorschlagswesen Einfluß zu nehmen. Wenn Sie diesen Bereich forcieren, wird eine ständige Weiterentwicklung Ihres Betriebes aufgrund vieler kleiner und großer Qualitätsverbesserungen die Folge sein. Da noch viel zuwenig Betriebe momentan professionell diesen wichtigen Bereich der Unternehmensführung beachten, werden Sie einen klaren Vorteil vor dem Mitbewerber erzielen, wenn Sie sich umgehend an die Umsetzung des Verbesserungsprogramms in Ihrem Betrieb machen.
Wußten Sie schon, daß die Haftklebe-Notizblöcke der Firma 3M aus dem Verbesserungsvorschlag einer kleinen Mitarbeiterin resultierten? Sicherlich ist Ihnen bekannt, daß die Firma 3M mit den unterschiedlichsten Produkten dieser Klebezettel mittlerweile riesige Umsätze erzielt – dank eines ausgezeichneten betrieblichen Vorschlagwesens.
Eine weitere Idee für einen betriebsinternen Wettbewerb könnte das Programm »Was machen unsere Mitbewerber?« sein. Dabei handelt es sich wieder um einen dreimonatigen Wettbewerb, bei dem die Mitarbeiter herausfinden sollen,

was die Mitbewerber der Firma besser und anders als die eigene Firma machen. Auch dabei werden Sie überrascht sein, welche Fähigkeit Ihre Mitarbeiter entwickeln, um herauszubekommen, was die Mitbewerber eigentlich anders und was sie vielleicht auch besser machen. Durch die gesammelten Ergebnisse dieses Wettbewerbs werden Sie in die Lage versetzt, einen Vergleich mit dem Mitbewerber anzustellen, und somit herausfinden, ob Sie gegenüber Ihrem Mitbewerber momentan einen Vorsprung haben oder ob Sie zurückliegen. Denken Sie nur einmal an die Japaner, deren Erfolg sich zunächst einmal darauf begründete, von den Mitbewerbern zu lernen (USA und Deutschland), das, was gut war, zu kopieren, um es dann durch Eigeninitiative ständig weiterzuentwickeln, bis es schließlich das Original beim Kunden ausstach. Die Japaner haben in den ersten Jahren ihres Aufstiegs zur wirtschaftlichen Weltmacht praktisch nur kopiert. Heute sind sie keine Kopierer mehr, sondern Vorreiter!
Auch für diesen Wettbewerb können Sie wieder verschiedene Preise aussetzen. So etwa

- Hauptpreise für die Mitarbeiter, die die meisten Unterschiede herausfinden, oder
- Preise für die Mitarbeiter, die die wichtigsten Unterschiede herausgefunden haben.

Es wird in Zukunft immer wichtiger werden, regelmäßig zu beobachten, was die Konkurrenz macht und wo sie eventuell Vorteile gegenüber dem eigenen Unternehmen besitzt. Haben Sie diese Unterschiede festgestellt, dann arbeiten Sie mit Hochdruck daran, in diesem Punkt nicht nur gleichzuziehen, sondern einen Vorsprung gegenüber dem Mitbewerber zu erzielen. Machen Sie es sich zur Hauptaufgabe, einmal jährlich Leistungen und Angebote Ihrer Mitbewerber herauszuarbeiten und zu prüfen.

Ein weiterer Wettbewerb, den Sie starten könnten, könnte zum Thema haben: »Wie kann der Kundennutzen ohne großen Kostenaufwand erhöht werden?« Dabei sollten Sie Ihre Mitarbeiter in kleinen Teams arbeiten lassen und einfach entsprechende Hauptpreise für die Teams aussetzen. Auch hier können Sie wieder das Team mit den besten Ideen belohnen sowie jenes, das die meisten Verbesserungen herausgearbeitet hat. Auf diese Weise erreichen Sie, daß die Mitarbeiter durchaus bereit sind, in ihrer Freizeit dieses Programm durchzuführen, dabei noch Spaß haben und sich das Betriebsklima und der Zusammenhalt Ihrer Mitarbeiter untereinander steigert.

Ideelle Erhöhung des Mitarbeiternutzens

Nachdem ich Ihnen einige Möglichkeiten erläutert habe, wie und durch welche Möglichkeiten Sie im materiellen Bereich den Mitarbeiternutzen erhöhen können, kommen wir nun zum ideellen Bereich. Materiell ist es noch relativ einfach, den Mitarbeiternutzen zu erhöhen. Schwieriger wird es da schon im ideellen Bereich. Denn der ideelle Bereich ist zwar für den Betrieb letztendlich kostengünstig, aber er fordert nun einmal einige Mühe und Anstrengung seitens der Unternehmensleitung. Aufgrund dieser Anstrengung und Mühe unterlassen es viele Firmenleitungen, sich über diesen Bereich überhaupt Gedanken zu machen. Lesen Sie noch mal das 3. Kapitel (»Magnet«). Wie kann Ihre Firma aus Mitarbeitern bestehen, die sich ständig Gedanken um den Betrieb und dessen Weiterentwicklung machen, wenn die Unternehmensleitung sich keine Gedanken um den Mitarbeiter macht? Sie sehen also, daß die ersten Kapitel dieses Buches eine zentrale Bedeutung für den Unternehmenserfolg einnehmen. Überprüfen Sie deshalb in Zukunft immer wieder, ob Ihre Denke und Ihre Tätigkeit mit den ersten vier Kapiteln dieses Buches übereinstimmen. Machen Sie sich bewußt, daß jede Maßnahme und jede Tätigkeit, die Sie als Führungskraft treffen, eine unmittelbare Auswirkung in Ihrem Betrieb hat – positiv genauso wie negativ!

Sie haben es bestimmt schon festgestellt: Um Erfolge zu erzielen, haben Sie keine andere Möglichkeit, als wirklich 90 Prozent Ihrer Denke, Ihrer Zeit, Ihrer Energie und Ihrer Investitionen zu investieren. Das wiederum wird dazu führen, daß Sie eine Vielzahl Ihrer jetzigen Tätigkeiten aufgeben oder delegieren müssen, während Sie völlig neue Tätigkeiten in Ihren Arbeitsablauf integrieren müssen. Zwangsläufig werden Sie sich auch mehr und mehr von Ihrer Büroarbeit lösen müssen, damit Sie sich mehr und mehr auf die Basis konzentrieren können, nämlich auf den Umgang mit Kunden und Mitarbeitern, also mit Menschen (zum Thema Umgang mit Menschen in einem späteren Abschnitt mehr).

Wie bereits erwähnt, ist ein erster wichtiger Punkt beim ideellen Mitarbeiternutzen der sichere Arbeitsplatz. Der sichere Arbeitsplatz ist gleichzeitig einhergehend mit dem Gefühl, daß ein Mitarbeiter unersetzlich ist. Das Gerede, daß jeder Mensch ersetzlich sei, ist Unsinn und muß als Folge zwangsläufig eine Demotivation der Mitarbeiter nach sich ziehen. Warum sollte sich ein Mitarbeiter Gedanken um die Entwicklung seines Betriebes machen, warum sollte er mehr Anstrengung als nötig auf sich nehmen, wenn ihm das Gefühl gegeben wird, er sei jederzeit ersetzbar? Es ist absoluter Unsinn, daß Menschen ersetzbar sind. Jeder Mitarbeiter, der Ihr Unternehmen verläßt, hinterläßt eine Lücke – wie groß diese Lücke ist, entscheidet die Unternehmensführung. Ist es wirklich nur eine Mentalitätsangelegenheit, daß japanische Mitarbeiter freiwillig mehr Stunden als nötig arbeiten, freiwillig auf Urlaub verzichten, freiwillig abends zusammen noch essen gehen und dabei über den Betrieb fachsimpeln? Oder ist es eine Folge davon,

daß den japanischen Mitarbeitern, gerade im ideellen Bereich, ein größerer Nutzen als in den USA und Europa geboten wird? In japanischen Firmen ist es selbstverständlich, daß ein Mitarbeiter seinen Arbeitsplatz behält, auch wenn das Unternehmen gerade einmal nicht so erfolgreich ist oder sich die Wirtschaft in einer Rezession befindet.
Jeder Mensch wird dann gerne bereit sein, eine überdurchschnittliche Leistung zu erbringen, wenn er das Gefühl hat, gebraucht zu werden und wichtig zu sein. Gibt es ein schöneres Gefühl als zu wissen, man wird gebraucht? Sie kennen doch sicherlich Menschen, die ihr ganzes Leben lang vital und gesund waren und dann plötzlich, ein Jahr nachdem sie in Rente gingen, in kurzer Zeit alterten und gesundheitliche Beschwerden bekamen. Sie kennen doch sicherlich auf der anderen Seite Menschen, die bereits in jungen Jahren gesundheitliche Probleme hatten, die aber durch eine Aufgabe, die sie in ihrem Leben sehen, uralt werden. Sie haben in einem vorhergehendem Kapitel die Übung absolviert, welche Lükke Sie hinterlassen würden, falls Sie heute diese Erde verließen. Stellen Sie doch diese Frage einmal Ihren Mitarbeitern. Finden sich dort viele Namen und Institutionen, dann seien Sie glücklich und zufrieden, um so mehr, falls sich auch der Name Ihrer Firma auf dieser Liste findet. Wenn aber den Mitarbeitern bei dieser Frage weder Namen noch Institutionen einfallen und sich Ihre Firma nicht auf der Liste befindet, dann wird es höchste Zeit, daß Sie sich Gedanken darüber machen und hier Ihren Mitarbeitern eine Aufgabe geben.

Niemand ist ersetzlich!

Ich habe in den letzten Jahren bei meinen Beratungen und Seminaren Hunderte von Firmen kennengelernt und durchleuchtet, doch immer waren die Firmen am erfolgreichsten, die es verstanden haben, jedem Mitarbeiter das Gefühl zu geben, für den Betrieb wichtig und unersetzlich zu sein. Wie ist nun die Situation in der deutschen Industrie, jetzt, im Sommer 1993? In vielen Betrieben erfahren die Mitarbeiter aus der Zeitung, daß in den nächsten drei Monaten 20 Prozent der Belegschaft entlassen werden. Die Mitarbeiter sind in einem solchen Fall von ihrem Betrieb tief enttäuscht, haben Angst, sind verunsichert – und können deshalb logischerweise keine Energie für die Weiterentwicklung des Unternehmens aufbringen. Ein Mensch, der nur eine Nummer ist, wird sich auch wie eine Nummer verhalten. Ein Mensch, der von den Führungspersönlichkeiten als ersetzlich angesehen wird, wird sich auch so verhalten, daß er ersetzlich ist. Die Lebensgesetze, die ich in diesem Buch beschrieben habe, funktionieren nun einmal, ohne daß Sie sich dagegen wehren könnten. Es liegt also ganz alleine bei Ihnen, ob Sie eine positive oder ob Sie eine negative Spirale in Ihrem Unternehmen in Gang setzen.

Ein weiterer wesentlicher Punkt bei der ideellen Nutzenerhöhung für Ihre Mitarbeiter ist die Übertragung von Verantwortung. Mit Übertragung von Verantwortung meine ich eine wirkliche und keine Pseudoübertragung. Jeder Mensch wächst daran, wenn er eine Aufgabe in seinem Leben besitzt. Ein Mensch, der keine Aufgabe hat, wird sich nur mit halber Energie für das Unternehmen einsetzen. Es liegt nun in der Kunst jedes einzelnen Chefs, ob er in der Lage ist, einem Mitarbeiter eine Aufgabe (Verantwortung) zu erteilen oder nicht. In einem späteren Kapitel werden wir auf den Bereich »Delegation« nochmals eingehend zu sprechen kommen, in dem Sie auch erfahren, warum Delegation so schwierig ist und so wenig angewandt wird. Geben Sie Ihren Mitarbeitern eine Aufgabe, und Sie werden erleben, wie Ihre Mitarbeiter aufblühen und ungeahnte Energien für Ihr Unternehmen einsetzen. Beim neuen Opel-Werk in Eisenach wurde diese Philosophie bereits umgesetzt. Kleine Teams bauen selbständig ein komplettes Automobil zusammen. Jeder Mitarbeiter trägt in diesem Team Verantwortung dafür, daß als Ergebnis das fertige, fehlerfreie Automobil herauskommt. Früher, bei der stumpfsinnigen Tätigkeit am Montageband, wußte der einzelne Mitarbeiter oft nicht, welche Tätigkeit er überhaupt ausführt. Er wußte oft nicht, welche großen Auswirkungen (nämlich auf die Fehlerquote) seine eigene Tätigkeit vielleicht besitzt. Delegieren Sie Verantwortung, *wirkliche* Verantwortung, und lassen Sie sich überraschen, zu welchen Leistungen Ihre Mitarbeiter fähig sind. Genau der gleiche Grundgedanke liegt meinem Vorschlag zugrunde, den Betrieb in kleine, selbständige Firmen aufzuteilen. Der Mitarbeiter verknüpft (bei einer Beteiligung am Gewinn oder am Betriebsergebnis dieser kleinen Firma) seine eigenen Ziele mit denen der Firma. Sein Tun bewirkt eine direkte Auswirkung auf das Ergebnis der Gruppe, und damit muß er sich vor der Gruppe und vor sich selbst verantworten. Schädigt ein Mitarbeiter durch sein Verhalten die Firma, so schädigt er seine Kollegen und letztendlich sich selbst. Sie sehen also, wie eine übertragene Verantwortung dafür sorgt, daß ein Betrieb reibungsloser und effektiver funktioniert. Die Schwierigkeit besteht jedoch darin, daß die wenigsten Führungspersönlichkeiten wirklich bereit und in der Lage sind, Verantwortung zu übertragen.

Ein weiterer wichtiger Motivationsfaktor sind Aufstiegs- und Wachstumsmöglichkeiten in Ihrem Betrieb. Alles, das ganze Universum, unsere Natur, das Leben überhaupt, ist auf *Wachstum* ausgelegt. Jeder Baum, jede Pflanze will wachsen. Ein Baum, der aufhört zu wachsen, *stirbt!* Jeden Tag entstehen im Universum neue Galaxien, entstehen neue Gebilde. Dieses Wachstum hat seit Bestehen unserer Erde niemals aufgehört. Auch die Entwicklung des Menschen schreitet ständig voran. Aus den Einzellern entwickelten sich die Meereslebewesen, aus den Meereslebewesen die ersten Säugetiere, aus den Säugetieren schließlich der Mensch. Doch wenn man die Entwicklung des Menschen in den letzten zweitausend Jahren betrachtet, stellt man fest, daß die Weiterentwicklung des Menschen nicht nur fortschreitet, sondern an Geschwindigkeit zunimmt. Es gibt keinen Stillstand – *alles* ist auf Wachstum ausgerichtet. Die Natur hat Wachstum zu ihrer Hauptaufgabe erklärt.

Man kann natürlich über die Richtung des Wachstums diskutieren – doch über das Wachstum als solches gibt es keine Diskussion. Wenn die Natur es also so vorsieht, daß alles, was existiert, auf Wachstum ausgerichtet ist, dann sollten Sie sich fragen, was dieses Naturgesetz für Auswirkungen auf Ihr Unternehmen hat. Was ist eigentlich die Hauptmotivation des Unternehmers? Natürlich der materielle Erfolg. Doch daneben ist es das Streben nach Wachstum und Fortschritt seiner Firma. Jede Firma, jede Institution, aber auch jeder einzelne Mensch ist darauf programmiert zu wachsen. Wenn dieses Wachstum also ebenfalls ein unumstößliches Lebensgesetz ist, dann überprüfen Sie einmal, ob Ihre Mitarbeiter in Ihrer Firma wachsen können! Was bieten Sie den Mitarbeitern denn für Möglichkeiten, sich zu entwicklen und zu wachsen?

Ich habe in vielen Firmen die Erfahrung gemacht, daß fähige und qualifizierte Mitarbeiter von der Unternehmensleitung gebremst werden. Gerade in Großbetrieben besitzt die Unternehmensführung oft die grandiose Fähigkeit, die talentiertesten Mitarbeiter zu bremsen und zu demotivieren. Oft ist es so, daß Mitarbeiter ohne eine entsprechende Grundqualifikation (zum Beispiel ein abgeschlossenes Studium) nur bis zu einer gewissen Stufe aufsteigen können; dann werden sie künstlich gebremst – nur weil der entsprechende Titel fehlt. Im Gegenzug werden dann, wenn bestimmte Stellen frei sind, junge Hochschulabsolventen mit Doktortitel eingestellt, die zwar von der Praxis keine Ahnung besitzen, aber plötzlich langjährigen motivierten und qualifizierten Mitarbeitern

»vor die Nase gesetzt werden«. Darüber hinaus werden diese »Kräfte« noch relativ teuer eingekauft und belasten letztendlich die Kostenstruktur des Unternehmens negativ. Warum nur investieren die Unternehmen nicht in ihre eigenen Mitarbeiter, fördern sie und sorgen dafür, daß diese Menschen wachsen und immer besser werden? Ist es nicht der Traum eines jeden Menschen, vom Tellerwäscher zum Millionär aufzusteigen?
Es soll vorkommen, daß Menschen kein Hochschulstudium absolviert haben. Nicht weil sie dumm waren, sondern weil ihnen vielleicht vom Elternhaus her die Möglichkeiten nicht eingeräumt worden sind oder weil sie in jungen Jahren die Notwendigkeit einer solchen Ausbildung nicht erkannt haben. Stellen Sie sich einen jungen Menschen vor, der nach der mittleren Reife mit sechzehn Jahren eine Lehre als Industriekaufmann beginnt. Nach der Lehre wird er in eine Abteilung versetzt und arbeitet dort gewissenhaft, sorgfältig und zuverlässig. Er bringt Ideen und ist auch gerne bereit, die eine oder andere Überstunde zu machen. Bis zu seinem dreißigsten Lebensjahr erhält er immer wieder die eine oder andere Gehaltserhöhung und erlebt auch mal eine Beförderung. Als er dreißig Jahre alt ist, in der Blüte seiner Schaffenskraft also, stellt er fest, daß er nun eigentlich den Endpunkt erreicht hat, daß er ohne weiteren Titel in seinem Betrieb nicht mehr aufsteigen kann. Als schließlich die nächsthöhere Position in seiner Abteilung frei wird, wird nicht er berücksichtigt, sondern die Firma stellt einen jungen Hochschulabsolventen mit Doktortitel ein. Wie, glauben Sie, wird sich dieses Verhalten der Unternehmensleitung auf die Motivation und die Leistung dieses jungen, talentierten Mitarbeiters auswirken? Woher kommt eigentlich das Bestreben vieler Firmen, für bedeutende Positionen im Betrieb stets Mitarbeiter von außen teuer »einkaufen« zu müssen? Sie suchen einen geeigneten Mitarbeiter für eine Führungsposition? Dann seien Sie sicher, daß Sie diesen Mitarbeiter in

Ihrer Firma bereits *haben* und ihn nur noch entdecken *müssen.* Die besten und talentiertesten Mitarbeiter besitzt eine Firma schon; sie muß sie nur noch fördern und für ihre Weiterentwicklung sorgen. Wenn wir nun zum Beispiel unseres jungen Mannes zurückkommen, der mit dreißig Jahren, auf der Höhe seiner Schaffenskraft, gebremst wird, dann könnte die Firma auch ganz anders reagieren: Sie bietet dem Mitarbeiter die ständige Möglichkeit der Aus- und Fortbildung. Sie schickt ihn auf Managementseminare, sorgt für innerbetriebliche Ausbildung und beschleunigt auf diesem Weg das Wachstum und die Weiterentwicklung dieses Mitarbeiters. Wenn nun eine höhergestellte Position vakant wird, warum sollte dann ein Mitarbeiter teuer eingekauft werden, warum verläßt man sich nicht auf den bewährten Mitarbeiter, der das Unternehmen aus dem »Effeff« kennt und der vor Ehrgeiz brennt, beweisen zu können, was in ihm steckt?
Ich habe einmal in einem Buch gelesen, daß der erste Schritt zur Motivationssteigerung der Mitarbeiter der ist, seine Mitarbeiter nicht zu demotivieren. Bei genauerem Nachdenken stelle ich fest, daß dies genau der Wirklichkeit entspricht, wie sie in den allermeisten Unternehmen praktiziert wird. Indem Sie Ihren Mitarbeitern keine Möglichkeit zum Wachsen und zum Aufstieg geben, begrenzen Sie das Potential Ihrer Mitarbeiter. Einer der größten Motivationsexperten unserer Zeit, Europas Nummer eins, Nikolaus B. Enkelmann, formulierte es einmal folgendermaßen:

»Jeder Mensch braucht Zukunft. Gäbe es keine Zukunft, wäre es das Ende der Evolution.«

Zur Zukunft Ihrer Mitarbeiter können Sie beitragen, indem Sie ihnen ein Ziel vor Augen führen. Geben Sie einem Menschen eine Aufgabe, ein Ziel, und er wird bemüht sein, dieses zu erreichen. Wenn jeder Mensch in seinem Unternehmen ein Ziel, eine Aufgabe hat, so *muß* das Unternehmen unweigerlich erfolgreich sein. Je weniger Menschen in einem Betrieb eine Zukunft und einen Sinn sehen, desto erfolgloser wird sich der Betrieb entwickeln.

Mein Appell an Sie lautet deshalb: Holen Sie sich nicht teure Mitarbeiter von außen, sondern fördern Sie regelmäßig und kontinuierlich Ihre eigenen Mitarbeiter. Wenn Sie so verfahren, werden diese Mitarbeiter jederzeit höhere Positionen besetzen können. Das Schlimmste, was Ihnen durch Demotivation passieren kann, ist die innere Kündigung Ihrer Mitarbeiter. Innere Kündigung bedeutet dabei, daß die Mitarbeiter zwar ihrer Tätigkeit nachgehen, dafür einen Lohn erhalten, aber alle Anstrengungen, die darüber hinaus gehen, vermeiden. Sie »sitzen« die vorgeschriebene Arbeitszeit »ab«, aber bleiben keine Minute länger. Sie erledigen auch ihre Aufgaben, die ihnen gestellt werden, sind aber nicht bereit, darüber hinaus weitere Aufgaben auf sich zu nehmen.

Motivierend ist es dagegen, wenn Mitarbeiter ihren eigenen Arbeitsplatz und ihre Arbeitsumgebung mitgestalten können. Jeder Mensch verbringt ein Drittel seines Lebens an seinem Arbeitsplatz. Ist es da eigentlich nicht eine Selbstverständlichkeit, daß den Mitarbeitern die Tätigkeit um so mehr Freude bereitet, je schöner der Arbeitspaltz ist? Doch wer entscheidet eigentlich darüber, ob ein Arbeitsplatz schön oder weniger schön ist? Jeder Mitarbeiter für sich. Überprüfen Sie deshalb, ob und wie Ihre Mitarbeiter über die Gestaltung und Optik des Arbeitsplatzes mitentscheiden können. Was ist dagegen einzuwenden, wenn in Zukunft die Arbeitsplätze etwas wohnlicher, etwas »behaglicher« werden? Das Thema »Wie würden Sie sich Ihren Arbeitsplatz vorstellen?« könnte bei einem gemeinsamen Brainstorming jedenfalls wichtige Erkenntnisse bringen.

Ein weiterer wichtiger Bereich, der bereits des öfteren angesprochen worden ist, ist die Fortbildung. Je mehr ein Mitarbeiter über Wissen und Know-how verfügt (nicht nur fachliches Know-how!), desto wertvoller wird er für das Unternehmen. Vielfach läßt sich Know-how, das durch Angebote des Betriebes ermöglicht wurde (Fortbildungsmaßnahmen), vom Mitarbeiter auch in seinem Privatleben einsetzen. Ich denke hierbei an Seminare, die beispielsweise den Umgang mit anderen Menschen,Persönlichkeitsentwicklung usw. zum Thema haben. Die Erkenntnisse aus diesen Fortbildungen werden jedem Mitarbeiter auch dazu verhelfen, sein Privatleben zu verbessern. Man kann Geschäft und Privatleben nicht voneinander trennen. Wer in seinem Beruf Menschen gut behandelt, der wird auch seine Familie und seine Freunde gut behandeln. Wer in seiner Firma beliebt ist, der wird auch in seinem Privatleben beliebt sein, wer Menschen in seinem Berufsleben begeistern und motivieren kann, der wird auch die Menschen in seinem Privatleben begeistern und motivieren. Nach meinen Erfahrungen läßt sich das berufliche und private Verhalten nicht voneinander trennen. Mitarbeiter wünschen sich immer mehr, daß sie von ihrem Betrieb gefördert und mit Wissen versorgt werden. Da letztlich ein qualifizierterer Mitarbeiter auch stets eine höhere Leistung für den Betrieb bringt, sollten Sie nicht mehr lange darüber nachdenken, sondern verstärkt in den Bereich Aus- und Fortbildung investieren. Meine Empfehlung lautet deshalb, 2 bis 3 Prozent vom Umsatz in die Aus- und Fortbildung der Mitarbeiter zu investieren! Nun werden einige Leser die Augen verdrehen, da dies vielleicht eine Verdrei- oder Vervierfachung ihres bisherigen Fortbildungsetats bedeuten würde. Doch für mich ist die Qualifizierung der Mitarbeiter, und zwar in *allen* Bereichen, die wichtigste Grundvoraussetzung für künftigen unternehmerischen Erfolg.

Gehen Sie einmal zurück zum 7. Kapitel (»Investition nach innen oder außen?«). Dort habe ich ausführlich erläutert, wo Sie in Zukunft investieren sollten. 90 Prozent Ihrer finanziellen Mittel sollen dabei nach *außen* (in den Markt) investiert

werden. Indem Sie größere Mittel in die Qualifikation Ihrer Mitarbeiter investieren, werden diese *zwangsläufig* dafür sorgen, daß sich Ihre Kunden besser betreut fühlen, daß die Qualität Ihrer Produkte steigt, daß weniger Reklamationen anfallen, daß mehr Neukunden gewonnen werden, daß Ihr gesamter Betrieb sich ständig positiv weiterentwickelt.
Allerdings sollten Sie, bevor Sie das Aus- und Fortbildungsprogramm (und natürlich auch den höheren Etat!) neu festlegen, genau darauf achten, wo und wie Sie Ihren Ausbildungsetat investieren wollen. Auf dem Markt der Weiterbildung werden sehr viele dubiose und unseriöse Trainingsprogramme für Mitarbeiter angeboten. Oft ist es so, daß sich Firmen aus Kostengründen für die preisgünstigeren Fortbildungsangebote entscheiden. Doch überlegen Sie einmal selbst: Warum sollte ein Toptrainer oder ein erfolgreicher Unternehmensberater für einen Dumpingpreis eine Leistung erbringen? Meine Unternehmensberatung hat den eigenen Umsatz in den letzten Jahren jedes Jahr um das Drei- bis Fünffache gesteigert, und das Ziel für die nächsten drei Jahre besteht in einer jährlichen Verdoppelung des Umsatzes. Wenn wir heute eine Fortbildungsmaßnahme in einem Unternehmen durchführen sollen, so muß dieses Unternehmen dafür einen entsprechenden Betrag investieren! Doch ist es entscheidend, wie günstig eine Fortbildungsmaßnahme oder eine Unternehmensberatung ist, oder ist es eher entscheidend, was Ihnen eine solche Maßnahme bringt? Beherzigen Sie deshalb unbedingt in Zukunft folgenden Grundsatz:

»Entscheidend ist nicht, was eine Investition kostet, sondern entscheidend ist, was sie Ihnen bringt!«

Ein weiterer wichtiger Punkt bei der Planung Ihrer Aus- und Fortbildungsmaßnahmen ist die Entscheidung, welche Mitarbeiter geschult werden sollen. Die meisten Unternehmen begehen hier den zentralen Fehler, nur die Inhaber und die wichtigsten Führungskräfte zu schulen, aber nicht die »kleinen Mitarbeiter an der Front«. Hier muß ein Umdenken stattfinden. In Zukunft wird es immer wichtiger, auch die Mitarbeiter in der Produktion und die »kleine Mitarbeiter« in der Verwaltung ständig aus- und fortzubilden. Es nützt nichts, wenn Ihre Führungsriege eine Fortbildungsveranstaltung zum Thema »Qualitätssicherung« besucht und die Arbeiter am Werkband keine Ahnung haben, was ihre Tätigkeit für positive oder negative Auswirkungen auf das gesamte Produkt mit sich bringen kann. Beachten Sie also auch bitte folgenden Grundsatz:

»Den Etat für Aus- und Fortbildung auf alle Hierarchie-Ebenen aufteilen!«

Ebenfalls beachten sollten Sie, daß Sie Ihre Mitarbeiter nicht nur im fachlichen Bereich schulen, sondern auch und gerade in »übergeordneten« Bereichen (zum Beispiel Verkaufen, allgemeines Management, Persönlichkeitsentwicklung). Sie kennen bestimmt den Ausspruch: »Fachidiot schlägt Kunden tot.« Welche Menschen sind eigentlich am erfolgreichsten? Sind es Menschen, die in ihrem Fachgebiet eine besondere Begabung besitzen, oder sind es in der Regel Menschen, die in der Lage sind, mit anderen Menschen gut umzugehen, also andere Menschen zu begeistern und zu motivieren? Ich möchte damit nicht sagen, daß die fachliche Qualifikation der Mitarbeiter nicht wichtig sei. Ganz im Gegenteil: Nur durch eine hohe fachliche Qualifikation läßt sich eine ständige Qualitätssteigerung erzielen. Doch was nützt das beste Produkt, wenn dieses nicht verkauft wird? Was nützt das beste Produkt, wenn Kunden bei Reklamationen schlecht behandelt werden?

Wie soll das Produkt überhaupt ständig weiterentwickelt werden, wenn Mitarbeiter demotiviert und nicht begeistert sind? Sie sehen also, daß neben der fachlichen Qualifikation, die unbestritten wichtig ist und auf die Sie sehr großen Wert legen sollten, auch die Qualifikation im menschlichen Bereich absolut notwendig ist.
Wenn nun aber jeder Unternehmer um die Notwendigkeit weiß, daß er seine Mitarbeiter aus- und fortbilden sollte, warum wird diese Erkenntnis so wenig in der Praxis angewandt? Hierzu paßt die Aussage eines Unternehmers, der ganz zu Beginn unserer Zusammenarbeit zu mir einmal sagte: »Ich soll Mittel in die Ausbildung meiner Mitarbeiter investieren? Und ein paar Monate später kündigen sie dann und gehen zur Konkurrenz, weil diese ihnen aufgrund der guten Ausbildung ein besseres Angebot macht. Nein, nein, dieses Risiko kann ich nicht eingehen.«
Die Denke vieler Unternehmer ist immer noch eine »Einbahnstraßen-Denke«: Nur ja den Mitarbeiter nicht schlau machen – es könnte sich ja negativ für den Betrieb auswirken! Aber wie sieht denn die Praxis in den Unternehmen aus? Ist es wirklich so, daß Mitarbeiter, die von einem Unternehmen ständige Aus- und Fortbildung erhalten, die erste sich bietende Gelegenheit wahrnehmen, um den Betrieb zu verlassen? Nach meiner Erfahrung keineswegs! Die Mitarbeiter honorieren sehr wohl die Anstrengungen ihrer Firma in diesem Bereich. Natürlich möchte ein Mitarbeiter auch gut bezahlt werden – was sich durch eine Gewinnbeteiligung (siehe den betreffenden Abschnitt auf Seite 188) leicht umsetzen läßt. Seien Sie aber versichert, daß ein hochqualifizierter Mitarbeiter, trotz der höheren Lohnkosten, die er verursacht, produktiver und damit letztendlich ertragssteigernder für das Unternehmen ist.
Ein weiterer wichtiger Punkt, den wir beim Mitarbeiternutzen noch nicht besprochen haben, ist die Transparenz des

Unternehmens. Warum sollte es nicht möglich sein, den Mitarbeitern gegenüber eine größere Firmentransparenz zu zeigen? Je besser ein Mitarbeiter über *alle* Bereiche und Vorgänge des Unternehmens informiert ist, desto leichter wird er sein »Schubladendenken« verlieren. Informieren Sie deshalb regelmäßig Ihre Mitarbeiter über die Betriebsentwicklung. Teilen Sie ruhig der Belegschaft Zahlen mit, damit jeder Mitarbeiter auch Entscheidungen des Betriebes nachvollziehen kann. Ein Mitarbeiter, der nicht darüber informiert ist, daß seine Firma in den letzten Monaten keinen Gewinn erwirtschaftete, kann auch nicht kostensenkend handeln. Ein Mitarbeiter, der nicht weiß, ob die letzten Maßnahmen, die im Betrieb getroffen wurden, erfolgreich waren, kann nicht begeistert und motiviert nach neuen Wegen und Möglichkeiten suchen, wie der Betrieb sich weiterentwickeln könnte. Zeigen Sie also ruhig eine größere Firmentransparenz, und behandeln Sie Ihre Mitarbeiter nicht wie Idioten, denen man keine Informationen anvertrauen kann.

In diesem Zusammenhang könnte sich der regelmäßige Einsatz einer Mitarbeiterzeitung als nützlich erweisen. Ob es sich dabei um eine professionelle Zeitung oder, wie in kleineren Betrieben oft gehandhabt, nur um einige Schreibmaschinenseiten handelt, ist vollkommen egal. In dieser »Mitarbeiterzeitung« sollten die Mitarbeiter über die verschiedensten Bereiche informiert werden. Wie war die Entwicklung des Unternehmens, was gibt es für Neuerungen, welche Mitarbeiter wurden in den letzten Wochen besonders ausgezeichnet (zum Beispiel als Gewinner eines internen Wettbewerbs oder für Verbesserungsvorschläge)? Geben Sie ruhig auch einige Zahlen in der Mitarbeiterzeitung bekannt (Wie hat sich die letzte Werbekampagne ausgewirkt, wurden Umsatz- und Gewinnzuwächse erzielt?). Weisen Sie auf besondere Schulungsangebote Ihres Unternehmens hin, und sehen Sie diese Zeitung vor allen Dingen als ein Instrument an, Ihre Mitar-

beiter zu begeistern und zu motivieren. Die Zeitung sollte also nicht unbedingt zu 80 Prozent aus negativen Informationen und Kritik bestehen, sondern sie sollte die Menschen positiv stimulieren und zu weiterem Erfolgsdenken anregen.
Bedenken Sie bei Ihrer Informationspolitik den Mitarbeitern gegenüber, daß Menschen sich immer vom Erfolg anziehen lassen. Falls Sie Unternehmer sein sollten, dann denken Sie einmal darüber nach, wann Sie Ihre besten Ideen haben, wann Sie die Entwicklung Ihres Betriebes vorantreiben. Ist es dann der Fall, wenn es Ihnen schlechtgeht, wenn Ihre Maßnahmen und Strategien Mißerfolg produzieren? Oder macht es Ihnen dann größte Freude zu arbeiten und entwickeln Sie dann den besten Fortschritt in Ihrem Unternehmen, wenn es bereits gut läuft und die letzten Maßnahmen für eine erfolgreiche Weiterentwicklung sorgten? Sie sehen also bereits an Ihrer eigenen Person, daß Erfolg immer dazu führt, daß Sie sich noch mehr anstrengen, noch bessere Ideen produzieren und auf diese Weise noch erfolgreicher werden. Erfolg zieht Erfolg nach sich. Bitte blättern Sie einmal zurück zu den ersten drei Kapiteln dieses Buches:

1. Kapitel: Materie folgt dem Geist!
2. Kapitel: Es gibt drei Denkarten: Zuschauer, Verlierer oder Gewinner!
3. Kapitel: Menschen ziehen immer Menschen mit gleicher Denke an.

Macht es da nicht »klick« in Ihrem Kopf? Wie sollen Ihre Mitarbeiter motiviert ihre Arbeit tätigen und den Erfolg Ihres Unternehmens ausweiten, wenn sich die Kommunikation in Ihrem Unternehmen zu 70 Prozent aus negativer Information zusammensetzt? Hören Sie auf, ständig die schlechten Dinge Ihres Unternehmens zu betonen, und gehen Sie dazu über, die guten Seiten Ihres Unternehmens und Ihrer Mitarbeiter zu erkennen, zu beachten und zu verstärken!

Ich möchte Ihnen dazu ein Beispiel erzählen: Bei einem internen Seminar einer kleinen Firma (zwanzig Mitarbeiter) waren nur die Mitarbeiter, aber nicht der Firmeninhaber anwesend. Bereits in den ersten zwei Stunden stellte ich fest, daß die Mitarbeiter dem Seminar gegenüber sehr aggresiv eingestellt waren. Des weiteren stellte ich immer mehr fest, daß die Mitarbeiter eine schlechte Meinung von ihrem Betrieb besaßen. Ich hatte mir vor dem Seminar den Betrieb angesehen und war eigentlich von der »Hardware« sehr begeistert gewesen. Modernste Räumlichkeiten, modernste Betriebs- und Geschäftsausstattung, hervorragende Marketingmittel (Prospekte, Werbung usw.) sorgten für ein äußerst positives Bild bei mir. Um so mehr war ich überrascht, daß die Mitarbeiter ihren Betrieb als schlecht einstuften. Die eigenen Mitarbeiter waren nicht von ihrem Unternehmen überzeugt. Ich brach daraufhin das Seminarthema ab und begann, mich mit den Mitarbeitern über ihre mangelnde Begeisterung für ihr Unternehmen zu unterhalten. So nach und nach fand ich heraus, daß der Firmeninhaber bei jeder sich bietenden Gelegenheit die Firma als noch nicht besonders erfolgreich darstellte. Immer wieder wies er darauf hin, daß die Sollzahlen im letzten Monat nicht erreicht worden waren, daß die Mitarbeiter sich noch mehr anstrengen müßten usw., usw. Auf diese Weise hatte sich im Laufe der Zeit bei den Mitarbeitern der Gedanke festgesetzt, ihre Firma sei erfolglos. Die Konsequenz: In ihrem gesamten Verhalten spiegelte sich die »erfolglose« Firma wider. Ich kannte jedoch aus meiner Vorbesprechung mit dem Inhaber die Betriebsergebnisse des Unternehmens und wußte, daß die Firma eigentlich Gewinne produzierte und die Entwicklung in den letzten zwölf Monaten durchaus positiv gewesen war. Nachdem ich die Informationen der Mitarbeiter erhalten hatte, nutzten wir die zwei

Tage schließlich dazu, daß die Mitarbeiter zusammen mit dem Firmeninhaber einmal offen über alles sprachen. Nach den zwei Tagen war das gesamte Team wie umgewandelt, war begeistert, motiviert und freute sich auf die Zukunft. Auch der Firmeninhaber hatte seine Einstellung grundlegend verändert, gab in Zukunft seinen Mitarbeitern offen und ehrlich Auskunft über die Firmenentwicklung, beteiligte sie am Betriebsergebnis – und siehe da: Innerhalb von weiteren zwölf Monaten konnten wir das Betriebsergebnis nochmals deutlich steigern!

Der lebende Organismus

An dieser Stelle will ich kurz über ein Experiment berichten.
Zwei Schulklassen gleichen Jahrgangs wurden einem Experiment unterzogen. In einer Schulklasse wurden die Schüler auf jeden Fehler, den sie begangen hatten, aufmerksam gemacht. In der anderen Schulklasse vermied man jegliche Art von Kritik und lobte dagegen die Schüler für die Dinge, die sie richtig ausführten. Während also in der einen Klasse die Schüler kritisiert wurden, wurden die Schüler der anderen Klasse lediglich gelobt. Das Ergebnis war, daß die kritisierte Schulklasse in ihren Leistungen immer weiter absank, während sich die Schulklasse, in der viel gelobt wurde, ständig in ihrer Leistung steigerte. Schließlich kehrte man das Experiment um und wechselte das Verhalten in den Schulklassen. Die zuvor kritisierten Schüler wurden nun für die guten Leistungen gelobt, während in der anderen Schulklasse die zuvor stets gelobten Schüler auf die Dinge, die sie falsch ausführten, hingewiesen wurden. Schon kurze Zeit später kehrte sich auch die Leistung der Schulklassen in genau die entgegengesetzte Richtung um.

Dieses Experiment soll Ihnen nur den Verstand dafür schärfen, wie durch ständiges Kritisieren und Aufmerksammachen auf Fehler die Menschen in ihrer Leistung herabgesetzt werden, während sich durch Anerkennung und Lob der positiven Eigenschaften und Leistungen die gesamte Entwicklung des Menschen verbessert. Das Ganze könnte auch umschrieben werden mit einem Satz, der zu Beginn dieses Buches zu lesen war:

»Die sich selbst erfüllende Prophezeiung!«

Im Grunde genommen heißt das: Wenn ich den Mitarbeitern ständig das Gefühl gebe, sie seien gute Mitarbeiter, werden die Mitarbeiter auch gut. Beachte ich dagegen nur das Negative (und bei jedem Menschen gibt es Negatives), so wird sich der Mensch negativ entwicklen. Es ist leider nun einmal eine unserer menschlichen Grundeigenschaften, daß es uns stets leichter fällt, zu kritisieren und zu verletzen, als Anerkennung und Lob weiterzugeben. Sicherlich liegt das an unserer Erziehung, liegt das an der Beeinflussung durch Eltern, Verwandte, Freunde, Lehrer und durch unsere ersten Chefs. In aller Regel werden wir von anderen Menschen zu 70 Prozent negativ beeinflußt, so daß es eigentlich kein Wunder ist, daß wir auch anderen Menschen gegenüber eher Negatives von uns geben. Ich möchte Ihnen an dieser Stelle einen bemerkenswerten Satz ins Gedächtnis »einbrennen«, der von Johann Wolfgang von Goethe stammt:

»Wer die Menschen behandelt, so wie sie sind, der macht sie schlechter. Wer sie so behandelt, wie sie sein könnten, der macht sie besser!«

Mein Partner und Freund, Paul Underberg, eröffnete mir vor einigen Jahren eine völlig neue Welt beim Umgang mit Mitarbeitern. Paul beschäftigte in seinem Unternehmen 35 Mitarbeiter und verlor in sieben Jahren *keinen einzigen*. Weder hat er einen Mitarbeiter entlassen, noch ging ein Mitarbeiter freiwillig von ihm weg. Vielleicht denken Sie nun, das sei nichts Besonderes, doch hat es Paul mit seinen Mitarbeitern geschafft, innerhalb von vier Jahren seinen Umsatz (und den Gewinn!) zu verachtfachen! Als ich Paul vor einigen Jahren näher kennenlernte, war ich fasziniert und begeistert von seiner Fähigkeit, mit Menschen – insbesondere mit seinen Mitarbeitern – positiv umzugehen. Nie hörte ich von ihm seinen Mitarbeitern gegenüber ein verletzendes Wort oder unsachliche Kritik. Aber immer hatte er ein Wort der Anerkennung, des Lobes, ein Lächeln parat – und vor allen Dingen hatte er Zeit für jeden seiner Mitarbeiter. Sein Team zählt sicherlich zu den motiviertesten in Deutschland, nicht nur im Hinblick auf Klein-, sondern auch im Vergleich zu Mittel- und Großbetrieben!

Es gibt eine Geschichte von Paul und einer Mitarbeiterin, die die ganze Philosophie dieses Kapitels umfaßt: Paul hatte eine Reinigungskraft beschäftigt, die ihm einfach nicht so den Betrieb reinigte, wie er es sich wünschte. Wie jeder Chef begann er, die Mitarbeiterin auf ihre mangelhafte Leistung hinzuweisen. Zwangsläufig begann er auch, immer öfters zu kontrollieren. Logischerweise: Wo viel kontrolliert wird, fallen mehr Fehler auf. Er mußte die Mitarbeiterin also noch mehr auf ihre fehlerhafte Arbeit hinweisen. Trotz allen Bemühens trat eigentlich keine Besserung ein. Eines Tages traf Paul seine Mitarbeiterin bei ihrer Reinigungstätigkeit. Er fragte die Mitarbeiterin, ob sie einige Minuten Zeit für ihn hätte. Sie begann bereits leicht zu zittern und bejahte seine Frage. Paul ging mit ihr in sein Büro, drückte ihr die Hand und bedankte sich bei ihr für ihre Leistung in den letzten

Tagen. Er teilte ihr mit, daß er gerade in den letzten Tagen feststellte, daß eine deutliche Steigerung bei ihr eingetreten sei und sie gerade die vielen Kleinigkeiten, wie das Reinigen von Regalen, das Wischen unter den Schränken usw., besonders genau und zuverlässig ausführte. Er gab ihr anschließend noch ein kleines Geschenk und verabschiedete sich mit den Worten, daß er froh sei, sie als Mitarbeiterin zu besitzen, und er ganz sicher wisse, daß sie auch in Zukunft die Firmenräume sorgfältig reinigen werde. Paul hatte ihr in seinem Gespräch auch klargemacht, wie wichtig ihre Tätigkeit und ihre Stellung im Betrieb sei, denn nur ein sauberer Betrieb würde einen positiven Eindruck auf die Kunden machen. Die Mitarbeiterin konnte das Lob gar nicht fassen, war sie doch in den letzten Wochen durch die häufige Kritik Pauls immer unsicherer geworden. Bedarf es eines Kommentars, wenn ich Ihnen nun erkläre, daß sich seit diesem Tag die Mitarbeiterin für das Unternehmen »zerreißt« und es niemals mehr eine Beanstandung in punkto mangelhafte Sauberkeit gab?

Ich möchte hier nun nicht darauf drängen, daß Sie zukünftig keinerlei Kritik mehr bei Ihren Mitarbeitern üben, denn auf den Bereich Kritik und Konflikte werde ich im nächsten Abschnitt dieses Kapitels noch etwas genauer eingehen. Was ich mit diesem Abschnitt über Lob und Anerkennung erreichen will, ist, daß Sie neben all den Fehlern, all den schlechten Eigenschaften Ihrer Mitarbeiter, bei denen Kritik vielleicht notwendig sein mag, nicht das Positive und die Leistung Ihrer Mitarbeiter vergessen sollen. Wir kritisieren leicht andere Menschen, doch das Positive fällt uns oft nicht auf, oder wir sind nicht in der Lage, dafür unsere Anerkennung auszudrükken. Wo kritisiert wird, muß aber um so stärker gelobt werden – wenn Sie nicht bei Ihren Mitarbeitern eine negative Spirale auslösen wollen.

Ein Unternehmen veranstaltete einen »Tag der offenen Tür«.

An diesem Tag ging ich zum Parkplatzwächter und stellte mich kurz bei ihm vor. Ich erklärte ihm, daß ich diesen »Tag der offenen Tür« organisieren und veranstalten würde. Weiterhin sagte ich ihm, daß er eine der wichtigsten Aufgaben an diesem Tag hätte. Denn wenn Interessenten und bestehende Kunden den Betrieb heute besuchen würden, dann würde der erste Eindruck auf dem Parkplatz entstehen:

- Ist der Parkplatz sauber?
- Werden die Autos gut bewacht?
- Ist der Parkplatzwächter freundlich zu jedem einzelnen Interessenten und begrüßt er diesen herzlich und zuvorkommend?

Nachdem der Parkplatzwächter von mir gehört hatte, wie wichtig er an diesem Tag war, setzte er sich mit großem Elan an diesem Tag für seine Firma ein. Jeder einzelne Besucher wurde von ihm persönlich auf dem Parkplatz begrüßt, und keine Zigarettenkippe warf ein schlechtes Licht auf die Firma. So wie dem Parkplatzwächter die Wichtigkeit seiner Aufgabe verdeutlicht wurde, habe ich auch allen anderen Mitarbeitern, den Reinigungskräften, den Empfangsdamen, den Mitarbeitern im Verpflegungsbereich, den Beratern und Verkäufern usw., die Wichtigkeit ihrer Aufgabe erklärt. Sie können sich sicherlich nun leicht vorstellen, wie begeistert und motiviert sich das gesamte Team an diesem Tag einsetzte und wie erfolgreich die Veranstaltung für das Unternehmen ablief. Lob und Anerkennung haben also auch etwas damit zu tun, sich einfach mit den Mitarbeitern zu beschäftigen und ihnen ihre Bedeutung im Unternehmen zu verdeutlcihen.
Ein weiteres Beispiel erlebte einer meiner Beraterpartner bei einer Firmenanalyse (der erste Besuch bei diesem Kunden) im Ruhrgebiet. In dem Unternehmen wurden eigentlich viele Fehler begangen, wenn man unsere Maßstäbe heranzog.

Trotzdem arbeitete das Unternehmen überaus erfolgreich zu diesem Zeitpunkt. Als mein Mitarbeiter das Unternehmen optisch begutachtete, stellte der Inhaber seine Mitarbeiter einzeln vor und erläuterte ihre Funktion und Bedeutung im Unternehmen. Als er später mit ihm das Büro betrat, bemerkte er an der Wand ein großes Bild des Mitarbeiterteams, das über dem Schreibtisch des Chefs hing. Alle abgebildeten Mitarbeiter hatten persönlich unterschrieben, und als große Überschrift war oben auf dem Bild zu lesen: »Dem besten Chef der Welt!« Zu diesem Zeitpunkt war meinem Mitarbeiter natürlich klar geworden, warum dieser Betrieb erfolgreich arbeitete. Der Chef hatte es verstanden, seine Mitarbeiter zu lieben, diese anzuerkennen, und erntete dafür ebenfalls Anerkennung – und Erfolg in seinem Betrieb!

Mitarbeiter haben bedeutet, Verantwortung zu tragen. Die Führungskräfte sind dafür verantwortlich, wie sich Mitarbeiter entwickeln und ob sie gerne oder ungerne in ihrem Betrieb arbeiten. Diese Verantwortung bedeutet, daß wir als Führungskräfte immer für unsere Mitarbeiter da sind. Immer da sein heißt, auch dann mit *Rat und Tat* den Mitarbeitern beistehen, wenn es einmal nicht so gut läuft, wenn ihre Leistungen einmal zu wünschen übrig lassen oder wenn Probleme auftauchen! Es ist nicht die Aufgabe einer Führungskraft, die Mitarbeiter nur in guten Zeiten zu führen, sondern auch in schlechten Phasen. Wenn Sie Ihren eigenen Erfolg wirklich ausbauen möchten, dann vergessen Sie das amerikanische »Hire-und-fire«-Prinzip, und sehen Sie Ihre Mitarbeiter als Partner für eine möglichst lange Zeit. Auch in einer privaten Partnerschaft tauchen früher oder später Probleme und Sorgen auf, doch deswegen wird eine Partnerschaft nicht sofort beendet.

Genauso sollte die Partnerschaft zwischen Mitarbeitern und Vorgesetzten in einem Betrieb ablaufen. Wenn Sie Ihre Mitarbeiter so führen, dann werden Sie Vertrauen aufbauen.

»Vertrauen kann man nicht erwarten, man muß es sich verdienen!«

Es soll hier nicht die Rede davon sein, daß sich ein Chef um alle Bereiche und Problemchen seiner Mitarbeiter auch im Privatleben kümmern muß. Doch wenn Sie bei einem Mitarbeiter ein Problem entdecken, auch privater Natur, so stehen Sie ihm bei – soweit es Ihnen möglich ist und soviel Sie investieren können! Beweisen Sie Ihren Mitarbeitern, wie wertvoll und wichtig sie Ihnen sind, und Ihre Mitarbeiter werden dieses Vertrauen rechtfertigen und auch einen Nutzen an Sie zurückgeben.

Was sich hier alles so schön leicht und locker liest, ist natürlich ein fortlaufender Prozeß, der nicht von heute auf morgen Ergebnisse bringt und der durchaus auch impliziert, daß Sie auf Ihrem Weg verletzt werden. Es wird Mitarbeiter geben, die Ihre Einstellung und Gutmütigkeit ausnutzen werden. Es wird Mitarbeiter geben, die Sie vielleicht belügen werden. Doch denken Sie daran, daß ein Gewinner genauso auf Probleme und Niederlagen trifft wie der Zuschauer oder Verlierer des Lebens (siehe 2. Kapitel), doch der Gewinner akzeptiert Verletzungen, er fällt hin, doch er steht wieder auf und geht weiter. Begehen Sie also nicht den Fehler, nach einem ersten Mißerfolg sofort Ihre Richtung wieder zu ändern und zu Ihrer alten Verhaltensweise zurückzukehren. Gehen Sie Ihren Weg konsequent weiter, und Sie werden dafür vielfach belohnt werden.

Ziehen Sie mein Beispiel heran: Ich hatte auch zum Zeitpunkt meiner größten Sorgen und Probleme (und Niederlagen!) genauso viele gute Ideen wie heute. Doch damals hatte ich noch wenig Ahnung vom Umgang mit Menschen und glaubte, die ganze Welt würde sich um mich drehen. Ich hatte kein Vertrauen zu meinen Mitarbeitern und sah diese nur als Erfüllungsgehilfen und ausführende Kräfte. Die Quittung dafür ließ nicht lange auf sich warten, brach doch mein kleines Firmenimperium in kürzester Zeit zusammen – trotz hervorragender Ideen! Erst nachdem ich gelernt hatte, daß die Grundvoraussetzung für Erfolg begeisterte Mitarbeiter sind, wurde ich erfolgreich. Während ich vor einigen Jahren also Sorgen und Probleme hatte und viele Ideen nicht funktionierten, funktioniert heute fast alles, was ich gemeinsam mit meinen Mitarbeitern anfasse. Viele Menschen können den großen Erfolg unseres Betriebes nicht verstehen. Als ich 1989 damit begann, eigene Beraterpartner bei der Firma INLINE Unternehmensberatung auszubilden, prophezeite man mir, daß dies nicht möglich sei. Mein Wissen und meine Denke könnten nur von mir selber weitergegeben werden, und die Kunden würden nur mit mir zusammenarbeiten. Heute, vier Jahre später, besitze ich das Schönste, das ich mir jemals erträumt hatte: ein phantastisches, motiviertes Team. Ich weiß heute sehr genau, daß es mir nicht möglich gewesen wäre, so erfolgreich zu sein, wenn ich nicht von meinem Freund Paul gelernt hätte, daß es immer Menschen sind, die für unseren Erfolg verantwortlich sind. Mitarbeiter sind Menschen, und Kunden sind Menschen. Wer also mit Menschen gut umgehen kann, wer die Menschen liebt und wer seine Hauptaufgabe darin sieht, anderen Menschen einen möglichst großen Nutzen zu geben, der *muß* zwangsläufig erfolgreich sein.

Ein kleines Beispiel für positive Mitarbeitermotivation: Wie verhalten Sie sich, wenn einer Ihrer Mitarbeiter eine Erkrankung hat (mehr als drei oder vier Tage)? Sie wissen doch, wie man sich fühlt, wenn man krank ist. Man hat ein Bedürfnis nach Zuneigung, Mitgefühl und Pflege. Je mehr solcher Zuwendungen ein Mensch erfährt, desto schneller wird er gesund. Das einzige, was wir Führungskräfte unternehmen, ist, die Krankheitstage in die Personalakte einzutragen.

Kostet es wirklich soviel Mühe, einem kranken Mitarbeiter einen Blumenstrauß oder ein anderes Geschenk nach Hause zu schicken und dazu eine Karte mit einigen lieben Worten oder ihm einen persönlichen Anruf zu widmen? Es sind oft die kleinen Dinge, die dem anderen Menschen zeigen, wie Sie ihn schätzen und wie wichtig er für Sie ist. Natürlich können Sie argumentieren, daß Sie für all diese vielen Dinge keine Zeit hätten, da dann Ihre übliche Arbeit liegenliebe. Einverstanden, aber dann wundern Sie sich bitte nicht darüber, daß Ihre Mitarbeiter sich nicht für Ihre Ziele einsetzen.
Einer meiner Kunden, Dieter Heinrich aus Bamberg, hat in seinem Zeitplanbuch eine eigene Datenbank für seine Mitarbeiter angelegt. Dort notiert er zu jedem einzelnen Mitarbeiter, was ihm positiv auffällt. In bestimmten Zeitabständen schreibt er dann seinem Mitarbeiter einen lieben Brief und führt dort all diese positiven Dinge auf, die ihm aufgefallen sind. Dabei kommt es oft auf die Kleinigkeiten an, die dem Mitarbeiter dann signalisieren, daß seinem Vorgesetzten auch kleine, positive Dinge auffallen:

- Der Mitarbeiter macht öfters mal eine unentgeltliche Überstunde.
- Der Mitarbeiter ist besonders freundlich zu den Kunden.
- Der Mitarbeiter bringt seinen Kollegen einmal einfach so Kuchen mit.
- Der Mitarbeiter hat eine tolle Idee gehabt.

Einen solchen Brief zu bekommen ist natürlich sehr schön und greift einen »so richtig ans Herz«.
Noch besser wäre es allerdings, wenn Sie in der Lage sind, diese gesammelten positiven Dinge dem Mitarbeiter in einem persönlichen Gespräch vorzutragen.
Ich möchte aber bei all diesen Vorschlägen eindringlich darauf hinweisen, daß es absolut nicht darum geht, Ihren Mitarbeitern »etwas vorzumachen«, sondern daß es darum geht, daß

Sie Ihre Mitarbeiter aufrichtig und ehrlich »lieben«. Nur wenn das von Ihnen geäußerte Lob und die weitergegebene Anerkennung auch *wirklich* ehrlich gemeint sind, wird es bei Ihren Mitarbeitern (oder auch im Privatleben) ankommen und eine positive Wirkung erzielen. Vergessen Sie also irgendwelche Gedanken der Manipulation, sondern geben Sie nur offene und ehrliche Anerkennung weiter. Wenn ich Sie mit meinem Buch dazu veranlasse, daß Sie zukünftig Ihr Verhalten den Mitarbeitern gegenüber positiv verändern, so erwarten Sie keine schnellen »Wunder«. Sie müssen sich dabei als ein Bauer sehen, der zunächst einmal sät. Werfen Sie Ihre Saat aus, hegen und pflegen Sie diese, sorgen Sie für gute Bewässerung, jäten Sie das Unkraut, und erst eine ganze Zeit lang später werden Sie dann die reife Frucht ernten und einen Ertrag aus all Ihrer Mühe erzielen. Es ist nicht möglich, von heute auf morgen eine Veränderung bei Ihren Mitarbeitern zu erzielen. Hier sind Geduld und Ausdauer gefragt. Aber seien Sie sicher: Wenn Sie Ihren Mitarbeitern einen solchen positiven Umgang mit Menschen vorleben, werden diese zwangsläufig, nach den in diesem Buch beschriebenen Lebensgesetzen, auch andere Menschen positiv behandeln. Ihre Mitarbeiter werden einen besseren Umgang untereinander, sie werden einen besseren Umgang mit den Kunden pflegen und werden auch im Privatleben besser miteinander umgehen. All dies wird dazu führen, daß Ihr Unternehmen sich immer weiter und weiter entwickelt und dadurch der Erfolg automatisch eintreten wird.

In seinem faszinierenden Film »The global brain« (auch als Buch erhältlich) beschreibt Peter Russel, daß alle Unternehmen und Institutionen ein lebender Organismus sind. Der bekannte Unternehmensberater und Autor Gerd Ammelburg, der mit 79 Jahren noch begeistert Vorträge hielt, vergleicht deshalb eine Firma mit einem Baum. Bei einem Baum haben die Wurzeln, der Stamm, die Äste, die Zweige, die Blätter und die Früchte immer eine bestimmte Aufgabe zu erfüllen. Nur wenn alle diese Teilbereiche des Baumes miteinander im Einklang, in Harmonie stehen, kann der Baum wachsen und gedeihen. Ist ein Teilbereich gestört, so kann es passieren, daß der ganze Baum zugrunde geht. Wenn Sie diesen Vergleich auf Ihren Betrieb übertragen, ist Ihnen klar, daß jeder Mitarbeiter in Ihrem Unternehmen eine Aufgabe erfüllen muß – wenn der Organismus wachsen und überleben soll.

Bei einem Baum können wir also nicht einfach sagen, daß die Wurzeln das Wichtigste seien, obwohl sie doch das Fundament bilden und den Baum ernähren. Natürlich sind die Wurzeln wichtig, doch genauso wichtig ist wohl der starke, mächtige Stamm, an dessen Ende die Krone des Baumes mit seinen Früchten thront. Was würde es nützen, wenn ein Baum starke und gesunde Wurzeln hätte, aber der Stamm schwach und krank wäre? Aus dem Stamm wachsen die Äste. Auch die Äste haben eine wichtige Aufgabe beim Organismus Baum. Tragen sie doch die feinen Zweige, die Blätter und die Früchte eines Baumes. Vielleicht wissen Sie, daß ein Baum daran zugrunde gehen kann, wenn man ihm einen Ast absägt. Der Baum »verblutet«. Sie sehen also, daß bei einem Baum jeder Teil seine Aufgabe besitzt. Man kann nicht sagen, daß nur die Wurzeln oder der Stamm allein für das Wachstum und das Gedeihen eines Baumes verantwortlich sind. Der Stamm prägt den ganzen Baum – doch ohne Äste, Wurzeln, Zweige, Blätter und Früchte könnte er nicht auf Dauer existieren, sich nicht vermehren, würde letztendlich sterben.

Genauso verhält es sich mit Ihrer Firma. Geschichte und Entwicklung des Unternehmens, der Unternehmensgründer (Wurzeln) spielen eine wichtige Rolle in einem Unternehmen. Die Unternehmensleitung (Stamm) ist letztendlich natürlich hauptverantwortlich für das Unternehmen. Doch wie bereits oben erwähnt, ohne starke, gesunde Äste, Zweige und Früchte wäre der Baum auf Dauer nicht überlebensfähig.

Genauso benötigt eine Firma Angestellte und Mitarbeiter (Äste, Zweige, Blätter und Früchte), damit sie als Ganzes funktionieren kann. Ist irgend etwas im lebenden Organismus »Firma« gestört, leidet das ganze Unternehmen darunter. Bitte bedenken Sie das immer bei Ihrer Tätigkeit im Unternehmen.

Konflikte und Kritik

Ich möchte nicht den Eindruck erwecken, daß in jedem Unternehmen und in jeder Beziehung immer »Friede, Freude Eierkuchen« herrscht, sondern es gibt auch Phasen, in denen Konflikte entstehen und auftreten, und es gibt Phasen, in denen konstruktive Kritik angebracht werden muß. Warum ich zuerst auf den Bereich »Lob und Anerkennung« eingegangen bin und erst danach auf den Bereich »Kritik und Konflikte« liegt daran, daß es uns Menschen immer unendlich leichter fällt, einen Menschen zu kritisieren, ihn zu tadeln, sein Selbstwertgefühl und Selbstbewußtsein abzubauen, ja Menschen zu zerstören, als daß wir andere Menschen loben können, ihnen Anerkennung schenken, ihnen gegenüber unserer Dankbarkeit Ausdruck geben und damit einen Menschen aufbauen und fördern. Man hat festgestellt, daß wir Menschen täglich mehrere Male eine Anerkennung benötigen, damit wir uns seelisch, geistig und körperlich wohl fühlen. Bei Untersuchungen hat man herausgefunden, daß wir diese zu unserem Wohlbefinden notwendige Anerkennung nur zu einem Bruchteil erhalten. Erscheint es da nicht logisch, daß unsere Gesellschaft immer kränker wird, daß Menschen sich immer weniger wohl fühlen, ja, daß fast 80 Prozent an das Ende der Welt glauben? Es geht also nicht darum, daß berechtigte Kritik vorgetragen wird. Es geht auch ganz und gar nicht darum, daß Konflikte nicht ausgetragen und »schöngeredet« werden

– doch es geht darum, daß wir als Persönlichkeiten beide Bereiche gleichermaßen beachten und anwenden.

Yin	*Yang*
Weiblich	Männlich
Weich	Hart
Hell	Dunkel
Warm	Kalt

Yin und Yang symbolisieren das Zusammenspiel, die Zusammengehörigkeit von Polaritäten. Weiblich und männlich bilden zusammen eine Einheit. Stark und schwach gehören zusammen wie Tag und Nacht. Genauso verhält es sich mit Lob und Tadel – beides muß gleichermaßen offen eingesetzt werden, damit letztlich dadurch eine Ausgewogenheit, eine Harmonie vorherrscht. Wer nur eines von beiden immer einsetzt, wird die Erfahrung machen, daß er dadurch »ein-seitig« im wahrsten Sinne des Wortes sieht. Es läßt sich nicht immer alles durch die »rosarote Brille« sehen. Es kann deshalb durchaus notwendig sein, zu kritisieren, zu tadeln. Doch das ist nicht das Problem von uns Menschen; unser Problem ist nicht das Aussprechen von Kritik und Tadel, sondern die offene Anerkennung und das Loben guter Leistungen.
Gerade der Punkt Kritik, was nichts anderes als Konflikt bedeutet, führt immer wieder dazu, das Unternehmen in einem Teilbereich »kranken« und dadurch der gesamte Organismus geschädigt wird.
Die Kunst einer Persönlichkeit ist es, die beiden Polaritäten: Lob und Anerkennung hier sowie Kritik und Tadel (Yin und Yang) da im richtigen Verhältnis einzusetzen. Untersuchen wir doch einmal, wie Kritik angebracht werden sollte:

Zeitpunkt:
Achten Sie auf den richtigen Zeitpunkt. Möglicherweise kritisieren Sie Ihren Mitarbeiter in einer Situation (Sie sind zu diesem Zeitpunkt vielleicht nicht sachlich genug) zu hart. Würden Sie etwas länger über Ihre Kritik intensiv nachdenken, müßten Sie sich in Ihre Mitarbeiter hineinversetzen, würden Sie vielleicht die Kritik etwas anders anbringen. Genauso verhält es sich allerdings, wenn Sie Ihre Kritik zu lange für sich behalten (siehe hierzu auch die nächste Seite).

Offenheit:
Es nützt nichts, bei einem Kritikgespräch, sollte es einmal nötig werden, den Ärger und alle Zusammenhänge nur unzureichend vorzutragen. Das Kritikgespräch kann nur dann einen Sinn haben, wenn Sie ganz offen alles ansprechen und danach der Mitarbeiter Gelegenheit hat, sich dazu zu äußern und darüber nachzudenken.

Direkt ansprechen:
Ein Kritikgespräch sollte immer mit der/den Person/en stattfinden, die es betrifft. Oft wird eine Kritik bei einer dritten Person angebracht, die dadurch in einen Konflikt mit hineingezogen wird, obwohl sie eigentlich nichts damit zu tun hat. Viele Menschen neigen leider zu der Eigenschaft, nie die Person zu kritisieren, die sie eigentlich meinen, sondern ihre Verärgerung immer an Unbeteiligte weiterzugeben. Dies zieht nicht nur die dritten Personen in den Konflikt mit hinein, sondern wird irgendwann *immer* der kritisierten Person zugetragen, was dann den Konflikt noch vergrößert.

Angebot der Hilfe:
Sie sollten in einem Kritikgespräch den Mitarbeiter nicht zerstören, sondern ihn aufbauen, ihm helfen, das nächste Mal erfolgreicher zu handeln. Durch das einfache Vortragen einer

Kritik wird jedoch nicht aufgebaut, sondern zerstört. Anstatt einem Mitarbeiter zu sagen: »Das hast du aber schlecht gemacht«, sollten Sie lieber dem Mitarbeiter sagen: »So könntest du das noch besser erledigen ...«

Anstatt zum Mitarbeiter zu sagen: »Du hast deine Zielvorgaben im letzten Monat deutlich verfehlt«, sollten Sie lieber sagen: »Lieber Hans, du hast im letzten Monat deine Zielvorgaben verfehlt! Laß uns doch einmal gemeinsam ermitteln, warum dies so ist, und anschließend werden wir Möglichkeiten finden, die dir dabei helfen, erfolgreicher zu werden.« Wer etwas kritisiert, muß immer einen Vorschlag unterbreiten. Ein Mensch, der immer nur kritisiert, ist kein »Gewinner«, sondern ein »Verlierer«.

Jede Kritik, die vorgetragen wird, bedeutet natürlich das Eingehen eines Konfliktes. Viele Menschen wissen bereits vor Austragung eines Konfliktes ganz genau, daß der Angesprochene negativ darauf reagieren wird. Diese Erfahrung haben wir alle in unserem Leben schon vielfach gemacht, und deshalb ist jene Erfahrung in unserem Unterbewußtsein so eingeprägt, daß wir uns vor dieser Reaktion regelrecht fürchten. Die Folge ist, daß viele Menschen Konflikte nicht offen eingehen, sondern für sich behalten. Genau dies ist jedoch das große Problem: Nicht das Austragen von Konflikten, sondern das »Für-sich-Behalten« von Konflikten ist falsch.

Was ist denn die Folge von nicht ausgetragenen Konflikten? Sie behalten Ihren Ärger für sich und geben ihn nicht an den Betreffenden weiter. Ihren Ärger verlieren Sie dadurch jedoch nicht, sondern er bleibt bei Ihnen, in Ihrem »Bauch«, wo er weiter wühlt und sich noch eine ganze Weile aufhält. Viele dieser ungelösten Konflikte führen schließlich zu gesundheitlichen Problemen, etwa zu Magengeschwüren, Herzinfarkten, Rückenbeschwerden. Nun könnte man meinen, daß sich dieses Verhalten für die nicht kritisierte Person ja eigentlich positiv auswirkt. Die Person weiß nichts vom

Konflikt, wurde nicht kritisiert und wird dementsprechend positiv gestimmt sein. In der Praxis wirkt sich dieses Verhalten allerdings ganz anders aus: Sie haben Ihren Konflikt für sich behalten und ihn nicht mit der entsprechenden Person ausgetragen. Der Konflikt wühlt in Ihrem »Bauch«, und Sie werden, ob Sie es wollen oder nicht, Ihren Ärger der betreffenden Person doch zeigen – durch Ihr Verhalten! Sie werden die entsprechende Person also bestrafen, ohne daß die Person weiß, wofür Sie sie strafen. Das Schlimmste, was einem Menschen jedoch passieren kann, ist, für etwas bestraft zu werden, das er nicht einordnen kann. Kennen Sie nicht alle dieses Gefühl, das einem sagt, der Chef »ist irgendwie sauer« und hat irgend etwas gegen mich? Ist das nicht eines der schlimmsten Gefühle für Sie? Sie merken, daß der Chef eine Mißstimmung gegen Sie hegt, aber Sie wissen nicht, warum er sie hegt.

Sie sehen also, wie sich ein nicht ausgetragener Konflikt auswirkt. Allerdings geht es noch weiter, da meist noch dritte Personen (andere Mitarbeiter) mit in den Konflikt einbezogen werden. Je größer der Konflikt ist, desto leichter besteht die Gefahr, daß man diesen mit anderen Personen bespricht (die eigentlich gar nichts mit diesem Konflikt zu tun haben). Ihr Verhalten wirkt sich also negativ auf Sie selbst aus (Sie fühlen sich schlecht, und Ihre Gesundheit leidet letztendlich), es wirkt sich negativ auf die entsprechende Person aus (sie fühlt sich miserabel, weiß jedoch nicht warum), und es wirkt sich auf noch weitere Menschen Ihrer Umgebung aus (die eigentlich gar nichts damit zu tun haben). Es gibt also nichts Schlimmeres als unausgesprochene Konflikte.

Wenn ich also davon spreche, daß wir nicht soviel kritisieren sollen, dann meine ich damit in erster Linie die unausgesprochene Kritik, die nicht ausgetragenen Konflikte. Eine offene (wie oben beschriebene) Kritik, ein richtig ausgetragener Konflikt wirken sich in der Regel immer positiv aus. Ein Chef, der also beide Seiten, offenes Lob und Anerkennung und das sofortige, offene Austragen von Konflikten beherzigt, sorgt durch dieses Verhalten für Sicherheit bei seinen Mitarbeitern. Der Mitarbeiter hat ein absolut sicheres Gefühl, wenn der Vorgesetzte Konflikte, aber auch Anerkennung immer sofort und unverzüglich weitergibt. Der Mitarbeiter weiß, daß, wenn ihn sein Chef nicht auf einen Konflikt anspricht, kein Konflikt besteht – er fühlt sich absolut sicher. Es ist ein schönes Gefühl für einen Mitarbeiter, wenn er sicher ist und merkt, daß der Chef an diesem Tag absolut keine Kritik und keinen Groll gegen ihn hegt.

Ein solches ausgeglichenes Verhalten, mit gleichermaßen Lob und Tadel, führt zu natürlichem Respekt und Anerkennung der Autorität und Persönlichkeit. Der Chef wird dadurch zum Chef »ex persona«, also kraft seiner Persönlichkeit und nicht kraft seines Amtes.

Notizen:

Siebzehn Punkte für das erfolgreiche Kritikgespräch		
	ja	nein
1. Ist dieses Kritikgespräch überhaupt notwendig?		
2. Haben Sie sich genug Zeit genommen?		
3. Haben Sie ausreichend Fragen gestellt?		
4. Haben Sie den Dialog gesucht?		
5. Haben Sie das Kritikgespräch positiv begonnen und beendet?		
6. War das Kritikgespräch sachlich?		
7. Haben Sie sich auch in die Lage des Mitarbeiters versetzt?		
8. Haben Sie nur die wichtigsten Punkte behandelt (Nebensächlichkeiten weggelassen)?		
9. Hatten Sie eine neutrale innere Einstellung?		
10. Haben Sie vorher überlegt, welche Konsequenzen das Kritikgespräch für den Mitarbeiter hat?		
11. Konnten Sie aktiv zuhören?		
12. Haben Sie ein kooperatives Mitarbeitergespräch geführt?		
13. Haben Sie Vergleiche mit anderen Mitarbeitern unterlassen?		
14. Haben Sie ein Protokoll verfaßt? (Wenn es vom Vorgesetzten geschrieben wird, so ist es dem Mitarbeiter zum Abzeichnen vorzulegen.)		
15. Hat Ihr Gesprächspartner guten Willen und Einsicht gezeigt?		
16. Haben Sie den »Feedback-Fluß« vereinbart?		
17. Haben Sie Kontrollen vereinbart?		
Wenn Sie siebzehnmal »ja« angekreuzt haben: Herzlichen Glückwunsch! Ihr Kritikgespräch ist bestimmt auf fruchtbaren Boden gefallen.		

Leitthesen zur 10. Stufe

1. Meine Mitarbeiter sind der zweite zentrale Faktor für den Erfolg meines Unternehmens!
2. Ich lebe das, was ich von meinen Mitarbeitern erwarte und verlange, selber vor. Ich bin ein Vorbild!
3. Meine Mitarbeiter erhalten bei mir die besten Möglichkeiten zur Aus- und Weiterbildung!
4. Alle Mitarbeiter nehmen an regelmäßigen Besprechungen teil. Dort hat jeder dieselben Rechte und Pflichten!
5. Know-how wird durch verschiedene Informationssysteme allen Mitarbeitern zugänglich gemacht!
6. Um flexibel und innovativ sein zu können, müssen Hierarchien abgebaut und kleine Teams gebildet werden!
7. Jegliche Art von Bürokratie wird abgebaut und künftig vermieden!
8. Der Nutzen für die Mitarbeiter muß ständig erhöht werden, auch und vor allem im individuellen Bereich!
9. Mitarbeiter sind am Betriebsergebnis beteiligt. Dabei entscheidet die jeweilige persönliche Leistung über die Höhe der Beteiligung und ist absolut variabel!
10. Niemand ist ersetzlich!
11. Die Hauptaufgabe einer Führungskraft besteht in der Anerkennung und Motivation der Mitarbeiter!
12. Wer die Menschen so behandelt, wie sie sind, macht sie schlechter. Wer sie so behandelt, wie sie sein könnten, macht sie besser!
13. Meine Firma ist ein lebender Organismus. Jeder Mitarbeiter hat dabei seinen Platz und seine Aufgabe zu erfüllen!
14. Konflikten gehe ich nicht aus dem Weg, sondern stelle mich ihnen!
15. Eine Führungskraft zeichnet sich dadurch aus, daß sie Anerkennung und Kritik offen und ehrlich ausspricht!

11. Stufe: Delegieren

Wir kommen nun zu einem Bereich, der allen Unternehmern und Führungskräften einleuchtet, den die meisten auch umsetzen möchten, der jedoch nur von den wenigsten Führungskräften beherrscht wird – wir kommen zur *Delegation!*
Lassen Sie uns zunächst an einem einfachen Beispiel einmal festhalten, warum Delegation notwendig ist und wie und warum Delegation entsteht ...

Stellen Sie sich einmal einen Händler mit einem kleinen Bauchladen vor, der an der Ecke einer Straßenkreuzung steht und dort Zigaretten verkauft. Nachdem er seinem Geschäft einige Zeit nachgegangen ist, stellt er fest, daß die Autofahrer nicht nur Zigaretten, sondern auch Feuerzeuge benötigen. Als er diesen Bedarf erkannt hat, führt er neben seinen Zigaretten auch Feuerzeuge ein. Kurz darauf stellt er fest, daß viele Autofahrer auch gerne kleine Süßigkeiten, wie etwa Kaugummi und Schokolade, kaufen würden. Als er dieses Bedürfnis erkennt, reagiert er unverzüglich und erweitert sein Sortiment. Sein Geschäft läuft hervorragend, besser, als er es einmal geplant hat, und er macht sich Gedanken, wie er seinen Erfolg noch ausweiten kann. Noch mehr Produkte in seinem Bauchladen aufzunehmen ist aus Gründen des Platzmangels nicht mehr möglich. Eines Tages stellt er fest, daß er eigentlich an dieser Straße nur 50 Prozent des möglichen Umsatzes erzielt, da die Autofahrer der anderen Straßenseite nicht bei ihm anhalten und deshalb auch nichts kaufen kön-

nen. Als er diese Tatsache einmal erkannt hat, kommt ihm unwillkürlich die Idee, einen fähigen Mitarbeiter für die andere Straßenseite einzustellen. Er bemüht sich also um einen Mitarbeiter, und kurze Zeit später hat er aus verschiedenen Bewerbern einen Mitarbeiter ausgewählt. Der Firmeninhaber muß nun dem neuen Mitarbeiter erklären, wie er die Sachen richtig in seinem Bauchladen stapelt, wie er die Kunden richtig behandelt, wie hoch die Preise für die einzelnen Waren sind usw.
Ab dem Zeitpunkt, ab dem ein Firmeninhaber einen einzigen Mitarbeiter einstellt, beginnt für ihn das Problem der Delegation. Betrachten wir nun den Inhaber der Bauchhandelfirma und die weitere Entwicklung seines Betriebes.
Nachdem er den neuen Mitarbeiter eingestellt hat, schnellt der Umsatz um 80 Prozent hoch (er wundert sich schon etwas, daß sich der Umsatz nicht glatt verdoppelt hat), und alles läuft für den Firmeninhaber prima. Nach einiger Zeit überlegt er sich, daß es in seinem Gebiet noch einige weitere stark befahrene Straßen gibt, und er holt weitere Konzessionen für seinen Bauchladen ein, stellt weitere Mitarbeiter ein und baut sein Unternehmen aus. Gleichzeitig jedoch hat er plötzlich keinen Achtstundentag, sondern einen Sechzehnstundentag. Nicht nur, daß er acht Stunden täglich selbst noch an der Straße steht, er muß zusätzlich Mitarbeiter einstellen, schulen, er muß sich mehr und mehr um den Einkauf kümmern, die Buchführungspflicht belastet ihn immer mehr usw. Eines Tages beschließt er, selbst nicht mehr im Straßenverkauf tätig zu werden, sondern nur noch die sonstigen anfallenden Arbeiten zu erledigen. Er stellt also einen weiteren Mitarbeiter für seine Straßenseite ein.

Das Beispiel ließe sich nun beliebig fortführen, denn genau das ist die Entwicklung eines jeden Unternehmens gewesen. Fast alle Unternehmen werden irgendwann von einem findigen Menschen gegründet, der eine mehr oder wenige gute Geschäftsidee hat. Viele Firmen haben anschließend Erfolg, wachsen, es müssen mehr und mehr Mitarbeiter eingestellt werden, und damit beginnen mehr und mehr die Probleme der Delegation. Gleichzeitig müssen wir jedoch akzeptieren:

Ohne Delegation ist kein Wachstum möglich!

Unser kleiner Bauchladenhändler hätte noch so fleißig arbeiten können – er hätte seinen Umsatz vielleicht geringfügig erhöhen können, aber niemals einen derart steilen Aufstieg geschafft wie mit der Einstellung weiterer Mitarbeiter. Doch genau hier beginnen dann die Probleme. Jede Führungskraft hat bereits die Erfahrung gemacht, daß es eben nicht so einfach ist zu delegieren. Zuviel schlechte Erfahrungen verbinden sich bei uns mit dem Wort Delegation, und letztendlich haben wir das Gefühl: »Was wir nicht selber machen, wird nicht richtig ausgeführt!«

4. Aufgabe:

Bevor Sie nun weiterlesen, nehmen Sie sich bitte wieder ein leeres Blatt zur Hand (Sie können auch diese Seite mit den vorgegebenen Linien verwenden) und versehen es mit der nachstehenden Überschrift:

Was spricht gegen Delegation,
warum delegiere ich zuwenig?

Bitte führen Sie zuerst diese Übung gewissenhaft durch, das heißt, nehmen Sie sich mindestens 15 Minuten Zeit, ehe Sie weiterlesen. Bitte denken Sie daran: Dies ist kein Lesebuch, sondern ein Arbeitshandbuch!

Was spricht gegen Delegation?

Erziehung

Haben wir es nicht von unseren Eltern, unseren Lehrern und unseren ersten Chefs »eingehämmert« bekommen, daß man nur durch harte Arbeit etwas erreichen kann? Kennen Sie nicht den Spruch aus Ihrer Jugendzeit: »Wer viel erreichen will, muß viel dafür tun«? Hat man Ihnen nicht immer wieder beigebracht, »daß man im Leben nichts geschenkt bekommt«? Kennen Sie nicht auch den Ausspruch, »daß man nur durch harte Arbeit erfolgreich sein kann«?

Vielleicht wurden Sie persönlich anders beeinflußt, doch nach genauen Untersuchungen wird die Mehrheit der Menschen so oder ähnlich erzogen. Wenn wir nun vielleicht dreißig oder mehr Jahre darauf programmiert wurden, daß man nur mit großem Aufwand, großem Fleiß und großer Mühe etwas im Leben erreichen kann, dann ist es für unseren Verstand einfach unlogisch, Arbeit und Verantwortung an andere zu delegieren. Delegation bedeutet für unser Unterbewußtsein, Arbeit abgeben, mehr Zeit haben, und damit erhalten wir zwangsläufig über unser Unterbewußtsein ein schlechtes Gewissen. Wenn Sie Unternehmer sind oder Führungskraft, kennen Sie doch bestimmt das Gefühl, am Freitag nachmittag plötzlich festzustellen, daß Sie eigentlich jetzt nichts mehr zu tun haben. Wenn Sie dies feststellen, durchfließt es Sie heiß und kalt, und Ihr schlechtes Gewissen meldet sich sofort zu Wort. Viele Unternehmer können nicht einmal am Sonntag abschalten, und wenn Ihnen am Sonntag nachmittag nicht irgendwelche Büroarbeiten einfallen, sind Sie unruhig, aufgewühlt und haben ein entsetzlich schlechtes Gewissen. Haben Sie sich schon einmal darüber Gedanken gemacht, warum dies so ist? Diese Abläufe geschehen nicht bewußt, in Ihrem vordergründigen Bewußtsein, sondern laufen über Ihr Unterbewußtsein ab. Die langjährige Programmierung hat dafür gesorgt, daß Sie ein schlechtes Gewissen haben, wenn Sie einmal außer der Reihe mit Ihrer Arbeit fertig sind. Und nun wissen Sie auch, wie Ihre Erziehung und Ausbildung dafür sorgt, daß Ihnen Delegation entsetzlich schwerfällt – es geht gegen Ihr Unterbewußtsein, und Ihr Unterbewußtsein beeinflußt 90 Prozent Ihres Tuns.

Angst

Der nächste Faktor, der gegen die Delegation spricht, ist der Faktor Angst. Wer Angst hat zu delegieren (keine bewußte Angst, sondern ein unbewußter Vorgang), der hat in Wirklichkeit kein Vertrauen zu sich selbst. Wer aber schon kein Vertrauen zu sich selbst hat, wie will er dann anderen Menschen vertrauen? Wer selbst unsicher ist, wie will er dann Sicherheit zu anderen Menschen aufbauen?

Die Angst resultiert aus einer tiefsitzenden Unsicherheit im Unterbewußtsein, die ebenfalls wieder über unsere Erziehung und Ausbildung fest programmiert wurde. Die Angst, die gegen Delegation spricht, kommt nämlich daher, daß wir Angst haben, durch Delegation an Bedeutung zu verlieren. Machen wir uns nicht durch Delegation von Verantwortung selbst überflüssig? Ein selbstbewußter, an die Zukunft glaubender Mensch wird keine Schwierigkeiten mit der Delegation besitzen. Ein gehemmter Mensch mit Komplexen, mit einer auf Unsicherheit aufgebauten Programmierung im Unterbewußtsein wird dagegen immer Schwierigkeiten mit der Delegation haben. Wenn unsere Eltern, Lehrer und Ausbilder kein Vertrauen zu uns hatten und uns ständig einredeten, daß aus uns nichts wird und daß wir im Leben nichts erreichen werden, dann brauchen wir uns nicht zu wundern, wenn wir später, dann doch Führungskraft geworden, kein Vertrauen zu anderen Menschen besitzen. Wir fürchten uns davor, den Überblick (Kontrolle!) zu verlieren.

Schlechte Erfahrung
Natürlich kommen wir nicht umhin, doch zu delegieren. Meistens machen wir beim ersten Delegationsversuch sofort die Erfahrung, daß delegierte Arbeiten ganz anders vom Mitarbeiter ausgeführt werden, als wenn wir selbst diese Arbeit ausgeführt hätten. Wir erhalten also sofort die Bestätigung: »Nur was man selber macht, ist richtig gemacht!«
Zudem ist es vielleicht vorgekommen, daß Sie wirklich einmal ganze Verantwortungsbereiche delegiert haben und dabei von den Mitarbeitern sehr verletzt wurden. Vielleicht haben wir die schreckliche Erfahrung gemacht, daß wir von einem Menschen hintergangen, betrogen wurden. Eine einzige solche Erfahrung kann dafür sorgen, daß unser Unterbewußtsein von da ab so negativ auf Mitarbeiter und Delegation programmiert ist, daß wir nur unter größter Mühe überhaupt noch Arbeiten delegieren können. Doch blättern Sie zurück zur 2. Stufe, und lesen Sie nochmals die Merkmale der drei Denkarten durch. Ist es nicht so, daß der Zuschauer und Verlierer verletzt wird, hinfällt und liegenbleibt? Ist es nicht so, daß der Gewinner auch so verletzt wird wie alle anderen Menschen, aber an die Zukunft glaubt und deshalb aufsteht und weitergeht? Könnte es also sein, daß Sie deshalb nicht delegieren, weil Sie einmal verletzt wurden und bis jetzt noch als Zuschauer oder Verlierer gedacht haben?
Aber wie kann man nun eine Veränderung in seinem Verhalten erreichen, wie delegiert man richtig? Hierzu einige Informationen und Anregungen:

1. Gute Mitarbeiter sind immer unbequem. Da Sie nur dann frohen Mutes an Mitarbeiter delegieren können, wenn Sie über erstklassige Mitarbeiter verfügen, sollten Sie diese Tatsache einfach akzeptieren. Akzeptieren Sie, daß unbequeme Mitarbeiter bei der Delegation einer Aufgabe Fragen stellen. Akzeptieren Sie, daß sie vielleicht mit der delegierten Aufgabe in Ihrer Form nicht einverstanden sind und erst mal mit Ihnen diskutieren möchten. Akzeptieren Sie einfach die Tatsache, daß gute Mitarbeiter unbequem sind.
2. Wenn ich bei den von mir beratenen Unternehmen Ursachenforschung betreibe, warum nicht oder nicht richtig delegiert wird, stoße ich immer auf das Argument: »Ich habe nicht die richtigen, qualifizierten Mitarbeiter dazu!« Aus dem 10. Kapitel (Erhöhung des Mitarbeiternutzens) wissen Sie nun allerdings, daß die besten Mitarbeiter immer diejenigen sind, die man bereits im Betrieb hat. Jeder Betrieb, auch ein Kleinbetrieb, besitzt hervorragende Mitarbeiter; sie warten nur darauf, von Ihnen gefördert zu werden. Beherzigen Sie deshalb die Strategien aus dem 10. Kapitel, und Sie werden überrascht sein, wie viele hochqualifizierte und talentierte Mitarbeiter Sie besitzen.
3. Wenn Sie delegieren, dann erwarten Sie nicht, daß der Mitarbeiter die delegierte Arbeit genauso ausführt, wie Sie sie immer ausführen oder wie Sie sich das vorstellen. Ist es denn wirklich wichtig, daß eine Arbeit genauso ausgeführt wird, wie Sie sie ausführen würden? Würde es in der Menschheitsgeschichte überhaupt jemals einen Fortschritt gegeben haben, wenn Menschen alles immer so ausgeführt hätten, wie es ihnen andere Menschen beigebracht haben? Ist vielleicht Fortschritt und Innovation bei Menschen und bei Firmen nur durch die Tatsache möglich, daß Arbeiten einfach anders ausgeführt werden als zuvor? Programmieren Sie sich deshalb folgende wichtige Erkenntnis in Ihr Unterbewußtsein:

»Es zählt nicht der Weg, sondern das Ergebnis!«

Setzen Sie Ihren Mitarbeitern Ziele und Visionen, und kontrollieren Sie nicht ständig den beschrittenen Weg. Entscheidend ist doch, ob ein Mitarbeiter das gewünschte Ergebnis der von Ihnen delegierten Aufgabe erzielt und nicht, wie er die Aufgabe ausführte. Dies hat auch zur Konsequenz, daß Sie es sich abgewöhnen, ständig in laufende Objekte und Vorgänge einzugreifen, nur weil Sie festgestellt haben, daß der Mitarbeiter die Arbeit anders ausführt als Sie.

4. Haben Sie in Ihrem Leben schon mal einen Fehler begangen? Würden Sie nun eine Liste beginnen und aufmerksam in Ihrer Vergangenheit nachsehen, würden Sie Hunderte oder Tausende kleiner und großer Fehler finden, die Sie im Laufe Ihres Lebens begangen haben. Auch heute und auch morgen werden Sie Fehler begehen, weil Sie Mensch sind! Jeder Mensch begeht Fehler. Wo gehobelt wird, fallen Späne! Wer arbeitet, begeht Fehler! Wer viel arbeitet, begeht mehr Fehler! Gewöhnen Sie es sich deshalb ab, Mitarbeiter nur nach ihren Fehlern zu beurteilen, sondern beurteilen Sie Mitarbeiter nach ihren Stärken, nach ihren positiven Ergebnissen. Brechen Sie nicht sofort Ihre Delegation ab, nur weil ein Mitarbeiter einen Fehler begangen hat. Entscheidend ist nicht, ob ein Mitarbeiter Fehler begeht, sondern ob er aus seinen Fehlern lernt und sich weiterentwickelt. Ein guter Mitarbeiter begeht Fehler, er begeht sogar viele Fehler, aber er lernt aus jedem einzelnen und entwickelt sich dadurch. Sie haben nur zwei Möglichkeiten:
   - Sie können nicht akzeptieren daß Ihre Mitarbeiter Fehler begehen. Deshalb delegieren Sie möglichst wenig, kommen vor lauter Arbeit nicht dazu, einmal kreativ

nachzudenken, und bleiben in Ihrer Entwicklung stehen (sind Sie Firmeninhaber, bleibt damit auch die Firma stehen).

- Sie akzeptieren, daß bei der Ausführung der von Ihnen delegierten Aufgaben und Verantwortungsbereiche Fehler begangen werden. Sie kontrollieren, ob die Mitarbeiter aus ihren Fehlern lernen und helfen und fördern die Mitarbeiter, möglichst wenig Fehler zu begehen und sich möglichst schnell zu entwickeln. Sie wissen ganz genau, daß ein weiteres Wachstum Ihrer Person und Ihrer Firma nur durch ständige Weiterdelegation möglich ist. Wachstum bedeutet, Aufgaben und Verantwortungsbereiche zu delegieren. Je mehr Menschen dazu bereit sind, Sie bei Ihren Zielen zu unterstützen, und je qualifizierter diese Menschen sind, desto schneller und stärker können Sie wachsen.

5. Wenn Sie die Kunst der Delegation beherrschen möchten, dann delegieren Sie komplette Verantwortungsbereiche und nicht nur Teilaufgaben. Ein Beispiel hierzu: In einem Betrieb mit dreißig Mitarbeitern geht der Chef durch seinen Betrieb und stellt fest, daß in der Gästetoilette eine Glühbirne defekt ist. Er delegiert nun die Aufgabe an einen Mitarbeiter, diese Glühbirne auszutauschen. Drei Wochen später ist er in der Buchhaltung und stellt fest, daß auch dort eine Glühbirne defekt ist. Wieder erteilt er einen Auftrag an einen Mitarbeiter, diesen Mangel zu beheben. Bereits beim Durchlesen dieses kleinen Beispiels kommt Ihnen sicherlich der Gedanke, daß der Chef bei dieser Art der Delegation sein Leben lang jede Woche viele Aufträge delegieren muß, nämlich die Behebung aufgetretener kleinerer Defekte. Eine richtige Delegation liefe darauf hinaus, daß sich der Firmenchef einmal Gedanken darüber macht, wer eigentlich in seinem Betrieb für die Entdek-

kung von Defekten und deren umgehende Beseitigung und Behebung zuständig ist. Sollte hierfür noch kein Mitarbeiter verantwortlich sein, so bedeutet richtige Delegation, diesen kompletten Bereich in die Obhut eines Mitarbeiters zu geben. Natürlich wird dieser Bereich nicht von heute auf morgen funktionieren, doch wenn der Mitarbeiter richtig gefördert und geführt wird, wird sich eines Tages der Firmeninhaber nur noch höchst selten mit diesem Bereich beschäftigen müssen. Delegation bedeutet also *immer*, komplette Verantwortungsbereiche (auch wenn es kleine Bereiche sind) an einen bestimmten Mitarbeiter oder an eine bestimmte Abteilung abzugeben. Niemals sollten jedoch immer wiederkehrende Teilarbeiten delegiert werden, denn dann kommt es zu einer regelmäßigen Wiederholung, und eines Tages werden Sie als Führungskraft nur noch mit der Delegation von bestimmten, immer wiederkehrenden Teilaufgaben beschäftigt sein.

6. Je mehr Sie delegieren müssen, desto stärker sind Sie auf ausgebildete und qualifizierte Mitarbeiter mit möglichst umfassendem eigenen Denkvermögen angewiesen. Wir kommen also nochmals zurück zu einem Abschnitt aus dem 10. Kapitel, nämlich der Notwendigkeit, *alle* Ihre Mitarbeiter regelmäßig aus- und fortzubilden. Je qualifizierter Ihre Mitarbeiter, desto leichter und effektiver wird Ihre Delegation ausfallen.
7. Sie haben noch das Prinzip der sich selbst erfüllenden Prophezeiung im Kopf? Dieses Prinzip sagt aus, daß das, was man sich im Unbewußten vor einem Geschehen einredet, dann tatsächlich auch eintritt. Wenn Sie also bereits bei der Delegation die Befürchtung haben: »Da bin ich mal gespannt, am Ende muß ich es wahrscheinlich doch wieder selbst machen«, dann wird genau diese Befürchtung tatsächlich eintreten, und die delegierte Aufgabe wird vom Mitarbeiter falsch ausgeführt. Gehen Sie also in Zukunft

Delegationen mit der Einstellung an, daß Ihr Mitarbeiter hochqualifiziert und fähig ist und er mit Sicherheit das von Ihnen gewünschte Ergebnis (und zwar über einen anderen Weg!) erreicht. Und wenn Sie die Erfahrung machen, das trotzdem die delegierte Aufgabe nicht zum gewünschten Ergebnis führte, dann erweisen Sie sich als Gewinner: Sie stehen wieder auf, gehen weiter und führen die nächste Delegation aus. Begehen Sie auf keinen Fall den Fehler, zögerlich ein paar Arbeiten oder Verantwortungsbereiche zu delegieren und bei den ersten Fehlschlägen das Vertrauen zur Delegation (und damit zu Ihren Mitarbeitern) wieder zu verlieren. Was wäre denn die Auswirkung auf Ihre Person, wenn Ihnen der direkte Vorgesetzte einen Verantwortungsbereich übergibt und nach dem ersten Fehler diesen wieder wegnimmt? Könnten Sie dann in Zukunft noch voller Begeisterung und Motivation Leistung für Ihren Betrieb erbringen? Genauso aber fühlen sich Ihre Mitarbeiter, denen Sie nach den ersten Fehlern die Verantwortung wieder wegnehmen, vielleicht sogar die Worte benutzen: »Wenn man nicht alles selber macht, geht es doch immer schief!«

8. Eines der größten Probleme bei der Delegation sind ungenaue Anweisungen des Delegierers. Der Delegierer hat eine genaue Vorstellung vom Ablauf und Ergebnis der zu delegierenden Aufgabe in seinem Kopf. Bei der Delegation an einen Mitarbeiter gibt er aber nur eine kurze Information mit anschließender Auftragserteilung. Später wundert er sich dann, daß die delegierte Aufgabe von seinem Mitarbeiter anders aufgefaßt und dementsprechend auch anders ausgeführt wurde, als er es sich vorstellte.

Bei meinen Seminaren führe ich zum Thema »Delegation und ungenaue Anweisungen« oft folgendes Experiment durch: Die Teilnehmer sitzen in einigen Stuhlreihen vor

mir. Ich nehme nun einen leeren Plastikbecher und werfe ihn einem x-beliebigen Seminarteilnehmer zu. Dieser fängt ihn dann in der Regel auf, sieht mich fragend an und weiß nicht, was er mit dem Plastikbecher anfangen soll. Ich teile ihm und den anderen Seminarteilnehmern dann mit, daß es meine Absicht gewesen sei, daß der Becher immer an den linken Nachbarn weitergegeben wird, ehe er beim Empfänger ganz links landet. Ich stelle nun an die Seminarteilnehmer die Frage, warum sie diese Absicht nicht ausgeführt haben. Die Antwort lautet dann immer übereinstimmend: Weil ich keine Anweisung gegeben habe. Ich nehme dann wieder den Plastikbecher, werfe ihn dem Seminarteilnehmer zu, der in der ersten Reihe ganz rechtsaußen sitzt. Ich gebe außerdem an die erste Reihe den Auftrag, daß sie den Becher durch Überreichen an den linken Nachbarn bis zum Seminarteilnehmer weiterreicht, der in der ersten Reihe ganz links sitzt. Die Teilnehmer führen nun den Auftrag aus, und der Plastikbecher landet beim gewünschten Empfänger. Ich teile nun den Seminarteilnehmern mit, daß ich mir vorgestellt hätte, daß dieser Vorgang in der Hälfte der tatsächlich verbrauchten Zeit möglich gewesen wäre. Ich frage deshalb die Seminarteilnehmer in der ersten Reihe, warum sie meinen Wunsch nicht ausführte: Die Antwort lautet immer übereinstimmend: Sie wußten nicht, daß sie den Auftrag schnell ausführen sollten. Ich nehme deshalb den Plastikbecher, überreiche ihn nochmals dem Seminarteilnehmer ganz rechts, diesmal mit dem genauen Auftrag, der Becher solle möglichst schnell durch Weitergabe jeweils an den linken Nachbarn beim Seminarteilnehmer ganz linksaußen landen. Diesmal führen die Seminarteilnehmer den Auftrag ganz korrekt und zuverlässig aus.
Sie schmunzeln über dieses »komische« Experiment? Es sollte Seminarteilnehmern und auch Ihnen die Notwendig-

keit verdeutlichen, daß bei falsch ausgeführten Aufträgen meistens nicht die Auftragsausführer, sondern die Auftraggeber durch ungenaue und mangelhafte Anweisungen schuld sind. Ich führte aber noch ein weiteres Experiment mit den Seminarteilnehmern durch, das die meisten noch aus ihrer Kindheit kennen: Ich erkläre den Seminarteilnehmern, daß ich dem Teilnehmer, der in der ersten Reihe ganz rechts sitzt, etwas ins Ohr flüstere. Er soll dann diese Worte durch Flüstern an seinen Nachbarn weitergeben, bis die Information in der Reihe ganz links landet. Die zehn Teilnehmer in der ersten Reihe führen dann das Experiment durch. Es ist immer wieder erstaunlich und lustig, was aus dem ursprünglich von mir vorgegebenen Satz dann am Ende bei der zehnten Übertragung als Ergebnis herauskommt. Anschließend schreibe ich einen anderen Satz auf ein Blatt Papier und gebe dieses dem ersten Teilnehmer, der das Blatt Papier bis zum Teilnehmer auf der anderen Seite weitergibt. Dieser liest dann den Satz auf dem Papier laut vor – und er stimmt immer mit meiner ursprünglichen Information überein.

Mit diesem Experiment möchte ich den Teilnehmern verdeutlichen, daß bei der mündlichen Kommunikation oft Mißverständnisse und Fehlinterpretationen entstehen, während bei der schriftlichen Kommunikation der Informationsabsender ganz alleine entscheidet, ob der Empfänger seine Information eindeutig versteht und dann dementsprechend richtig handeln kann.

Bitte verstehen Sie mich nicht falsch: Es geht nicht darum, daß jegliche Art von menschlicher Kommunikation in Zukunft auf schriftlichem Wege erfolgen soll, sondern es geht darum, daß Sie möglichst viele Aufträge, Besprechungen, Ergebnisse usw. immer auch schriftlich festhalten. Oft genug kommt es vor, daß die Ergebnisse bei einer

Besprechung von den verschiedenen Gesprächsteilnehmern völlig unterschiedlich aufgefaßt werden. Nur durch schriftliche, genau und detailliert beschriebene Anweisungen ist gewährleistet, daß das gewünschte Ergebnis erzielt wird.
Kennen Sie nicht auch das Beispiel, daß Sie durch Ihren Betrieb laufen, Ihnen an einer bestimmten Stelle etwas auffällt (etwa ein Defekt) und Sie dies dem verantwortlichen Mitarbeiter mündlich beim Vorübergehen mitteilen. Der Mitarbeiter, der bestimmt die besten Absichten verfolgt, Ihren Auftrag zuverlässig zu erledigen, wird aber durch verschiedene andere Ereignisse an der sofortigen Ausführung gehindert. Er erhält einige wichtige Anrufe, zwei Mitarbeiter benötigen ganz dringend von ihm eine Information, und schließlich muß er dringend zu einem Besprechungstermin mit einem Kollegen. Ist es da nicht allzu verständlich, daß der Mitarbeiter vielleicht die von seinem Chef erteilte Aufgabe, dann nach dem Besprechungstermin (bei dem wieder einige wichtige Dinge für ihn angefallen sind) einfach vergißt?
Gewöhnen Sie sich deshalb an, daß bei der Routinekommunikation immer der schriftliche Weg gewählt wird. Sie kennen doch das Sprichwort: »Was schreibt, das bleibt!« Hätte in oben beschriebenem Beispiel der Chef seinem Mitarbeiter einfach eine schriftliche Nachricht mit einem beschriebenen Auftrag übergeben, so hätte der Mitarbeiter in aller Ruhe innerhalb der nächsten Stunden den Auftrag ausführen können – er hätte ihn nicht vergessen können, da ja der schriftliche Auftrag existierte.
An vielen Kommunikationsfehlern und damit an einer mangelnden Effektivität des Betriebes ist eine unzureichende Selbstorganisation jedes Mitarbeiters schuld. Hier einige Merkmale, wie über 80 Prozent der Werktätigen immer noch arbeiten:

- Ideen, Notizen usw. werden auf kleinen Zetteln notiert und überall eingesteckt. Oft tauchen diese Betriebszettel dann erst Wochen später wieder auf, wenn der entsprechende Anzug zur Reinigung muß. Notizzettel in der Kleidung, im Auto, zu Hause, auf dem Schreibtisch – man hat immer das Gefühl, überlastet zu sein, etwas Wichtiges vergessen zu haben, und tatsächlich vergißt man viele wichtige Termine und Erledigungen.
- Auf seinem Schreibtisch hat man einen oder mehrere Briefkörbe stehen. Wenn man nun morgens seine Tätigkeit beginnt, nimmt man den Stoß aus dem Briefkorb heraus und forstet diesen einzeln durch. Man legt nun seinerseits einen ersten Stoß an, der dann diejenigen Aufgaben umfaßt, die man gerne erledigt (das sind dann die Aufträge,die auch als erstes bearbeitet werden) und vielleicht einen anderen Stoß mit Dingen, die man nicht so gerne erledigt (die werden dann meist erst später erledigt oder, wenn die Zeit nicht mehr ausreicht, auf den nächsten Tag verschoben). Vielleicht hat man auch noch einen dritten Stoß mit Dingen, die man weder gleich noch später erledigen kann, sondern die nicht so wichtig sind bzw. auf Rückantwort warten. Auf diese Weise verbringt man jeden Tag längere Zeit damit, zunächst einmal seinen Arbeitsplatz zu organisieren. Viele wichtige Dinge werden überhaupt nicht erledigt und immer wieder verschoben, bis man in akuten Zeitdruck gerät. Abends dann, wenn man alle unerledigten Dinge wieder in den Briefkorb packt, hat man das schlechte Gefühl, keinen wirklich erfolgreichen Arbeitstag vollbracht zu haben.
- Sie delegieren und erteilen Aufträge an Kollegen und Untergebene, doch oft haben Sie das Gefühl, die Mitarbeiter würden Sie absichtlich boykottieren oder niemand würde Ihre Anweisungen verstehen. Tatsache ist

jedoch, daß Sie immer wieder feststellen, daß gewünschte Termine oder das gewünschte Ergebnis eines Auftrages von den Mitarbeitern nicht eingehalten werden.

- Ist es Ihnen nicht auch schon passiert, daß Sie zu den unmöglichsten Augenblicken einen guten Einfall haben, daß Ihnen ein wichtiger Punkt für die nächste Mitarbeiterbesprechung einfällt, daß Ihnen etwas Wichtiges zu einer aktuellen Aufgabe in den Sinn kommt? Sie versuchen dann mit aller Anstrengung, sich diesen Einfall zu merken, oder notieren ihn auf einem Ihrer »berühmtberüchtigten« Notizzettel. Doch in der Praxis sieht es dann so aus, daß Sie Ihre Einfälle vergessen oder die Notizzettel erst recht spät (zu spät) wiederentdekken.

Vielleicht fühlen Sie sich bei dem einen oder anderen Beispiel ertappt und fragen sich nun, wie Sie hier Abhilfe schaffen können. Ich möchte Ihnen hierzu einige wichtige Tips geben. Sollten einige Leser den einen oder anderen Punkt bereits umgesetzt haben, so lesen Sie die Punkte trotzdem noch mal durch, um sich die Notwendigkeit erneut ins Gedächtnis zu rufen.

Zeitplanbuch
Vor einigen Jahren schwappte aus den USA eine neue Errungenschaft über den großen Teich, nämlich das sogenannte »Filofax«. Dabei handelt es sich um eine professionelle Weiterentwicklung der auch bei uns bekannten und von jedem Mitarbeiter eingesetzten Chefkalender. Im Gegensatz zu den üblichen Chefkalendern ist der »Filofax« lediglich eine Art Ringbuch, in dem man individuell den Inhalt zusammenstellen kann. So gibt es einen Jahresplan, Monatspläne, Wochenpläne, einen genauen Tagesplan usw. Neben diesen wichtigen

Zeitplaninstrumenten gibt es aber auch noch weitere wichtige Dinge, die in einem solchen Zeitplanbuch enthalten sind. Dabei ist für mich einer der wichtigsten Teilbereiche die individuelle Datenbank. Ich habe in meinem Zeitplanbuch eine Datenbank mit zwölf verschiedenen Abschnitten angelegt. Eine Datenbank ist dabei für private Informationen reserviert, in die ich alle wichtigen Daten notiere, wie etwa private Bankverbindung, Geburtstage der Freunde und Bekannten, Geschenkideen für Freunde und Bekannte, Autokennzeichen, die Nummern verschiedener Versicherungsverträge, Paß- und Reisepaßnummer, Nummer der Kreditkarten, Konfektionsgrößen in allen möglichen Bereichen usw. Eine weitere Datenbank habe ich angelegt unter der Rubrik »Ideen«. Hier notiere ich einfach Ideen und Möglichkeiten, die mir irgendwo einfallen. Zu einem späteren Zeitpunkt, wenn ich über eine ruhige Stunde verfüge, kann ich dann in dieser Ideenbank blättern und neue Projekte und Innovationen in Angriff nehmen. Eine weitere Abteilung in der Datenbank habe ich für Besprechungen reserviert. Hier habe ich zu jedem Mitarbeiter und zu jeder größeren Besprechung ein eigenes Blatt angelegt. Hier kann ich dann jederzeit die Punkte notieren, die ich dann bei der Besprechung vorbringen möchte.
Jeder Inhaber eines Zeitplanbuches nutzt diese Datenbank anderweitig. Man kann beispielsweise einen Abschnitt anbringen, um dort für jeden seiner Kunden ein Kundenkarteiblatt anzulegen. Es gibt hier eine Vielzahl von Möglichkeiten, und jeder Nutzer eines solchen Buches handhabt diese Datenbank individuell. Neben der Datenbank gibt es dann noch ein Telefon- und Adressenregister, einen Informationsteil, einen Abschnitt für diverse Blätter (zum Beispiel Reisespesenabrechnungen, Notizpapier). In meinem Zeitplaner habe ich dann noch nützliche Dinge, wie etwa Lineal, Unterschriftenfüller, Taschenrechner, Signierstift usw. integriert. Alles in allem ist ein solches Zeitplanbuch ein kleines Büro für

sich. Ich könnte mir heute nicht mehr vorstellen, ohne Zeitplanbuch all meine vielfältigen Aufgaben wahrzunehmen. Wer mich persönlich kennt, der weiß, daß ich mein Zeitplanbuch immer und überall an jedem Platz und an jedem Ort mit mir führe. Und genau hier liegt das Geheimnis (und die Schwierigkeit) eines solchen Zeitplanbuches. Wenn Sie ein solches Buch erwerben und damit erfolgreich arbeiten möchten, dann *müssen* Sie es immer bei sich führen. Ganz egal, ob Sie sich nun an Ihrem Schreibtisch, in einer Besprechung, beim Essen, zu Hause, auf einem Ausflug oder im Urlaub befinden – das Zeitplanbuch *muß* immer bei Ihnen sein. Wer sagt Ihnen denn, daß Ihnen nicht bei einem Abendessen mit der Familie eine tolle Idee einfällt? Wollen Sie dann wieder einen Ihrer »berühmten« Notizzettel beschriften und ihn in Ihre Freizeithose stecken? Oder möchten Sie lieber sechzehn Stunden krampfhaft Ihre Idee im Kopf behalten, um sie dann am nächsten Tag an Ihrem Arbeitsplatz irgendwo zu notieren?

Viele Menschen glauben, ein solches Zeitplanbuch würde Ihre Kreativität einschränken. Ich garantiere Ihnen, daß das Gegenteil der Fall ist: Ihr Kopf wird frei, und dadurch haben Sie immer mehr Gelegenheit, kreativ zu sein und neue Dinge zu entwickeln. Ihr Gehirn kann sich immer nur mit einer Sache beschäftigen. Wenn Sie also nun eine gute Idee haben und darum bemüht sind, diese im Gedächtnis zu behalten, so können Sie nicht gleichzeitig kreativ etwas Neues entwickeln. Haben Sie aber ein Zeitplanbuch zur Hand, dann notieren Sie einfach Ihre Idee, Ihren Einfall in das Buch an die entsprechende Stelle, und schon ist Ihr Kopf wieder frei, um neu kreativ tätig zu sein. Es ist ein wunderbares Gefühl, nichts mehr zu vergessen und über das Zeitplanbuch an alles Wichtige erinnert zu werden. Natürlich sollten Sie sich nicht zum Sklaven Ihres Zeitplanbuches degradieren lassen. Planen Sie genügend Freiräume und Zeit für sich persönlich ein.

Doch grundsätzlich halte ich ein Zeitplanbuch für *jeden Mitarbeiter* für unumgänglich. Es gibt solche Zeitplanbücher von den verschiedensten Firmen, in den verschiedensten Formaten und Ausführungen. Ich persönlich arbeite mit dem Planer von Schmid-Colleg und empfehle ihn auch an alle meine Kunden weiter. Ich weiß, daß durch meine Weiterempfehlung Schmid-Colleg schon bereits einige tausend dieser Bücher mehr verkauft hat. Doch ich bin stolz darauf, der Firma Schmid-Colleg durch meine Weiterempfehlung meine Dankbarkeit zu zeigen, denn meinen Erfolg der letzten Jahre habe ich auch zu einem kleinen Teil diesem Zeitplanbuch zu verdanken. Diese Zeitplanbücher sind nicht billig. Sie müssen pro Buch (dazu gibt es dann noch eine Archivkassette mit Vorratsunterlagen) ca. 350 DM investieren. Je mehr Mitarbeiter Sie mit einem solchen Zeitplanbuch ausrüsten wollen, desto größere Mittel müssen Sie hier investieren. Allerdings möchte ich es nicht versäumen, Ihnen auch hier einen kleinen Tip zu geben: Schenken Sie Ihren Mitarbeitern ein solches Zeitplanbuch nicht völlig gratis, sondern bestehen Sie darauf, daß sie sich mit einem kleinen Teilbetrag (wie wäre es zum Beispiel mit einem Drittel?) daran beteiligen. Ich habe die Erfahrung gemacht, daß ein solches Zeitplanbuch von den Mitarbeitern nur dann richtig angewandt wird, wenn sie sich daran mit eigenen Mitteln beteiligt haben. Wird das Buch einfach vom Arbeitgeber geschenkt, so wird es oft nicht besser genutzt als ein Chefkalender für 2,95 DM. Sie können ja Ihren Mitarbeitern, wenn sie das Zeitplanbuch regelmäßig führen, zu einem späteren Zeitpunkt den Eigenanteil in Form einer kleinen Sonderprämie (weil sie mit dem Zeitplanbuch so gut arbeiten) wieder zukommen lassen.

Diktiergerät

Ein Zeitplanbuch ist oft nicht ausreichend, da Sie beispielsweise während der Autofahrt Ihre Gedanken nicht in das Buch übertragen können. Deshalb habe ich neben meinem Zeitplanbuch immer ein funktionsbereites Diktiergerät dabei. Wenn mir nun im Auto gute Ideen einfallen, diktiere ich sie in das Gerät und übertrage sie dann später in das Zeitplanbuch. Außerdem hat das Diktiergerät den großen Vorteil, daß Sie immer und überall Aufträge, Informationen, Geschäftsschreiben usw. sofort fertig diktieren können und nicht die gleiche Arbeit doppelt (nämlich einmal Notiz und Anmerkungen auf dem Papier und dann später das Diktat) vornehmen müssen.

Zentrales Kommunikationsboard
Bei einem Kommunikationsboard handelt es sich um eine zentrale Stelle im Betrieb, an der jeder Mitarbeiter seinen eigenen Briefkorb besitzt. Hier werden nun die einzelnen schriftlichen Kommunikationsmittel an die Mitarbeiter verteilt. So wird zum Beispiel der Posteingang den entsprechenden Mitarbeitern zugeordnet. Der Vorgesetzte teilt seine Aufträge und Informationen ebenfalls den entsprechenden Mitarbeitern zu. Informationen, Aufträge und Mitteilungen von einem Kollegen zum anderen können ebenfalls über das Kommunikationsboard abgewickelt werden. In größeren Firmen gibt es natürlich in jeder einzelnen Abteilung ein solches zentrales Kommunikationsboard. Für die verschiedenen Abteilungen gibt es dann nochmals ein eigenes Kommunikationsboard, von dem aus die zentrale Kommunikation innerhalb aller Abteilungen möglich ist. Ein solches Kommunikationsboard kann ruhig aus vierzig oder fünfzig solcher einzelnen Briefkörbe bestehen. Wenn nun in einem zentralen Bereich jede Abteilung ebenfalls noch einmal einen solchen Briefkorb besitzt, dann können auf diese Weise durch eine einzige zwischengeschaltete Station über 2500 Mitarbeiter miteinander kommunizieren.
Jeder Mitarbeiter hat nun die Aufgabe, einmal täglich (zu Arbeitsbeginn) den Inhalt seines Briefkorbes auszuleeren

und mit zu seinem Schreibtisch zu nehmen. Ebenfalls hat er einmal täglich die Aufgabe (am Ende seines Arbeitstages), seine eigenen Informationen und Mitteilungen in die Briefkörbe der anderen Mitarbeiter zu verteilen. Es muß strengstens darauf geachtet werden, daß jeder Mitarbeiter wirklich nur zweimal täglich dieses Kommunikationsboard nutzt, nämlich einmal zum Ausleeren zu Beginn des Arbeitstages und einmal zum Verteilen der eigenen Informationen am Ende des Arbeitstages. Dadurch kann für jeden einzelnen Mitarbeiter viel Zeit für mehrfache Wege (und immer wieder neues »Hineindenken« in den Auftrag) gespart werden.

Vier-Kästchen-System

Jeder Mitarbeiter besitzt an seinem Arbeitsplatz vier Briefkörbe, das sogenannte Vier-Kästchen-System. Dabei haben diese Kästchen (Briefhöhe) folgende Bedeutung:

1. Kästchen: »Eingang«

Wenn der Mitarbeiter zu Beginn seines Arbeitstages vom zentralen Kommunikationsort seinen Inhalt mit zum Arbeitsplatz bringt, legt er den kompletten Inhalt in sein Eingangskästchen. Er beginnt nun den ersten Vorgang aus dem Eingangskästchen zu entnehmen und *sofort* zu bearbeiten. Im Gegensatz zu früher sollten Sie also dazu übergehen, Ihre Arbeit nicht mehr zu Beginn des Arbeitstages vorzusortieren, sondern jeden Auftrag möglichst umgehend vollständig zu bearbeiten. Wenn es sich nun bei dem Auftrag um ein Telefonat, das Sie führen oder um ein notwendiges Schreiben handelt, das Sie aufsetzen müssen, so können Sie dies auf einen Telefon- oder einen Schreib-Stapel legen. Gewöhnen Sie sich grundsätzlich an, alle Arbeiten »am Stück« auszuführen, das heißt, möglichst alle Telefonate eines Tages im Block, alle zu diktierenden Briefe im Block usw.

Grundsätzlich gilt, daß ein Vorgang, der einmal aus dem Eingangskästchen entnommen wurde, nicht wieder dorthin zurückkommt. Die Vorgehensweise, daß Sie einen Vorgang entnehmen (nach der Reihenfolge!) und sofort bearbeiten, führt dazu, daß Sie die unangenehmen Aufgaben nicht mehr verschieben, sondern der Reihe nach erledigen. Bei Untersuchungen hat man herausgefunden, daß man durch »Arbeiten en bloc« ca. 10 Prozent Arbeitszeit im administrativen Bereich einsparen kann, durch sofortiges Abarbeiten der einzelnen Vorgänge nochmals ca. 15 Prozent. Wie sieht es denn normalerweise in der Praxis aus? Der Mitarbeiter »überfliegt« alle offenen Vorgänge, denkt sich kurz in jeden Vorgang hinein, entscheidet und sortiert dann in einzelne Arbeitsbereiche, was er sofort, was er später und was er erst in den nächsten Tagen und Wochen erledigen muß. Am nächsten Tag wird er einen Teil der Aufgaben (nämlich die unangenehmen, die er auf den nächsten Tag verschoben hatte) wieder in den Händen halten, sich erst wieder einlesen müssen, eindenken müssen und entscheiden müssen – bei über 200 Arbeitstagen können Sie sich leicht ausrechnen, welche Arbeitszeit alleine dadurch eingespart werden kann.

2. Kästchen: »Objekte«

Hier werden Vorgänge gesammelt, die keinen bestimmten Termin erfordern, sondern kreative, innovative Entwicklungen. Sollte der Mitarbeiter nach Bearbeitung aller Vorgänge seines Eingangskästchen noch Energie und Zeit besitzen, so kann er nun ein Objekt aus diesem Kästchen entnehmen und kreativ tätig werden.

3. Kästchen: »Warten«

Oft gibt es Vorgänge, die man aus seinem Eingangskästchen entnimmt, bearbeitet, aber dann liegen lassen muß, weil man die Rückantwort eines Kollegen, eines Kunden, eines Lieferanten usw. wartet. Hierfür nun gibt es das dritte Kästchen

(»Warten«). Allerdings sollte es sich der Mitarbeiter ebenfalls zur Aufgabe machen, einmal täglich dieses Kästchen zu durchforsten, um immer den aktuellen Stand zu wissen. Wichtig ist, daß der Mitarbeiter nicht einfach die Vorgänge aus dem Eingangskästchen entnimmt und in diesem dritten Kästchen »zwischenlagert«. Es ist wirklich nur für Vorgänge gedacht, die bereits bearbeitet wurden und bei denen man in irgendeiner Art und Weise auf Rückantwort angewiesen ist.

4. Kästchen: »Ausgang«
Hier werden alle Vorgänge hineingelegt, die vollständig erledigt sind und die an irgendeine Stelle weitergeleitet werden müssen. Ob es sich nun um Diktate für die Sekretärin handelt, um Postausgang, Vorgänge für die Ablage, Aufträge für andere Mitarbeiter oder Untergebene, Meldungen für Vorgesetzte usw. – in diesem Kästchen werden alle ausgehenden Vorgänge gesammelt. Am Ende des Arbeitstages (bitte darauf achten, daß dies wirklich nur einmal täglich durchgeführt wird) wird der komplette Inhalt dieses Ausgangskästchens entnommen und im zentralen Kommunikationsboard entsprechend verteilt.
Mit dem Zeitplanbuch, dem Diktiergerät, dem zentralen Kommunikationsboard und dem persönlichen Vier-Kästchen-Kommunikationssystem haben Sie bereits die Grundvoraussetzungen für eine funktionierende Kommunikation innerhalb Ihrer Organisation geschaffen.

Auftrags-/Mitteilungs-Formular
Solche Formulare sind mittlerweile bereits in Hunderten von Unternehmen im Einsatz und haben dort die gesamte Kommunikation wesentlich vereinfacht und perfektioniert. Hier nun die Informationen, wie dieses Formular optimal eingesetzt wird . . .

BITTE IN DIE WERBE MAPPE ORDNEN

MARKETING BERATUNG

AUFTRAG / MITTEILUNG

Datum

zu erledigen bis

An:

Von:

Situation:

Vorschlag:

erledigt am:

Unterschrift:

Zurück an:

weil:

1. Auf jedem Arbeitsplatz, also auf jedem Schreibtisch, an der Theke usw., sollte ein Block mit den Auftragsformularen liegen. Zwischen dem ersten und zweiten Blatt sollte ein Durchschlagpapier eingelegt werden, da die Auftragszettel immer in doppelter Ausfertigung erstellt werden sollten. Zunächst einmal müssen Sie festlegen, ob es sich für den Empfänger lediglich um eine Mitteilung handelt (in diesem Falle kann der Empfänger das Formular nach Durchlesen vernichten) oder ob es sich um einen definitiven Auftrag handelt (in diesem Fall muß der Auftragszettel mit einer Information an den Absender wieder zurück). Streichen Sie also das jeweils *nicht* gewünschte Wort durch, so weiß der Empfänger ganz genau, wie er vorgehen muß.
2. Tragen Sie in die Zeile »Datum« das aktuelle Datum ein.
3. Tragen Sie auch immer das Datum ein, bis wann der Auftrag vom Empfänger erledigt sein soll. Bitte achten Sie darauf, daß das hier angegebene Datum realistisch ist, daß also der Empfänger genügend Zeit hat, den Auftrag zu erledigen. Wie der Empfänger vorgehen muß, falls er den gewünschten Termin nicht einhalten kann, wird zu einem späteren Zeitpunkt noch erklärt.
4. Tragen Sie in das vorgegebene Feld den Namen (oder auch nur das Namenskürzel) des Empfängers ein.
5. Bitte tragen Sie auch Ihren eigenen Namen oder Ihr Namenskürzel ein.
6. Tragen Sie die Situation in das vorgegebene Feld ein.
   Beispiel: Im Herren-Duschraum ist der erste Duschknopf links defekt, es kommt kein Wasser mehr.
   Sie tragen hier also lediglich eine genaue Information für den Empfänger ein, welche Situation eingetreten ist.
7. Geben Sie an, welche Erledigung Sie für diese Situation wünschen.
   Beispiel: Bitte den Duschknopf überprüfen und eventuell

reparieren; falls dies nicht möglich ist, bitte sofort den Reparaturdienst Ebert in Unterspiesheim benachrichtigen.
Schreiben Sie hier ganz genau auf, welche Erledigung Sie wünschen. Je genauer die Situation und der dazugehörige Vorschlag formuliert werden, desto weniger Mißverständnisse und Rückfragen wird es später geben.
Nun wird das erste Blatt des Auftragszettels an den Empfänger weitergereicht (in das Ausgangskästchen gelegt). Die Kopie des Auftragszettels kann als Kontrollmittel beim Absender bleiben. Auf diese Weise können Sie zu jeder Zeit nachprüfen, ob der Auftrag schon erledigt ist oder nicht.

8. Der Empfänger hat nun mittlerweile den Auftragszettel vorliegen und danach gehandelt. Wurde der Auftrag erledigt, so trägt er unter dem vorgesehenen Punkt das Erledigungsdatum ein.
9. Der Empfänger unterschreibt den Auftragszettel und bestätigt damit die Erledigung des Auftrages.
10. Sollte der Auftrag, aus welchen Gründen auch immer, nicht auszuführen sein bzw. das Erledigungsdatum nicht einhaltbar, so muß der Auftragszettel als Information zurück an den Auftraggeber. Es wird also der Auftraggeber eingetragen.
11. Der ursprüngliche Empfänger trägt in das Feld »weil« ein, warum er den Auftrag nicht ausgeführt hatte bzw. bis wann er den Auftrag ausführen kann. Falls er das Erledigungsdatum nicht einhalten konnte, so muß er genau begründen, warum dies nicht möglich gewesen ist.
Eventuell kann hier auch eingetragen werden, ob der ursprüngliche Empfänger des Auftragszettels noch eine Rückfrage zu diesem Auftrag hat.

Sie sehen also, durch dieses Auftragssystem ist es jederzeit möglich, Aufträge zu erteilen und die Erledigung zu kontrollieren. Dies erleichtert für *alle* Mitarbeiter im gesamten Betrieb den Arbeitsablauf und vermeidet Ärger und Mißverständnisse.

Leitthesen zur 11. Stufe

1. Nur durch Delegation kann ich weiter wachsen!
2. Ich delegiere ganze Verantwortungsbereiche!
3. Wenn die Mitarbeiter die delegierte Aufgabe falsch ausführen, bin meist ich selber schuld daran!
4. Nicht der Weg, sondern das Ergebnis zählt!
5. Ich bin selbstbewußt, ich bin mir meiner Selbst-bewußt!
6. Ich setze die Maßnahmen zur Verbesserung der Kommunikation in unserem Betrieb sofort in die Tat um!
7. Ich habe Vertrauen zu mir selbst und vertraue meinen Mitarbeitern!

Notizen: ____________________

12. Stufe: Krise = Chance

Zur Mitte des Jahres 1993 befindet sich die Weltwirtschaft und insbesondere auch die deutsche Konjunktur in der Rezession. Rezession ist das Schreckgespenst jedes Unternehmens, bedeutet es doch rapide verschlechterte Bedingungen für das zukünftige Wachstum und den zukünftigen Erfolg des Unternehmens. Während einer Rezession verschlechtern sich die Rahmenbedingungen für den Erfolg des Einzelunternehmens rapide. Eine Rezession ist also eine schwere Krise für das entsprechende Land, die entsprechende Region. Jede Rezession ist gleichzeitig aber auch eine Chance zur Besinnung und zur Weiterentwicklung. Betrachtet man die letzten hundert Jahre, so stellt man fest, daß sich Rezession und Boom ständig abwechseln. Jeder Boom ist einmal zu Ende und wird von einer Rezession abgelöst und umgekehrt. Eine Rezession ist deshalb kein Weltuntergang, sondern birgt die Möglichkeit, gerade in dieser Phase den Grundstock für den weiteren Erfolg des Unternehmens zu legen.

Jede Rezession hat zur Folge, daß eine Vielzahl von Unternehmen in Schwierigkeiten gerät. Die Aufträge gehen zurück, der Umsatz entwickelt sich negativ, und letztlich wird dadurch das gesamte Betriebsergebnis negativ beeinflußt. Aufgrund dieser Krise werden viele Unternehmen geradezu gezwungen, noch innovativer und kreativer zu werden. Für viele Firmen bedeutet eine Rezession aber auch das »Aus«, also den Konkurs. Unternehmen, die es zu Zeiten des Booms nicht verstanden haben, Rücklagen zu bilden, also ihren Erfolg abzusichern, können durch eine Rezession in den Konkurs getrieben werden. Für die Unternehmen, die eine Rezession durchstehen, bedeutet das, daß in der darauffolgenden Boomphase einige Mitbewerber nicht mehr auf dem Markt präsent sind. Für viele Branchen bedeutet eine Rezession im Grunde genommen nichts anderes als eine Bereinigung des Marktes. Denken Sie zurück an eine Aussage aus einem Kapitel dieses Buches, daß jede Firma ein lebender Organismus ist, ein Bestandteil der Natur und des Universums. Ist es nicht auch in der Natur so, daß kranke Lebewesen, daß die schwachen Kreaturen zuerst vernichtet werden? Ist es nicht so, daß auch in der Natur Katastrophen vorkommen, die dafür sorgen, daß die Schwachen verschwinden und nur einige Starke überleben? Wenn die Natur, so grausam diese Tatsache auch sein mag, dies so vorsieht und jede Firma (als lebender Organismus) Bestandteil dieser Natur ist, dann ist eine Rezession und sich die daraus zwangsläufig ableitende Bereinigung des Marktes vielleicht ganz einfach eine Notwendigkeit.

»Über den Daumen gepeilt«, kann man davon ausgehen, daß auf eine siebenjährige Boomphase eine dreijährige Rezession erfolgt, ehe der nächste Boom wieder eintritt. Dieses Verhältnis von sieben Jahre Aufschwung und drei Jahre Abschwung ist in etwa konstant. In Deutschland wurde der letzte Aufschwung (1982–1989) nochmals um drei Jahre verlängert, da durch die deutsche Einheit ab 1989 ein riesiger Konjunkturschub für die deutsche Industrie eintrat. Nachdem der Effekt der Einheit kompensiert war, rutschte dann Ende 1992 die deutsche Konjunktur in den Keller. Aber was bedeutet denn nun eigentlich Rezession oder Boom für das einzelne Unternehmen? Ist Rezession gleichbedeutend damit, daß sich bei allen Unternehmen eines Landes das Betriebsergebnis deutlich verschlechtert? Ist ein Boom demzufolge damit gleichzusetzen, daß in dieser Aufschwungphase alle Unternehmen eines Landes höhere Gewinne erwirtschaften? Dies ist keineswegs der Fall. In Deutschland hat es auch während der letzten zehn Jahre des Booms genügend Konkurse und erfolglose Unternehmen gegeben. Andererseits konnte in allen Rezessionsphasen, selbst in der großen Weltwirtschaftskrise 1930, festgestellt werden, daß es immer eine Vielzahl von Firmen gibt, die trotz (oder gerade wegen?) Rezessionszeiten ihren Erfolg deutlich ausweiten. Rezession oder Boom sind also keinesfalls für alle Firmen gültig. Und so wird es auch in der jetzigen Rezession eine Vielzahl von Firmen geben, die ihren Erfolg in einer Geschwindigkeit steigern, die anderen Unternehmen unglaublich vorkommt. Aber was ist denn nun dafür verantwortlich, daß einige Firmen auch in Rezessionszeiten den Erfolg ausweiten, während andere Unternehmen zu Zeiten des Booms in Konkurs gehen? Ist hier wieder Zufall, Glück oder Pech ausschlaggebend?

In den USA betrieb ein einfacher Mann einen kleinen Imbißwagen an einer Stelle der Innenstadt. Er war bekannt dafür, daß es bei ihm die leckersten Hot dogs und die freundlichste Bedienung der Stadt gab. Das Geschäft florierte. Der kleine Unternehmer stellte noch einige Aushilfskräfte ein, die ihn bei seiner Tätigkeit unterstützten. Nach einigen Jahren – der Imbißwagen war längst viel zu klein geworden – überlegte sich der Mann, ob er nicht in einen neuen größeren Imbißwagen investieren sollte. Er fragte seinen Steuerberater, was der denn von der Idee hielte, einen neuen, komfortablen und rationellen Imbißwagen zu erwerben. Der Steuerberater verdrehte die Augen und fragte den Unternehmer, ob er denn wirklich in der heutigen Zeit eine solche Investition vornehmen wolle. Der Mann war erstaunt und fragte den Steuerberater, was er denn damit meinte. Der sagte ihm, daß sich doch das ganze Land in einer starken Rezession befände und viele Unternehmen in Konkurs gingen. Gerade in solchen Zeiten sollte man genauestens überprüfen, welche Investitionen absolut notwendig sind und welche nicht. Der kleine Unternehmer, der voller Begeisterung über seine Idee zum Steuerberater kam, wurde nun nachdenklich und erklärte seinem Steuerberater, daß er erst mal über diese neue Sachlage in aller Ruhe nachdenken wolle. Als ihn der Steuerberater kurze Zeit darauf fragte, ob er denn nun den neuen Imbißwagen erwerben wolle, verneinte dies der Snack-Besitzer und erklärte seinem Steuerberater, er wolle erst einmal abwarten, wie sich sein Geschäft weiterentwickele. Der Unternehmer erzählte natürlich auch seinen Aushilfskräften von der Rezession und daß es eventuell in Zukunft nicht mehr so gut laufen würde in seinem Snackwagen. Die Mitarbeiter ängstigten sich, hatten sie doch die Verdienste in ihrem Nebenjob bereits fest eingeplant. Der Unternehmer und seine Mitarbeiter unterhielten sich natürlich auch mit ihren Kunden über die verheerende Rezession, in der sich das Land befand. Viele Kunden wurden durch diese Gespräche wieder daran erinnert, daß auch ihr eigener Arbeitsplatz in Gefahr war bzw. daß sie ja bereits arbeitslos waren und momentan große Angst vor der Zukunft hatten. Nach einigen Wochen begann tatsächlich der Umsatz des Unternehmers zu sinken, und unser Unternehmer mußte seinen ersten Mitarbeiter entlassen. Er war froh, daß der Steuerberater ihn auf die Tatsache der Rezession aufmerksam gemacht hatte, und er war froh, daß er nicht Hals über Kopf in den neuen Imbißwagen investiert hatte.

Was ich mit diesem Beispiel verdeutlichen will? Ich bin mir sicher, daß der Unternehmer, hätte er nicht von seinem Steuerberater über die schlechte Wirtschaftslage Informationen erhalten, frohen Mutes und voller Begeisterung seinen neuen Imbißwagen erworben hätte. Er hätte seinen Kunden neue Gerichte in noch besserer Qualität bieten können. Er hätte weitere Mitarbeiter eingestellt, die ihn gerade zu Stoßzeiten zusätzlich unterstützt hätten. Ich bin mir absolut sicher, daß dieser Unternehmer seinen Unternehmenserfolg deutlich ausgeweitet hätte, wenn, ja wenn er nicht auf seinen Steuerberater gehört hätte! Ich will damit natürlich um Gottes willen die Steuerberater nicht angreifen. Viele Steuerberater erbringen hervorragende Leistungen und sind sehr wichtig für ihre Mandanten. Doch muß ich an die Adresse der Steuerberater, aber auch an die Banker und Unternehmensberater, den Vorwurf richten, daß sie oft »reine Erbsenzähler« sind, das heißt, daß sie auf die »harten« Fakten sehen, aber nicht auf die Möglichkeiten und Chancen, die sich vielleicht nicht in Zahlen ausdrücken lassen.

Ein weiteres Beispiel ist die Geschichte eines französischen Weinbauern, der nach Kalifornien auswanderte. Er baute dort eine große und erfolgreiche Winzerei auf. Bei einer Feierstunde wurde er von Reportern interviewt und danach gefragt, wieso er denn in seinem Betrieb diese großen Erfolge erzielte, während sich die gesamte Branche der Weinbauern in der Rezession befand. Der Winzer lachte und teilte den verdutzten Journalisten mit, daß er zum einen die englische Sprache ja nicht so gut beherrsche und zum anderen soviel Arbeit hätte, daß er von der Rezession eigentlich gar nichts mitbekommen hätte. Er handelte in seinem Unternehmen also so, als ob es keine Rezession gab, sondern der Erfolg darauf wartete, von ihm entdeckt zu werden (entnommen aus dem Buch »Mit Freude erfolgreich sein« von Nikolaus B. Enkelmann).

An diesen beiden Beispielen sehen Sie, daß es durchaus möglich ist, sich so beeinflussen zu lassen, daß tatsächlich die Entwicklung so verläuft, wie man sie vorher sieht. Ich möchte Ihnen deshalb noch mal folgenden Merksatz ins Gedächtnis rufen:

»Nur was gedacht wurde, existiert!«

Das, was wir denken, tritt ein. Sehen wir uns doch einmal die aktuelle Rezession 1993 einmal genauer an. Bereits im zweiten Quartal 1992, als alle Firmen noch volle Auftragsbücher hatten und neue Rekorde an Umsätzen und Gewinnen meldeten, gab es erste Stimmen, die von einer »sich abzeichnenden Rezession« sprachen. Als die Lohnabschlüsse im Frühjahr 1992 vorlagen, wurde plötzlich von allen Seiten davor gewarnt, daß diese hohen Lohnabschlüsse die gute deutsche Konjunktur negativ beeinflussen und aller Voraussicht nach zu einer Rezession führen würden. Immer öfter wurde in den Medien von ersten, schlechten Anzeichen einer Rezession gesprochen, und immer mehr wurden negative Berichte veröffentlicht. Es wurden Statistiken veröffentlicht, daß eigentlich bereits 1989 die Rezession in Deutschland fällig gewesen wäre, wenn nicht die deutsche Einheit diese nochmals um drei Jahre verzögert hätte. Aber nun sei die Rezession unumgänglich. Weltweit befänden sich alle Industrieländer in der Krise und nun würde es auch Deutschland treffen. Dazu die überhöhten Lohnabschlüsse und einige sonstige schlechten Entwicklungen für die Wirtschaft – da könne die Rezession ja gar nicht ausbleiben!

Jeder Bürger Deutschlands hörte also immer öfter von der Rezession. Schlug er die Zeitung auf, las er viele Berichte über negative Anzeichen, über weniger Aufträge, über höhere Kosten, über niedrigere zu erwartende Gewinne der Unternehmen usw. Jeder Mensch hatte also bereits Mitte 1992, zu einer Zeit, als fast alle Unternehmen hervorragende Ergebnisse erzielten, das Gefühl einer sich anbahnenden Krise. Was war nun das Ergebnis dieser Informationen? Die Menschen begannen vorsichtiger zu werden. Größere Anschaffungen wurden zunächst einmal zurückgestellt, »da man ja nicht wissen kann, was nächstes Jahr wird, lieber erst mal abwarten«. Was aber passiert nun, wenn viele Menschen solche Gedanken haben und ihre größeren Investitionen zurückstellen und verschieben? Je mehr Menschen diese Einstellung beherzigen, desto weniger verkauft die Wirtschaft. Die Auftragsbücher werden also leerer – weitere Anzeichen für eine erste Rezession. Die nächste Konsequenz? Die Unternehmen, die weniger eingehende Aufträge in ihrem Unternehmen bemerken, stellen ebenfalls Investitionen erstmals zurück. Neueinstellungen von Mitarbeitern, die eigentlich zu diesem Zeitpunkt notwendig sind, werden erst einmal einige Monate zurückgestellt, die momentanen Aufträge werden durch Überstunden und Sonderarbeitstage (Samstagsschicht) ausgeführt. Je mehr Firmen sich dieser Denkweise anschließen, weniger investieren und vorsichtshalber weniger Mitarbeiter einstellen, desto mehr wird sich dieses Verhalten auf die tatsächliche Konjunktur auswirken. Die private Investition geht zurück, die gewerbliche Investition geht zurück, es werden weniger Mitarbeiter eingestellt – ist es da ein Wunder, wenn die wirtschaftlichen Ergebnisse immer schlechter ausfallen? Je schlechter jedoch die wirtschaftlichen Bildungen sind, desto mehr fühlen sich die Menschen in ihrem Verhalten bestätigt und ziehen weitere Konsequenzen.

Sie sehen also, wie leicht eine Rezession entsteht und sich selber »nährt«. Wenn nun die Rezession eine gewisse Zeit angehalten hat, werden erste Stimmen ertönen, die davon handeln, daß die Rezession jetzt bald zu Ende sein muß und der nächste Boom vor der Tür steht. Firmen, die momentan in Schwierigkeiten sind, werden durch entsprechende Maßnahmen in ein bis drei Jahren wieder Verbesserungen im Betriebsergebnis verzeichnen. Je mehr Firmen diese Verbesserungen melden, desto stärker werden die Medien darüber berichten. Jeder wird sich wieder auf den nächsten Wirtschaftsaufschwung einstellen, Investitionen vornehmen und entsprechende Maßnahmen treffen. Die Folge wird eine weitere Verbesserung der wirtschaftlichen Lage sein. Der Boom nährt also den Boom.

Ich weiß, daß nun viele Wirtschaftswissenschaftler auf den Plan treten werden und mir mit allerlei möglichen Theorien beweisen, warum eine Rezession und warum ein Boom entsteht und daß diese Entwicklung nichts mit der von mir beschriebenen Situation zu tun hat. Und doch ist sicher, daß enge Zusammenhänge zwischen dem »Denken« und den Auswirkungen bestehen. Ist nicht auch die Rezession eine Bestätigung des Lebensgesetzes aus dem 1. Kapitel? Materie folgt dem Geist! Es muß also nur eine genügend große Anzahl von Menschen geben, die eine negative Einstellung besitzen und dies entsprechend oft in der Öffentlichkeit von sich geben und wiederholen. Die Folge wird sein, daß die Prophezeiung tatsächlich eintritt, denn:

»Je häufiger etwas wiederholt wird, desto eher tritt es ein!«

Man kann sich als Mensch alles einbilden – Erfolg, aber auch Mißerfolg! Es gibt Menschen, die haben Krankheiten, die sie sich zwar nur einbilden, an deren Symptomen sie aber sehr leiden (Hypochonder). Wenn es also Menschen gibt, die durch die bloße Einbildung, sie hätten eine Krankheit, auch diese Symptome empfinden, dann ist es auch möglich, daß sich Menschen andere Probleme einbilden. Daraus müßte man eigentlich die Schlußfolgerung ziehen, daß alles eine Sache der Einbildung, also der inneren Einstellung ist. Sie kennen das alte Beispiel des halbvollen Wasserglases: Man kann es als halbvoll ansehen und sich auf die zweite Hälfte freuen, man kann es aber auch als bereits halbleer ansehen und der bereits ausgetrunkenen Hälfte nachtrauern.

Wenn es aber möglich ist, daß sich einzelne Menschen etwas einbilden, dann ist es auch möglich, daß sich eine Gemeinschaft von Menschen etwas einbildet. Warum sollte dies nicht

auch bei Rezession oder Boom der Fall sein? Vielleicht ist es tatsächlich so, daß ein wirtschaftlicher Aufschwung oder Abschwung viel mit der Beeinflussung der Menschen zu tun hat. Wenn sich nun aber der einzelne Mensch Erfolg oder Mißerfolg einbilden kann, wenn ein ganzes Land in der Lage ist, durch Einbildung (Beeinflussung) positiv oder negativ zu denken, dann muß es auch möglich sein, daß sich eine Firma, ob klein oder groß, ihre eigene Einbildung, also ihre eigene Beeinflussung schafft. Und wenn dies möglich ist, dann liegt es an jedem einzelnen Unternehmen, ob es erfolgreich oder erfolglos ist – ganz gleich, ob wir uns in einem Wirtschaftsaufschwung oder einem Wirtschaftsabschwung befinden.
Wie reagieren denn die Firmen, wenn sie von ersten Anzeichen der Rezession hören?

- Sie machen die Kassen dicht.
- Das bedeutet, daß geplante Ausgaben und Investitionen zurückgestellt werden.
- Es werden an allen Ecken und Enden Kosten gespart.
- Geplante Einstellungen von Mitarbeitern werden zurückgestellt.
- Die Mitarbeiter werden bei jeder sich bietenden Gelegenheit angewiesen, zu sparen, da eine Rezession droht.
- Bei jeder Gelegenheit wird den Mitarbeitern Angst eingeflößt. Die Folge davon ist Unsicherheit, ist Angst vor der Zukunft.

Ist es also nicht so, daß die Firmenleitung dem gesamten Unternehmen die Erfolglosigkeit nicht geradezu einprogrammiert? In vielen Firmen, in denen sich die Betriebsergebnisse negativ entwickeln, wird eine große, renommierte und anerkannte Unternehmensberatung engagiert. Diese analysiert mit ihren qualifizierten Mitarbeitern das komplette Unternehmen. In 95 Prozent der Beratungen wird dabei immer größter Wert auf Kosteneinsparungen gelegt. Den meisten Mitarbeitern ist bekannt, daß eine solche genaue Unternehmensanalyse durch ein anerkanntes Beratungsunternehmen in der Regel zu Entlassungen führt. Voller Angst und Unsicherheit beobachten sie deshalb die Tätigkeit der Unternehmensberatung. Natürlich bringen diese Beratungen oft immense Kosteneinsparungen mit sich und sorgen für eine Verbesserung des Betriebsergebnisses. Doch wäre es nicht auch möglich gewesen, die entsprechenden Mittel (nicht nur für die Unternehmensberatung, sondern auch für die Umsetzung der vorgeschlagenen Maßnahmen) in die Motivation und Begeisterung der Mitarbeiter, in die innovative Weiterentwicklung des Kunden- und Produktnutzens zu investieren? Ist es immer notwendig, nach einer Unternehmensberatung Mitarbeiter zu entlassen, oder wäre es auch möglich, das gewonnene Potential an Arbeitszeit in die Weiterentwicklung des Unternehmens zu investieren?

Ein gutes Beispiel habe ich hier bei der Firma FAG Kugelfischer in Schweinfurt erlebt. Gegen Ende des Jahres 1992 tauchten in der Öffentlichkeit Gerüchte über massive Schwierigkeiten der Firma auf. Dies hatte zur Folge, daß im Januar 1993 der Sanierungsexperte Kajo Neukirchen in die Firma geholt wurde. Wenige Wochen später hatte er seine Analyse beendet und präsentierte sein Sanierungskonzept. Der Fortbestand des Unternehmens hing zu diesem Zeitpunkt am seidenen Faden. Das Konsortium der finanzierenden Banken fand sich zusammen, und Kajo Neukirchen trug sein Sanierungskonzept vor. Die Banken stimmten dem Konzept zu und gaben nochmals Kredite für die Abfindung der zu entlassenden Mitarbeiter frei. Das Schicksal der Firma Kugelfischer und der über 31 000 Mitarbeiter, die weltweit beim Konzern angestellt sind, bewegte nicht nur die Region Schweinfurt, sondern die ganze Republik. Tägliche Pressemeldungen in allen überregionalen Zeitungen, Berichte und Reportagen in

Rundfunk und Fernsehen sorgten dafür, daß die ganze Tragödie um die Firma Kugelfischer landesweit bekannt wurde. Das Sanierungskonzept mit der Konsequenz von Massenentlassungen und dem Verkauf von Firmenteilen wurde unverzüglich eingeleitet. Nur wenige Wochen später war der Konzern wiederum in Liquiditätsschwierigkeiten. Was war geschehen? Nun, unter anderem aufgrund der negativen Meldungen über das Unternehmen blieben zahlreiche Aufträge aus. Die Folge war, daß die Firma Kugelfischer beim Umsatz nochmals kurzfristig kräftige Einbußen hinnehmen mußte und wiederum in eine Liquiditätskrise geriet. Damit hat sich ein weiteres Lebensgesetz bewahrheitet:

»Je mehr etwas beachtet wird,
desto mehr wird es verstärkt!«

Doch wenn dieses Lebensgesetz im negativen Falle funktioniert, warum sollte es dann im positiven Bereich versagen? Wenn es möglich ist, durch die permanente Wiederholung negativer Aussagen die sich selbst erfüllende Prophezeiung auszulösen, dann muß es genausogut im positiven Sinne funktionieren. Ist also vielleicht der einzige Unterschied zwischen einem erfolglosen Unternehmen/Menschen und einem erfolgreichen die innere Einstellung? Ist das der Grund, daß es in der schlimmsten Wirtschaftskrise auch Firmen gibt, die ihren Erfolg beträchtlich ausweiten? Durch die Erfahrungen, die wir bei INLINE durch die vielen hundert Unternehmensberatungen der letzten Jahre machten, können wir dies nur eindeutig mit Ja beantworten. Oft genügt es bereits, daß wir als Unternehmensberater in die Firmen gehen und dort eine positive Grundstimmung verbreiten. Die Firmeninhaber wissen, daß wir bereits Hunderten von Firmen zu Erfolg verholfen haben, und genau das gleiche erhoffen und erwarten sie sich jetzt von uns. Sie glauben fest daran, daß durch unsere Unternehmensberatung auch ihrer Firma geholfen wird, und sie vertrauen unserem guten Namen. Ohne daß wir also irgendwelche detaillierten Maßnahmen umsetzen müssen, tritt bereits eine Veränderung in den Unternehmen ein. Der Chef, der vielleicht durch eine anhaltende Kette von Mißerfolgen demotiviert und frustriert gewesen ist, schöpft neue Hoffnung und hat neues Vertrauen. Ihn durchströmt neue, positive Energie und Kraft. Die neue Hoffnung und die positive Grundstimmung übertragen sich zwangsläufig auf die Führungskräfte, von den Führungskräften auf die Mitarbeiter, von den Mitarbeitern auf die Kunden und von den Kunden auf die Interessenten.

Wir entdeckten bei unserer Tätigkeit ein weiteres Phänomen: Jede Firma und jede Geschäftsleitung verfügen über mehr Ideen als wir, die Unternehmensberatung. Wenn wir unsere Vorschläge und Maßnahmen nach der Analyse unterbreiten, ist es oft so, daß viele Firmenleitungen erstaunt sind, daß sie diese Ideen und Vorschläge bereits alle selbst hatten, jedoch bisher nicht in die Tat umsetzten. Wenn wir nun aus unserer Erfahrung heraus, vor allem im Umgang mit Menschen, der Firmenleitung durch Beispiele und durch unsere Begeisterung klarmachen, daß genau die Umsetzung dieser Ideen und Vorschläge zwangsläufig den Erfolg bringen muß, dann setzen die Firmen als Ergebnis im Prinzip ihre eigenen Ideen und Vorschläge um. Aber unterschätzen Sie nicht unsere Aufgabe, die Firmenleitung und ihre Mitarbeiter so zu motivieren und zu beeinflussen, daß sie die erforderlichen Maßnahmen mit Erfolgserwartung und Begeisterung in Angriff nehmen. Die besten Ideen und Strategien werden letztlich zum Mißerfolg führen, wenn die Grunddenkweise der beteiligten Mitarbeiter eher skeptisch und negativ ist. Die riskantesten Ideen und Maßnahmen werden dagegen erfolgreich, wenn die Mitarbeiter einen unerschütterlichen Glauben an sich selbst, an ihre Firma, an ihr Produkt und an ihren Erfolg haben. Die Wirtschaft befindet sich weltweit in einer Krise? Die ersten Anzeichen sprechen dafür, daß auch in Ihrem Betrieb das Ergebnis rückläufig ist? Die Mitarbeiter und auch die Geschäftsleitung haben Angst vor der künftigen Entwicklung? Dann wird es höchste Zeit, daß Sie positives Denken in Ihrer Firma praktizieren. Verhalten Sie sich antizyklisch, und gehen Sie Ihren eigenen Weg. Sehen Sie nicht das Negative, und verdeutlichen Sie dies, sondern sehen Sie das Positive in Ihrem Betrieb, und unterstützen Sie diese Bereiche. Nutzen Sie jede sich bietende Gelegenheit, Optimismus und eine positive Einstellung an Ihre Mitarbeiter und Kunden weiterzugeben. Denken Sie daran, daß jede Wiederholung eine Verstärkung bedeutet. Je mehr etwas beachtet wird, desto mehr wird es verstärkt. Wenn dies nun einmal ein Lebensgesetz ist, dann beachten Sie das Positive und mißachten das Negative. Denken Sie an die sich selbst erfüllende Prophezeiung. Gerade in Zeiten der Rezession und Krise suchen die Menschen Orte und andere Menschen, die ihnen etwas Positives vermitteln können. Erfolg zieht Erfolg an. Der erfolgreich denkende Unternehmer wird zwangsläufig positiv und erfolgreich denkende Mitarbeiter erhalten. Diese Mitarbeiter, die jedoch ständigen Kundenkontakt pflegen, werden diese Überzeugung auch nach außen vertreten. Mit welchen Firmen, glauben Sie, werden die Kunden lieber zusammenarbeiten? Mit einem erfolgreichen oder mit einem erfolglosen Unternehmen? Menschen identifizieren sich immer mit dem Erfolg. Dies hat auch zur Konsequenz, daß Sie sich zukünftig Ihres Erfolges nicht mehr schämen und ihn möglichst geheimhalten, sondern daß Sie Ihren Erfolg transparent machen, daß Sie den Menschen Ihren Erfolg zeigen.

In vielen kleinen Unternehmen bin ich immer wieder auf die Einstellung gestoßen, daß der Inhaber (abhängig von den örtlichen Bewohnern) keinen großen Wagen fahren kann. Ich kenne sogar einen Unternehmer, der zwar einen Porsche besitzt, diesen aber 30 Kilometer außerhalb seines Wohnortes in einer Garage abstellt und nur am Wochenende, bei Fahrten außerhalb seines Einzugsgebietes, seinen Kindheitstraum genießt. Er hat einfach Angst, daß seine Kunden ihm dieses Auto übelnehmen würden und er deshalb vielleicht Einbußen bei der Anzahl seiner Kunden und damit seines Betriebsergebnisses hinnehmen müßte. Meine Erfahrung ist nun dazu völlig gegensätzlich. Zwar gibt es natürlich immer wieder die Aussagen von Kunden wie: »Na sieh mal an, von meinen Umsätzen leistet der sich also solch einen Wagen«, doch sorgt die Dokumentation von Erfolg immer auch für Mundpropaganda. Genau derselbe Kunde, der diesen Ausspruch tätigt, verbreitet ihn in seinem kompletten Bekannten- und Verwandtenkreis. »Habt ihr schon davon gehört, daß mein Metzgermeister einen großen BMW fährt?«

Was hat es denn auf Sie für eine Wirkung, wenn Sie wissen, daß Ihre Geschäftspartner erfolgreich sind? Haben Sie zu einem Steuerberater mehr Vertrauen, der einen alten, zerschlissenen Anzug trägt, in einer kleinen Kanzlei arbeitet und ein kleines Auto fährt, oder fühlen Sie sich gut aufgehoben bei einem Steuerberater, der mehrere Mietshäuser besitzt, einen großen Wagen fährt und Ihnen mitteilt, daß er mit der Arbeit momentan gar nicht nachkommt, da so viele Klienten von ihm beraten werden wollen?

Natürlich müssen Sie darauf achten, daß Sie nicht nur Ihren Erfolg dokumentieren, sondern Ihrem Kunden auch immer wieder klarmachen, daß sich Ihr Erfolg auch positiv auf ihn auswirken wird. Sie müssen also bei Ihren Kunden Public Relations für Ihre Firma betreiben. Sie haben doch das Kapitel über die Erhöhung des Kundennutzens genau gelesen? Dann haben Sie sicherlich eine Vielzahl von Ideen bereits entwickelt, die Sie in Ihrem Unternehmen umsetzen möchten. Wenn Sie jedoch den Kundennutzen erhöhen, dann versäumen Sie auch nicht, dies bei Ihren Kunden oft und ausführlich bekanntzugeben. Sie kennen doch das Sprichwort:

»Tue Gutes, und rede darüber!«

Viele Unternehmen bieten einen phantastischen Kundennutzen und arbeiten ständig daran, diesen noch auszuweiten. Doch sie vergessen oft, ihre Einstellung und diese positive Ausweitung des Nutzen ihren Kunden auch bekanntzugeben. Viele der Kunden wissen oftmals gar nicht darüber Bescheid, welchen Nutzen sie eigentlich von ihrem Lieferanten bekommen. Sie müssen deshalb lernen, Ihre Leistung auch zu vermarkten.

Nach der Rezessionsphase müßte ab Mitte 1997, spätestens 1998, wieder ein Aufschwung in Deutschland kommen. Die Unternehmen müßten den in der Rezessionsphase angelegten »Speck« verloren haben, sie müßten wieder schlank und leistungsfähig sein. Denn eine Rezessionsphase hat natürlich auch ihr Gutes. Unternehmen setzen alle Bereiche auf den Prüfstand und setzen Veränderungen durch. Überflüssiges Personal wird abgebaut, alle Kosten werden überprüft und neue Marktchancen wahrgenommen. All dies führt dazu, daß viele Unternehmen wieder so leistungsfähig sind, daß sie Gewinne erwirtschaften. Dies drückt sich dann, nach einer gewissen Zeitspanne, wieder in höheren Investitionen aus. Höhere Investitionen bedeuten jedoch bessere Fundamentaldaten, auf die es in der Wirtschaft ankommt. »Experten« und Wirtschaftsforschungsinstitute werden einen kommenden Aufschwung prognostizieren. Dadurch werden weitere Betriebe animiert zu investieren. Unternehmen, bei denen Mitarbeiter viele Überstunden machen mußten, stellen wieder neue Mitarbeiter ein. In den großen Massenzeitungen und TV-Magazinen ist wieder vom beginnenden Aufschwung die

Rede. Dies sorgt dafür, daß auch der Konsum wieder anzieht. Privatpersonen werden wieder mehr Häuser bauen bzw. Eigentumswohnungen kaufen. Sie werden die seit langem aufgeschobene Investition vornehmen. Dies sorgt für weiteres Wachstum. Die Wirtschaftsdaten werden noch positiver, und so nährt der Aufschwung den Aufschwung. Das einzige Manko dabei könnte die Politik sein, die meines Erachtens nach in Deutschland derzeit handlungsunfähig ist. Die bestehende Regierung hat es versäumt, rechtzeitig Reformen anzugreifen, die Opposition blockiert, damit die Wirtschaftsdaten noch schlechter ausfallen, um so selber an die Regierung zu kommen. Wie schön wäre es, wenn wir eine Regierung hätten, die es schaffen würde, den Menschen Mut zu machen, ihnen einen positiven Ausblick auf die Zukunft zu verschaffen und auf diese Weise zu noch stärkerem Wachstum beizutragen!
Nun, die Politik können Sie nicht beeinflussen, aber Sie können Ihren eigenen Boom in Ihrem Unternehmen ermöglichen. Sorgen Sie für einen positiven Zukunftsausblick, und kommunizieren Sie dies mit Ihren Mitarbeitern. Die Zeiten sind vorbei, in denen Sie nur mit Druck arbeiten konnten – gute Mitarbeiter wollen in guten, erfolgreichen Unternehmen arbeiten. Wird es nicht höchste Zeit, daß auch Sie sich einmal Gedanken um Ihre innere Einstellung machen?

Leitthesen zur 12.Stufe

1. Eine Rezession gilt nicht für alle Betriebe. Ich mache mir deshalb meine eigene Wirtschaftslage!
2. Je häufiger etwas wiederholt wird, desto eher tritt es ein. Deshalb denke, spreche und handle ich nur noch positiv!
3. Je mehr etwas beachtet wird, desto mehr wird es verstärkt. Deshalb meide ich Negatives und beachte nur noch das Positive!
4. Jede Krise birgt gleichzeitig bereits eine neue Chance in sich!
5. Ich denke positiv und beeinflusse dadurch die sich selbst erfüllende Prophezeiung.

Notizen: ______________________________

13. Stufe: Führungspersönlichkeit

Das 13. Kapitel behandelt die Führungspersönlichkeit in einem Unternehmen. (Sollten Sie zum jetzigen Zeitpunkt selber noch keine Führungspersönlichkeit sein, so ist diese Stufe dennoch sehr wichtig für Sie. Erfahren Sie doch, wie Sie sich heute bereits verhalten müssen, um morgen eine Persönlichkeit zu sein.) Jedes Unternehmen, jede Organisation hat ihre bestimmende Führungspersönlichkeit. Ob es sich nun dabei um einen Fünf-Mann-Betrieb mit dem Inhaber als Führungspersönlichkeit oder um einen Großkonzern mit 100 000 Beschäftigten handelt – es gibt immer einen Kapitän, der das Schiff dirigiert.
Der Vergleich der Führungspersönlichkeit mit dem Kapitän eines Schiffes könnte noch fortgeführt werden. Auf folgende Dinge hat der Kapitän eines Schiffes zu achten:

- Er muß seine Mannschaft als Team zusammenhalten, er muß also motivieren und begeistern.
- Er muß auch die Anregungen und Vorschläge seiner Mannschaft beachten und berücksichtigen.
- In Krisensituationen (etwa Sturm) ist er auf seine Mannschaft und das reibungslose Funktionieren der einzelnen Abläufe angewiesen.
- Läuft das Schiff auf ein Hindernis zu, so kann der Kapitän nicht erst immer diskutieren, ob man nun die Richtung nach links oder rechts wechseln oder ob das Schiff geradeaus fahren soll. Denn durch allzu langes Diskutieren würde das Schiff letztendlich auf das Hindernis auflaufen.

Ich möchte Ihnen mit diesem Vergleich verdeutlichen, daß die Führungspersönlichkeit einer Firma ähnliche Verhaltensmaßnahmen wie ein Kapitän auf einem Schiff treffen muß. Sie haben nun bereits 12 Kapitel dieses Buches gelesen, und immer wieder habe ich Sie darauf hingewiesen, wie wichtig Mitarbeiter, Kommunikation mit den Mitarbeitern, der Nutzen für die Mitarbeiter usw. sind. Und nun führe ich hier plötzlich ein Beispiel auf, nach dem ein Kapitän auf einem Schiff nicht immer diskutieren, sondern einfach mal entscheiden muß? Jawohl, denn beides steht für mich nicht im Widerspruch. Es gibt einfach gewisse Grundentscheidungen, die sich nicht diskutieren lassen. Man kann Meinungen, Fakten und Vorschläge einholen, doch eine Führungspersönlichkeit muß letztlich die Entscheidungen treffen.
Beachten Sie jedoch, daß ich hiermit nicht aussage, daß die Führungspersönlichkeit in allen Teilbereichen die alleinige Entscheidung treffen soll. Es geht mir dabei nur um die wichtigsten Entscheidungen. Eine Führungspersönlichkeit kann nicht darüber diskutieren, daß eine Firma (und damit alle beschäftigten Mitarbeiter) eine positive Ausstrahlung erreichen muß. Darüber gibt es nichts zu diskutieren! Eine Führungspersönlichkeit kann nicht darüber diskutieren, daß es wichtig ist, den Nutzen für Kunden und Mitarbeiter auszubauen und zu steigern – wenn das Unternehmen den Erfolg steigern möchte. Allerdings möchte ich meine Aussage dahingehend einschränken, daß es dem Geschick des Kapitäns unterliegt, wie er seine Ziele und Wünsche den Mitarbeitern vermittelt. Es ist ein Unterschied, ob man gegenüber den Mitarbeitern befiehlt oder ob man sie von dem einzig richtigen Kurs überzeugt. Hüten Sie sich also davor, Ihre Entscheidungen in Befehlen auszudrücken, sondern *überzeugen* Sie Ihre Mitarbeiter! Um Mitarbeiter zu überzeugen, bedarf es jedoch einer starken Persönlichkeit.
Bei den von mir veranstalteten Persönlichkeits-Seminaren

absolvieren wir oft folgende Gruppenaufgabe: »Welche Eigenschaften sollte eine Führungspersönlichkeit besitzen, und wie sollte sie sich gegenüber Mitarbeitern und Kunden verhalten?« Dabei arbeiten kleine Gruppen mit fünf bis sechs Personen die entsprechenden Merkmale heraus. Anschließend sammeln wir dann unter allen Gruppen die Eigenschaften und Handlungserfordernisse. Können Sie sich vorstellen, daß bis jetzt bei jedem Seminar immer mindestens fünfzig bis sechzig Eigenschaften und Handlungsbedürfnisse von der kompletten Seminargruppe herausgearbeitet wurden? Wenn ich mir dann diese Liste einmal näher ansehe, stelle ich fest, daß die wenigsten Führungspersönlichkeiten auch nur annähernd diese Erfordernisse erfüllen. Niemand ist perfekt, also kann auch keine Führungspersönlichkeit der Welt den Optimalzustand erreichen, doch zumindest eine Vielzahl dieser Eigenschaften sollte eine Führungspersönlichkeit besitzen und in die Praxis umsetzen. Es ist sehr bedauerlich, daß gerade die hochqualifizierten Führungspersonen (qualifiziert im fachlichen Bereich) oft die größten Mängel beim positiven Umgang mit anderen Menschen aufweisen.
Ich möchte nun im Rahmen dieses Buches einige der wichtigsten Eigenschaften und Handlungsweisen, die in allen Seminaren übereinstimmend herausgearbeitet wurden, vorstellen und erläutern.

Positives Denken

Ach ja, das positive Denken! Darüber haben Sie sicherlich auch schon einmal ein Buch oder zumindest einen Artikel gelesen! Eigentlich nicht besonders schwer, was meinen Sie? Genügt es, einmal im Leben ein Buch über positives Denken zu lesen, und schon kann man es immer und überall anwenden und umsetzen? Schön wäre es ja, doch ganz so einfach ist es

leider nicht. Wie bereits beschrieben, werden wir Menschen unser ganzes Leben lang negativ beeinflußt.
In den ersten Jahren unserer Kindheit beeinflussen uns unsere Eltern und Verwandten. Später sind es die Lehrer in der Schule. Im Berufsleben sind es dann die Kollegen und Vorgesetzten. Die entscheidende Bedeutung kommt sicherlich den Eltern zu. Und diese Eltern begehen leider die größten Fehler bei der Erziehung ihrer Kinder. Wir bekommen es doch über viele Jahre hinweg »eingehämmert«, negativ zu denken: »Man soll den Tag nicht vor dem Abend loben!« Wieviel negativer könnte ein Ausspruch eigentlich noch sein? Anstatt aufzustehen, sich am beginnenden Tag zu erfreuen, dafür dankbar zu sein, diesen Tag erleben zu dürfen und zu jubilieren, behalten wir die Suggestion, erst einmal abwarten und die Freude unterdrücken, es könnte heute ja noch etwas Schlimmes passieren. Auch wird uns durch diese oder ähnliche Art der Suggestion eingeflößt, immer Angst vor der Zukunft und vor eventuell eintretenden Problemen zu haben. Bekommen wir nicht auch eingeflößt, daß wir mit dem zufrieden sein sollen, was wir besitzen? Gehören nicht Wünsche und Träume ins Reich der Phantasie? Was bedeutet denn der Ausspruch »Lieber den Spatz in der Hand als die Taube auf dem Dach«? Doch nichts anderes, als daß man sich Wünsche und Visionen aus dem Kopf schlagen soll und mit dem zufrieden sein sollte, was man besitzt. Werden wir nicht auf diese Weise von Kindheit an kleingehalten? Wie steht es denn damit, wenn Kindern suggeriert wird: »Das schaffst du nicht, das ist nichts für dich!«
Wußten Sie, daß das Gehirn eines neugeborenen Kindes so gut wie keine Informationen gespeichert hat? Im Gegensatz zum Tier besitzt der Mensch nur wenig Instinkte, sondern wird von seinen Erfahrungen geprägt. Das menschliche Gehirn ist so aufgebaut, daß alles, was wir zeitlebens an Informationen erhalten, gespeichert wird. Wenn aber nun die Mehrzahl der Informationen, die wir täglich erhalten, negativer Art ist, wie

wird sich dann wohl unsere persönliche Entwicklung vollziehen, eher positiv oder eher negativ? Es ist nun einmal eine Tatsache, daß aus einer Tasse, in die ich Kaffee hineinfülle, beim Ausleeren auch nur Kaffee herauskommt. Wenn also unser Gehirn zeitlebens durch negative Informationen angereichert wird, wie sollte dann das Lesen eines einzigen positiven Buches dafür sorgen können, daß wir ab diesem Zeitpunkt unser restliches Leben nur noch in positivem Denken verbringen? Es würde nun den Rahmen dieses Buches sprengen, wenn ich alle Möglichkeiten erläutern würde, wodurch dauerhaftes positives Denken erzielt wird. Was ich durch dieses Buch erreichen möchte, ist eine Bewußtseinserweiterung und damit eine Veränderung Ihres Grunddenkens. Sie müssen jedoch wissen, daß auch dieses Buch alleine nicht dafür sorgen kann, daß Sie ab sofort nur noch erfolgreich und voll positiver Energie sind. Dieses Buch kann der Beginn einer Entwicklung sein, die Sie jedoch selber einleiten und durchstehen müssen. Es erfordert Kraft, Energie und Aufwand, diesen Weg konsequent zu beschreiten. Doch wenn Sie als Führungspersönlichkeit nicht Ihre »Denke« verändern, wie soll dann der Unternehmenserfolg Ihres Betriebes gesteigert werden? Denken Sie daran: »Der Fisch fängt am Kopf zu stinken an.« Die Führungspersönlichkeit ganz alleine beeinflußt die positive oder negative Entwicklung des gesamten Unternehmens – egal ob bei drei oder dreihunderttausend Beschäftigten!

Vorleben

Bei den Seminaren stellt sich immer deutlicher heraus, daß das Vorleben der Führungspersönlichkeit/en ebenfalls eine Grundvoraussetzung für Erfolg ist. Es wurde bereits in diesem Buch ausführlich beschrieben, wie und warum das Vorleben eine solch entscheidende Bedeutung besitzt. Um es nochmals zu verdeutlichen: Es kommt nicht darauf an, daß Sie mehr Stunden als Ihre Mitarbeiter arbeiten, es kommt nicht darauf an, daß Sie ein kleineres Auto fahren, es kommt nicht darauf an, daß Sie weniger Urlaub machen, sondern es kommt darauf an, daß Sie von Ihren Mitarbeitern nichts verlangen, was Sie selber nicht umgesetzt hätten oder umsetzen würden. Die Notwendigkeit des Vorlebens sollte nicht dazu veranlassen, sich in Zukunft für Ihre Firma aufzuopfern, in der guten Absicht, als Vorleber alles besser und intensiver durchführen zu müssen. Es soll nicht dazu führen, wie ich es von einem Teilnehmer eines Seminares erzählt bekam ...

An einem ganz normalen Mittwochnachmittag, um 14.00 Uhr, hatte der Seminarteilnehmer, der Inhaber einer kleineren Maschinenfabrik ist, plötzlich nichts mehr zu tun. Alle Aufgaben und Arbeiten, die er an diesem Tag zu erledigen hatte, waren erledigt, und selbst bei intensivem Nachdenken konnte er keine sinnvolle Beschäftigung für den restlichen Tag finden. Also rief er einen seiner Freunde an, von dem er wußte, daß dieser über reichlich Zeit verfügt, und vereinbarte für 15.00 Uhr ein Tennismatch. Er packte seine Aktentasche und verließ um 14.15 Uhr sein Büro, um den Tennisplatz aufzusuchen. Beim Gang durch seine Maschinenfabrik beschlich ihn ein ungutes Gefühl, ja er bekam regelrechte Schuldgefühle. Er fragte sich, was denn wohl seine Mitarbeiter nun denken würden, wenn er an einem ganz normalen Mittwochnachmittag, um 14.15 Uhr, die Firma verläßt. Würde sich das nicht schlecht auf die Arbeitsmoral der Mitarbeiter auswirken? Würde er da nicht als schlechter Vorleber dastehen und seine Mitarbeiter dazu motivieren, ebenfalls weniger Arbeitseinsatz zu bringen? Je länger der Weg durch seine Maschinenhalle wurde, um so mehr verschwand seine Absicht, Tennis zu spielen. Als er fast das Ende der Fabrik erreicht hatte, kehrte er um, rief seinen Freund an, sagte das Tennismatch ab und hielt sich noch bis 18.00 Uhr in seinem Büro auf, ohne jedoch eine sinnvolle Tätigkeit zu vollbringen. Alles nur aus der Angst, ein schlechtes Vorbild für seine Mitarbeiter zu sein. Dies meine ich nicht mit Vorleben. Mitarbeiter haben ein feines Gespür dafür, ob ein Chef seine Firma »liebt« und sich dafür einsetzt ober ob er nur Mitarbeiter und Firma für seine persönlichen Interessen ausnutzen möchte. Eine Führungspersönlichkeit kann deshalb durchaus einen Nachmittag freinehmen, sie kann durchaus des öfteren in Urlaub fahren, sie kann durchaus ein großes Auto fahren, wenn sie dafür im Gegenzug ihren Mitarbeitern ebenfalls genügend Nutzen gibt. Aufgrund meiner Erfahrung ist es für Mitarbeiter nicht entscheidend, welche Arbeitszeit der Inhaber für sein Unternehmen aufwendet oder ob er gutes Geld mit seiner Firma verdient, solange er nur genügend Nutzen in die Firma bringt und seine Mitarbeiter »liebt«. Mitarbeiter erkennen es durchaus an, wenn eine Führungspersönlichkeit tolle Ideen produziert und dafür vielleicht etwas weniger Arbeitszeit aufwendet. Natürlich müssen Sie sich darüber klar sein, daß Sie als Führungspersönlichkeit irgendeine Art von Nutzen in die Firma einbringen müssen – ansonsten werden Sie als Vorleber und Vorbild nicht anerkannt.

Überzeugt sein

Eine erfolgreiche Führungspersönlichkeit muß überzeugt sein von:

1. **sich selbst,**
2. **der Firma,**
3. **dem Produkt,**
4. **dem Erfolg.**

Bei einer Untersuchung in den Vereinigten Staaten kam als Ergebnis heraus, daß fast 80 Prozent der amerikanischen Handlungsreisenden frustriert sind. Die Frustration rührte daher, daß sie sich mit einem der vier oben aufgeführten Teilbereiche nicht identifizieren konnten. Können Sie sich als Führungskraft mit diesen vier Bereichen identifizieren? Damit sich Menschen mit einer Firma identifizieren können, ist es notwendig, daß die Firma ein erfolgreiches Unternehmen ist. Nur mit einem erfolgreichen Betrieb kann man sich auch identifizieren. Mit einem Produkt kann man sich dann identifizieren, wenn es einen hohen Nutzen impliziert. Je höher der Kundennutzen, desto leichter fällt es einem Menschen, sich mit der Firma und dem angebotenen Produkt zu identifizieren. Von sich selbst überzeugt zu sein bedeutet, das positive Denken verinnerlicht zu haben. Dies ist schwierig und erfordert Zeit und Geduld. Der letzte der vier oben aufgeführten Punkte erscheint für viele Menschen unklar. Ist nicht jeder Mensch vom Erfolg überzeugt? Um das herauszufinden, habe ich vier Aufgaben für Sie vorbereitet. Bitte führen Sie diese vier Aufgaben gewissenhaft durch, und danach werden Sie wissen, ob Sie Ihre eigene Persönlichkeit auf Erfolg programmiert haben oder nicht.

5. Aufgabe:

Nehmen Sie bitte ein Blatt Papier (Sie können auch diese Seite mit den vorgegebenen Linien verwenden) und versehen es mit der nachstehenden Überschrift:

Wann, an welchem Tag, haben Sie den Entschluß gefaßt, erfolgreich zu werden?

____

____

____

____

Denken Sie in aller Ruhe darüber nach. Sollte Ihnen dieser Tag nicht einfallen, so seien Sie sicher, daß Sie bis zu diesem Kapitel noch nicht ernsthaft den Entschluß gefaßt hatten, wirklich – und ich meine wirklich – erfolgreich zu werden. Sollte Ihnen also dieser Tag nicht einfallen, so fassen Sie heute, jetzt, zu dieser Minute, den unumstößlichen Entschluß, daß Sie in Ihrem Leben eine erfolgreiche Persönlichkeit werden. Erst wenn Sie diese erste Aufgabe absolviert haben, dürfen Sie zur Aufgabe 6 wechseln. Begehen Sie nicht den Fehler, über die Aufgabe 5 hinwegzulesen, denn dann hätten die folgenden drei Aufgaben ihren Sinn verloren. *Nochmals:* Bei diesem Buch handelt es sich nicht um ein Lesebuch oder einen Roman, sondern um ein Arbeitsbuch zur Entwicklung Ihres privaten und persönlichen Erfolgs!

6. Aufgabe:

Auf welchem Gebiet möchten Sie erfolgreich werden?

Viele Menschen bleiben zeitlebens erfolglos, nur weil sie sich für ein falsches Gebiet entschieden haben. Es gibt nun einmal Stärken und Schwächen, Neigungen und Talente. Es gibt Menschen, die arbeiten ihr ganzes Leben in einem verwaltenden Bereich, obwohl sie eigentlich eher kreativ veranlagt sind. Es gibt Menschen, die arbeiten in ihrem Beruf alleine, am Schreibtisch, obwohl sie geradezu prädestiniert erscheinen, mit Menschen umzugehen. Prüfen Sie deshalb, ob Sie wirklich genau wissen, ob Sie wirklich sicher sind, auf welchem Gebiet Sie erfolgreich werden möchten. Erst wenn Sie diese nächste Aufgabe beantwortet haben, gehen Sie bitte zur dritten Aufgabe über.

7. Aufgabe:

An welcher Aufgabe arbeiten Sie?

Viele Menschen arbeiten und wissen nicht wofür! Andere wissen bereits in jungen Jahren, an welcher Aufgabe sie ihr Leben lang arbeiten werden. Ein Mensch braucht eine Aufgabe. Nur wenn er seine Aufgabe in seinem Leben erkannt hat, kann er wirklich erfolgreich werden. Sie müssen nicht in allen Bereichen der Beste sein. Sie müssen nicht die ganze Welt beeinflussen; es genügt, wenn Sie Ihre Aufgabe kennen und in dieser Aufgabe aufgehen. Die erfolgreichsten Menschen sind diejenigen, die die Stärke ihres Lebens erkannt haben und an ihrer Aufgabe arbeiteten. Warum ist ein Boris Becker so erfolgreich? Er hat seine Stärke erkannt und sie zur Perfektion ausgearbeitet. Dafür ist er eine der bekanntesten Persönlichkeiten in Deutschland.

8. Aufgabe:

Welche Vision, welches Hauptziel verfolgen Sie?

Haben Sie überhaupt ein Ziel? Oder arbeiten Sie bereits mit Zielrichtung auf den Ruhestand? Es gibt Menschen, die bereiten sich mit vierzig Jahren bereits auf ihren Tod vor. Diese Menschen planen bereits mit vierzig Jahren ihren Ruhestand, ihre Hobbys im Alter, ihren Friedhof, ihre Hinterlassenschaft für ihre Nachkommen. Aus welchem Grund leben diese Menschen eigentlich noch weiter? Es gibt andere Menschen, die selbst in fortgeschrittenem Alter noch Neues beginnen, neue Aufgaben in Angriff nehmen. Bei einem Seminar habe ich Norbert Neumann aus Königsstein kennengelernt. Herr Neumann gründete im Alter von 49 Jahren ein Software-Unternehmen, und bereits drei Jahre später erzielte seine erfolgreiche Firma über 30 Millionen Jahresumsatz! Spornt Sie dieses Beispiel nicht an? Ist ein solches Beispiel nicht Anreiz, Ihre Ziele und Visionen neu zu definieren? Aber achten Sie darauf, daß Ihre Aufgabe anderen Menschen nicht schadet, sondern nutzt. Nur wenn Sie Nutzen weitergeben, anderen Menschen helfen und nützlich sind, können Sie auf Dauer erfolgreich sein.

Haben Sie die vier Aufgaben beantwortet? Es ist durchaus nicht von Nachteil, wenn Sie eine oder mehrere dieser vier Aufgaben nicht beantworten konnten. Aber wenn Sie in Zukunft erfolgreicher werden möchten, so beantworten Sie sie heute! Das Schicksal liegt in Ihrer Hand.

In einem Jahr werden Sie entweder ein bißchen erfolgreicher oder ein bißchen erfolgloser sein – beginnen Sie heute den Entschluß für den Erfolg zu fassen.

Freundlichkeit

Wir kommen nun zu etwas so Banalem, Selbstverständlichem, von uns allen bereits praktizierten Thema wie die Freundlichkeit! Eigentlich könnten wir es damit dabei belassen und zum nächsten Punkt übergehen. Eigentlich ...
Jeder Mensch ist der Meinung, freundlich, höflich und nett zu sein. Jeder weist empört Vorschläge zurück, die auf eine Verbesserung der individuellen Freundlichkeit anderen Menschen gegenüber abzielen. Sogar Al Capone, der Gangsterkönig aus Chicago, veröffentlichte den Spruch: »Ich weiß gar nicht, was manche Menschen für Probleme mit mir haben, mit mir kann man doch wirklich gut auskommen!«
Wenn selbst ein Al Capone, auf dessen Konto sicherlich einige hundert Morde gehen, davon überzeugt war, »ein netter Mensch zu sein, mit dem man doch auskommen kann«, welche Meinung haben dann wohl die »normalen Menschen« von sich selbst? Bei Tests, die ich einmal in Betrieben durchführte, kreuzten 98 Prozent der Mitarbeiter bei der Frage »Wie verhalten Sie sich gegenüber anderen Menschen?« an: »Äußerst freundlich und zuvorkommend.« Doch diese Eigensicht steht oft im krassen Gegensatz zur praktizierten Wirklichkeit. Gehen Sie einmal mit offenen Augen durch die Welt, und analysieren Sie, wie sich die Mehrheit der Menschen verhält:

- Wie verhält sich die Mitarbeiterin in der Telefonzentrale Ihrer Firma?
- Wie werden Sie an der Kasse im Supermarkt behandelt?
- Welchen Eindruck macht der Beamte am Verkaufsschalter der Bundesbahn auf Sie?
- Beherzigt die Bedienung im Restaurant das Gebot der Freundlichkeit?

Wenn Sie die nächsten Tage einmal ganz bewußt Ihre Mitmenschen beobachten, werden Sie feststellen, daß nur die wenigsten *tatsächlich* freundlich sind. Ist das nun ein Zeichen dafür, daß wir ein Volk der Unfreundlichen sind, daß die heutigen Menschen die Freundlichkeit verlernt haben? Fest steht, daß durch verschiedene Entwicklungen die Menschen es immer mehr verlernen, eine ansteckende Freundlichkeit und Fröhlichkeit auszustrahlen. Nicht umsonst hat die Firma Disney diese beiden Faktoren zu Eckpfeilern ihrer Firmenphilosophie erklärt. Disneyland investiert sehr viel Geld dafür, ihre Mitarbeiter in diesen Bereichen zu schulen. Das Ergebnis ist dann, daß in einem Vergnügungspark wie dem Euro Disney in Paris 12 000 Mitarbeiter jederzeit fröhlich und freundlich sind, von der Restaurantbedienung bis zum Parkplatzwächter. Eine solche Philosophie in den Köpfen vieler tausend Menschen einzuprogrammieren, erfordert natürlich eine gründliche, auch kostenintensive Ausbildung. Disney hat dafür eine eigene »Disney-Universität« für seine Mitarbeiter ins Leben gerufen. Geschult werden dabei nicht nur die Führungskräfte, sondern auch der achtzehnjährige Mitarbeiter, der auf dem großen Flußdampfer die Absperrkette ein- und aushängt. Disney schult auch diesen Mitarbeiter und investiert eine Menge Geld in ihn, obwohl anzunehmen ist, daß er nicht sein Leben lang diese Tätigkeit bei Disney ausführen wird.

Zwischen dem Anspruch der Freundlichkeit und unserem tatsächlichen Verhalten in der Praxis klafft also eine riesige Lükke. Diese Lücke können Sie nur schließen, wenn Sie permanent an diesem Punkt arbeiten – beginnen Sie zunächst einmal bei sich selbst! Ein freundlicher Chef wird zwangsläufig eine Kettenreaktion auslösen, in die auch seine Mitarbeiter, seine Kunden und neue Interessenten automatisch einbezogen werden. Der Magnet im Bauch funktioniert immer. Ein schlechtgelaunter, muffeliger Chef wird automatisch seine Mitarbeiter mehr und mehr mit seiner Laune infizieren, so daß zwangsläufig auch die Kunden ohne besondere Freundlichkeit behandelt werden. Verlassen Sie sich darauf, daß dieses Lebensgesetz immer funktioniert!

Wenn ich bei meinen Seminaren auf das Thema »Freundlichkeit« zu sprechen komme, gibt es meist Teilnehmer, die hier Bedenken äußern. Es sei nun einmal so, argumentieren sie, daß man nicht jeden Tag gleich gut eingestimmt ist. Es kommt nun einmal vor, daß man Sorgen und Probleme hat, die sich natürlich auch im beruflichen Alltag nicht so leicht vergessen lassen. Wenn man sich aber in einer solchen Phase befindet, wäre es »unnatürlich und aufgesetzt«, den Kunden trotzdem Freundlichkeit und Fröhlichkeit »vorzuspielen«. Ich frage dann die Seminarteilnehmer, ob sie daran glauben, daß es zwischen der inneren Einstellung (also so wie man sich innerlich fühlt) und dem Verhalten nach außen Zusammenhänge gäbe. Diese Frage wird von allen Seminarteilnehmern immer übereinstimmend bejaht. Ich frage dann die Seminarteilnehmer, ob nicht auch das äußere Verhalten einen Einfluß auf die innere Einstellung (also so, wie man sich fühlt) nehmen könnte? Die Teilnehmer können dies meist nicht klar beantworten und beginnen intensiv darüber nachzudenken. Ich frage dann die Teilnehmer, was wohl passiert, wenn man, obwohl man sich vielleicht an diesem Tag schlechtfühlt, anderen Menschen gegenüber trotzdem freundlich und fröhlich ist. Ist es nicht so, daß in diesem Falle auch die Rückmeldung der anderen Menschen positiv sein wird? So wie man in den Wald ruft, so wird das Echo zurückschallen.

Unser Verhalten nach außen, also gegenüber anderen Menschen, ist verantwortlich dafür, welches Feedback wir von anderen Menschen zurückerhalten. Und nun können Sie sich selber überlegen, wie sich Ihr Verhalten anderen gegenüber auf Ihre eigene Person auswirken wird. Sind Sie anderen Menschen gegenüber freundlich, werden Sie unweigerlich Freundlichkeit zurückerhalten. Sind Sie sorgenvoll, bedrückt und mißgestimmt, werden Sie die gleichen Eindrücke von Ihrer Umwelt zurückbekommen. Und nun müssen Sie sich selber klar darüber werden, wie sich diese Rückmeldung der anderen Menschen auf Ihre Stimmung, auf Ihre innere Einstellung auswirken wird. Sind Sie also, gleich aus welchen Gründen, einmal in schlechter Stimmung, so verhalten Sie sich ganz bewußt und noch stärker als sonst freundlich gegenüber Ihrer Umwelt. Die positive Rückmeldung, die Sie dann erhalten, wird automatisch auch Ihre innere Einstellung positiv beeinflussen!

Und nun eine Aufgabe:
Gehen Sie in den nächsten Tagen ganz bewußt auf andere Menschen freundlich zu. Behandeln Sie die Bedienung in Ihrem Restaurant einmal besonders freundlich, und erteilen Sie aufrichtige Komplimente für gute Leistung. Lächeln Sie ganz bewußt die Kassiererin im Supermarkt an, und vielleicht bedanken Sie sich einmal dafür, daß sie Sie immer so freundlich und zuverlässig bedient. Gehen Sie einfach auf alle Menschen mit einem freundlichen, aufrichtigen Lächeln zu. Sie werden überrascht sein, wie Ihre Mitmenschen ebenfalls ein Lächeln, ebenfalls Freundlichkeit zurückgeben. Sie werden überrascht sein, daß die gleichgültigste, nie eine Miene verziehende Verkäuferin plötzlich ihr Gesicht aufhellt, wenn Sie mit einem Lächeln auf sie zugehen. Setzen Sie einfach die Freundlichkeit in die Praxis um – *es kostet Sie nichts*, keinen Pfennig!
Ich weiß nicht, ob Sie zur Zeit einen festen Partner haben, doch denken Sie einmal zurück an die Zeit, als Sie Ihren Partner (oder einen früheren Partner) kennenlernten. Ab welchem Zeitpunkt haben Sie Sympathie füreinander entwickelt? Die Sympathie entwickelte sich meistens zum Zeitpunkt des ersten Lächelns! Nur höchst selten findet man einen Menschen sympathisch, der mit versteinertem Gesicht

und ohne die Spur eines Lächelns eine Unterhaltung führt. Was ist das Geheimnis vieler berühmter Persönlichkeiten? Was ist das Erfolgsgeheimnis eines Thomas Gottschalk? Ist es nicht sein Lächeln, seine Fröhlichkeit und Freundlichkeit, einfach seine Fähigkeit, uns ein bißchen Freude zu bringen? Warum haben es manche Politiker so schwer, Sympathien für sich zu erhalten? Wenn ich manchmal Politiker während Interviews im Fernsehen sehe, dann höre ich zwar bedeutungsschwere Worte, sehe, zumindest vom äußeren Anschein her, seriöse Personen – doch Sympathie entwickeln ist mir nur bei den wenigsten möglich. Vielleicht liegt es daran, daß die allerwenigsten Politiker lächeln können. Viele Politiker scheinen die Einstellung zu haben, daß ein Lächeln ihre Seriösität und Glaubwürdigkeit untergraben würde. Welch ein Unsinn! Die Menschen entscheiden sich in der Regel nicht für irgendwelche Programme, Aussagen, Strategien und sonstige Dinge, sondern meist für Persönlichkeiten, in der Politik ebenso wie auf der Bühne oder wie in den Firmen. Es sind nicht diejenigen Menschen am erfolgreichsten, die den höchsten Intelligenzquotienten besitzen, sondern die Menschen mit einer charismatischen Ausstrahlung. Charisma, dieses Wort aus dem Griechischen, beschreibt die Wirkung, die ein Mensch auf andere Menschen ausübt. Ehrliche und aufrichtige Freundlichkeit gegenüber anderen Menschen ist dabei ein wesentlicher Bestandteil der charismatischen Begabung.

Viele Firmen investieren riesige Mittel in neue Maschinen, neue Technologien, in Forschung usw., doch eine einfache Maßnahme, wie der Erfolg des Unternehmens gesteigert könnte, mißachten sie. Freundlichkeit weiterzugeben, immer und überall, ohne Rücksicht darauf, ob ich einen Nutzen zurückerwarte, ist eine Grundvoraussetzung für eine Führungspersönlichkeit und damit für den persönlichen Erfolg.

Nützlich sein

Sie haben im letzten Abschnitt etwas über Freundlichkeit gehört und daß man sie weitergeben sollte. Sie sollten dabei jedoch darauf achten, daß Sie diese Freundlichkeit ohne Hintergedanken an andere Menschen vergeben. Viele Menschen sind nur zu den Personen freundlich, von denen sie sich einen Nutzen erwarten. Diese Art der Freundlichkeit ist allerdings aufgesetzt und falsch. Diese Art der Freundlichkeit wird von den Menschen als Mittel zum Zweck erkannt und wird sich in das Gegenteil umkehren, nämlich zum Mißerfolg führen. Freundlich zu sein bedeutet, Nutzen an andere Menschen weiterzugeben, ohne sofort wieder einen Nutzen zurückzuerhalten. Sie haben über die Erhöhung des Kundennutzens und die Erhöhung des Mitarbeiternutzens gelesen. In beiden Fällen stand das Thema »Nutzen geben« im Vordergrund. Eine große Führungspersönlichkeit zeichnet aus, daß sie Nutzen an andere Menschen weitergibt – ohne immer sofort einen Gegennutzen zurückzuerwarten.
Viele Menschen warten immer darauf, daß das Glück zu ihnen kommt. Viele Menschen glauben an den großen Traum eines Lotteriegewinns, hoffen auf eine göttliche Fügung, die ihnen zu mehr Erfolg, zu mehr Freude im Leben verhelfen soll. Doch die wenigsten Menschen sind bereit, selber etwas für ihren Erfolg, selber etwas für ihr Glück zu tun. Deshalb programmieren Sie folgenden Grundgedanken in Ihr Unterbewußtsein ein:

»Erfolg ist abhängig von der Menge des Nutzens, den ich anderen Menschen gebe!«

Viele Menschen erwarten immer, daß sie Nutzen von anderen erhalten, ohne selber den ersten Schritt zu tätigen. Von John

F. Kennedy, einer der charismatischsten Führungspersönlichkeiten dieses Jahrhunderts, stammt der berühmte Ausspruch an seine amerikanischen Bürger:

»Überlegt nicht, was euer Land für euch tun kann, sondern was ihr für das Land tun könnt!«

Ein ungeheuerlicher Satz, den bis dato die wenigsten Politiker wagten laut auszusprechen. Drückt dieser Satz John F. Kennedys nicht aus, was die Aufgabe eines jeden Menschen sein sollte? Warum warten wir eigentlich immer darauf, daß von irgendwoher das Glück zu uns kommt, und sind nicht bereit, selbst etwas dafür zu tun?
Ich möchte nicht verschweigen, daß es auch möglich ist, durch Härte, Rücksichtslosigkeit und »Ellenbogen-Denken« erfolgreich zu sein. Sicherlich ist dies möglich und auch ein gangbarer Weg. Doch aufgrund meiner Erfahrung ist ein solcher Erfolg nicht von Dauer und bringt kein persönliches Glück. Was ist eigentlich das höchste Ziel im Leben eines Menschen? Ist es nicht das Ziel eines jeden, möglichst wichtig und bedeutend zu sein? Haben Sie nicht durch dieses Buch erfahren, daß Sie nur dann wichtig und bedeutend sein können, wenn Sie wichtig und bedeutend für andere Menschen sind? Die Konsequenz daraus ist doch offensichtlich: Sie können nur wichtig und bedeutend für andere Menschen werden, wenn Sie diesen Nutzen bringen. Nicht die irdischen Güter bringen Glück und Freude im Leben, sondern die Anerkennung, das Lob und die Freude anderer Menschen. Sie kennen sicherlich die biblische Aussage:

»Was nützet es dir, wenn du die ganze Welt gewönnest und doch dabei deine Seele Schaden leidet?«

Und nun eine direkte Frage an Sie, gleichgültig, ob Sie Firmeninhaber, Führungskraft, Mitarbeiter sind: Machen Sie sich anderen Menschen gegenüber nützlich? Falls Sie Chef sind, so fragen Sie sich: Wann und wie oft haben Sie sich bei Ihren Mitarbeitern nützlich gemacht?
Fragen Sie sich, wie oft Sie sich gegenüber Ihren Arbeitskollegen nützlich machen. Und fragen Sie sich auch, wie oft Sie sich als Mitarbeiter bei Ihren Vorgesetzten nützlich machen.
Ich bin deshalb so frei, wandle den Spruch von Kennedy ab und frage Sie deshalb:

»Überlegen Sie nicht, was Ihre Firma für Sie tun kann, sondern was Sie für das Unternehmen tun könnten!«

O ja, es ist so einfach und so normal, die Forderungen an die Firma und an den Chef zu stellen. Doch wie viele Mitarbeiter sind *tatsächlich* bereit, sich vor dem Stellen von Forderungen erstmal nützlich zu machen? Wenn sich ein Mitarbeiter für seine Firma nützlich macht, so wird sich das, nach meiner persönlichen Erfahrung, immer auch in einen Nutzen für den Mitarbeiter auswirken. Aber begehen Sie nicht den Fehler, das Geben von Nutzen schon mit Forderungen zu verbinden.

- Der Chef setzt eine Prämie in Aussicht, die aber nur ausgezahlt wird, wenn eine besondere Leistung erzielt wird.
- Der Mitarbeiter stellt Forderungen nach zusätzlichen Prämien und Leistungen an die Firma, ehe er bereit ist, sich über das normale Maß hinaus zu engagieren.
- Ein Mitarbeiter ist nur dann bereit, einem Kollegen gegenüber einen Gefallen zu tun, wenn vorab der Kollege ihm einen Gefallen getan hat.

Diese Beispiele ließen sich beliebig fortführen. Finden Sie sich in diesen Beispielen wieder? Dann analysieren Sie doch einmal Ihre jetzige Situation. Sind Sie bereits höchst erfolgreich, oder wundern Sie sich vielleicht darüber, daß andere Menschen, die vielleicht einen niedrigeren Intelligenzquotienten als Sie besitzen, bereits erfolgreicher sind als Sie? Erfolgreiche Persönlichkeiten machen sich nützlich – immer und überall, und das ohne den Hintergedanken, daß sich der gegebene Nutzen sofort wieder auszahlen müßte.
Meine Philosophie lautet also, daß mehr Erfolg durch die Weitergabe von Nutzen erzielt werden kann. Die meisten Menschen, die ich kennenlernte und die dieses Gebot mißachteten, haben irgendwann dafür bezahlen müssen. Ich kann mich noch gut an meine ersten Jahre als Berufstätiger erinnern. Mit sechzehn begann ich eine Ausbildung zum Speditionskaufmann in einer mittelständischen Spedition. Der örtliche Filialleiter, ein nach außen hin sehr christlicher Mensch, entpuppte sich bereits kurze Zeit nach meinem Eintreten in die Firma als Tyrann und als ein Mensch, der keinerlei Nutzen an seine Menschen weitergab. Eine seiner größten Freuden war es, die anderen Auszubildenden und mich verbal anzugreifen, einzuschüchtern und seine Aggressionen an uns abzubauen. Sein Standardausspruch lautete in etwa so: »Sie sind der schlechteste Auszubildende, den ich jemals hier in der Firma hatte. Aus ihnen wird nie etwas werden, das garantiere ich Ihnen!« Sie können sich vorstellen, daß sich nur die wenigsten Auszubildenden in dieser Firma positiv entwickelten. Auch ich war im ersten Jahr meiner Ausbildung verschüchtert, gehemmt und beging demzufolge sehr viele Fehler. Dies bestärkte natürlich den Filialleiter in seiner Meinung, den »schlechtesten Auszubildenden aller Zeiten« vor sich zu haben, und er setzte immer »noch eins oben drauf«. Nach einem Jahr wurde ich in die Abteilung Abrechnung, Kalkulation und Statistik versetzt. Natürlich hatte auch dieser Abtei-

lungsleiter, Elmar Eichelbrönner, aufgrund der Gespräche mit meinem vormaligen Chef, keine besonders gute Meinung von mir. Aber er war ein fairer, höflicher Mensch, auch wenn er zu Beginn meiner Tätigkeit in seiner Abteilung noch kein großes Vertrauen in mich setzte.

Eines Tages erkrankte eine wichtige Mitarbeiterin in der Abteilung genau zu dem Zeitpunkt, als die neue Computeranlage mit völlig neuen Software-Systemen eingeführt wurde. Der Abteilungsleiter setzte sich mit mir und einem weiteren Auszubildenden der Abteilung zusammen und erläuterte uns, daß einer von uns beiden in einigen Wochen eine wichtige Aufgabe in der Abteilung übernehmen müßte. Er würde uns beide in die neue Technologie einführen und dann kurzfristig entscheiden, wer von uns beiden ihm als geeignet erscheine. Zum ersten Mal seit dem Eintritt in mein Berufsleben, hatte ich eine Aufgabe, ein Ziel vor mir. Der Abteilungsleiter hatte mir durch das kurze Gespräch gezeigt, daß es ganz alleine in meiner Macht stand, ihn von meiner Leistung zu überzeugen. Ich arbeitete schließlich über sechzig Stunden in der Woche und entwickelte mich in dieser Zeit hervorragend. Schließlich erhielt ich den Zuschlag für den neuen Posten – und zum ersten Mal durchströmte mich ein Gefühl der Wichtigkeit und des Selbstbewußtseins. Zwei Jahre später, im Alter von neunzehn Jahren, war ich inoffizieller stellvertretender Abteilungsleiter und leitete in Abwesenheit des Abteilungsleiters diesen Bereich völlig selbständig.

Der Filialleiter, der sich durch sein Verhalten in der ganzen Firma unbeliebt gemacht hatte und niemals auch nur einen einzigen Nutzen an andere Menschen weitergab, hatte aus unerfindlichen Gründen stets großen Einfluß auf den Firmeninhaber. Diese gute Stellung beim Inhaber sorgte auch dafür, daß er trotz all seiner Fehler, trotz seines schlechten Verhaltens den Mitarbeitern gegenüber immer eine sichere Position im Unternehmen innehatte. Als ich jedoch mit neunzehn

Jahren stellvertretender Abteilungsleiter war, eröffnete uns eines Tages der Firmeninhaber, daß in Kürze ein Geschäftsführer eingestellt würde, da sich die Situation des Unternehmens in den letzten Jahren verschlechtert habe. Wenige Wochen später begann der neue Geschäftsführer seine Tätigkeit. Er analysierte alle Teilbereiche des Unternehmens, setzte hart seine Maßnahmen durch, war aber bei aller Härte immer fair, gerecht und neutral zu allen Mitarbeitern. Er erkannte recht schnell, daß der Filialleiter einen ungünstigen Einfluß auf den ganzen Betrieb ausübte, und bereits ein Jahr später wurde dem Filialleiter nahegelegt, sich eine neue Stelle zu suchen. Der Filialleiter, der »kleine Gott« unserer örtlichen Filiale, fand daraufhin nur einen Job als »Verkäufer« in einer anderen Firma. Er verlor also an Stellung, sicherlich auch an Einkommen, und dies war der gerechte Lohn für sein Verhalten.

Ich erzähle Ihnen diese Geschichte, um Ihnen zu verdeutlichen, wie wichtig es ist, für andere Menschen nützlich zu sein, Nutzen weiterzugeben. Ich könnte viele solcher Fälle aufzählen, in denen Menschen durch ihr Verhalten letztendlich erfolglos wurden, und ich könnte eine Reihe von Fällen aufzählen, in denen Menschen durch das Prinzip des Nutzengebens äußerst erfolgreich wurden. Letztendlich müssen Sie sich selber für eine der beiden Möglichkeiten entscheiden, entweder für den Nutzen oder für das »Ellenbogen-Denken«.

Geben Sie Nutzen weiter ohne Hintergedanken und ohne sofort einen Gegennutzen zu fordern, dann werden Sie unweigerlich Nutzen zurückerhalten. Vielleicht haben Sie schon einmal ein Paar kennengelernt, das Ihnen sehr sympathisch war, vielleicht haben Sie dann auch eine Einladung zum Abendessen ausgesprochen. Einige Zeit darauf haben Sie das Paar, da es ein sehr schöner und anregender Abend gewesen war, zu einem neuerlichen Abendessen eingeladen – ohne zu denken: »Die hätten uns ja ruhig auch einmal einladen könne.« Sie werden feststellen, daß nun beim dritten Mal die Einladung von Ihrem befreundeten Paar ausgesprochen wird, und vielleicht entwickelt sich daraus eine echte, wirkliche Freundschaft zwischen Ihnen. *Sie* müssen also aktiv werden und Nutzen weitergeben, nur dann werden Sie *Nutzen* zurückerhalten.

Ich stellte in meinem INLINE-Büro einmal eine Mitarbeiterin ein, die ich auch privat kannte und mochte. Während der nachfolgenden eineinhalb Jahre gab ich, soweit es mir möglich war, Nutzen an meine Mitarbeiterin weiter. Ich investierte in Anerkennung, Übertragung von Verantwortung und versuchte ihre Persönlichkeit zu fördern und aufzubauen. Mir war nämlich aufgefallen, daß meine Mitarbeiterin aufgrund ihrer früheren Erziehung von Unsicherheit, Ängsten, Hemmungen und Komplexen negativ beeinträchtigt wurde. Während all dieser Zeit bekam ich keine Anerkennung und kein Lob zurück. Zu stark beeinträchtigten Komplexe und Hemmungen bei meiner Mitarbeiterin die Fähigkeit, Gefühle zu zeigen und weiterzugeben. Dagegen bekam ich immer wieder das Gefühl von meiner Mitarbeiterin suggeriert, ich würde noch zu wenig geben, ich müßte noch mehr investieren, mit einem Wort, sie suggerierte mir unbewußt eine »Bringschuld« ein. Sie können sich vorstellen, daß es gerade in solchen Phasen unheimlich schwer ist, weiterhin Nutzen zu geben und jemanden zu fördern und aufzubauen. Doch irgendwann, ich dachte schon gar nicht mehr, daß es einmal geschehen könnte, änderte sich die Einstellung meiner Mitarbeiterin. Plötzlich lobte sie mich und zeigte sich begeistert von der Firma und von unserer Beziehung. Nachdem ich lange Zeit keine Reaktionen von ihr bekommen hatte, schrieb sie mir dann zum Weihnachtsfest ein längeres Schreiben, welches mich sehr rührte. Es hat lange gedauert, ehe meine Saat aufging und ich die Ernte einfahren konnte. Doch die Ernte, nämlich eine motivierte und begeisterte Mitarbeiterin zu

besitzen, war die Mühe wert und spornt mich weiter an, permanenten Nutzen an meine Mitarbeiter, an meine Kunden und an meine Freunde weiterzugeben. Es erübrigt sich sicherlich, Ihnen mitzuteilen, daß diese Mitarbeiterin zu meinen wichtigsten zählt und ihre erbrachte Arbeitsleistung fast schon unglaublich ist. Ihr wird keine Arbeit zuviel; zuverlässig, pünktlich und fleißig erledigt sie alle, aber auch wirklich alle anfallenden Arbeiten in ihrem Verantwortungsbereich. Sie setzt sich vorbehaltlos für ihre Firma und für mich ein. Sie steuert Ideen bei, freut sich und leidet bei Erfolg und Mißerfolg mit. Jedes Quentchen Nutzens, den ich also in diese Mitarbeiterin investierte, gab sie mir um ein Vielfaches zurück. Ich bekomme soviel Nutzen von ihr, daß ich fast schon ein schlechtes Gewissen empfinde, da ihr Nutzen, den sie mir zurückgibt, den von mir gegebenen bei weitem übertrifft.
Und nun kommen wir wieder zu einigen wichtigen Aufgaben, die Sie bitte absolvieren. Nehmen Sie sich dazu wieder ein leeres Blatt Papier und einen Stift zur Hand (oder verwenden Sie die vorgegebenen Linien).

9. Aufgabe:

Schreiben Sie auf das Blatt Papier die Überschrift:

Bei welchen Menschen habe ich mich in der Vergangenheit wie nützlich gemacht?

Nehmen Sie sich zu dieser Aufgabe mindestens 15 Minuten Zeit, und ergründen Sie einmal Ihre eigene Vergangenheit. Finden Sie heraus, wieviel Nutzen Sie bisher gegeben haben. Erst wenn Sie diese Aufgabe absolviert haben, gehen Sie bitte zur zweiten Aufgabe über.

10. Aufgabe:

Sie haben die vorherige Aufgabe absolviert, und je mehr Ihnen dazu eingefallen ist, desto glücklicher können Sie sich schätzen. Sollte Ihnen Ihre eigene Liste allerdings zu klein vorkommen, dann verfallen Sie jetzt nicht in nachdenkliches Grübeln, und reden Sie sich keine Schuldgefühle ein. An der Vergangenheit, ob sie nun positiv oder negativ ist, kann niemand etwas verändern. Verändern können Sie aber etwas für Ihre Zukunft. Deshalb nehmen Sie sich nun ein weiteres Blatt Papier zur Hand (oder verwenden Sie das Buch) und versehen es mit der Überschrift:

Bei welchen Menschen werde ich mich wie in Zukunft nützlich machen?

Schreiben Sie also nicht nur die Namen der Menschen auf, bei denen Sie sich nützlich machen werden, sondern auch, wie und wann Sie dies umsetzen werden. Beziehen Sie dabei folgende Bereiche in Ihre Aufgabe mit ein:

- Ihre Kollegen,
- die von Ihnen geführten Mitarbeiter,
- Ihre Vorgesetzten,
- Ihre Firma,
- die Kunden,
- Ihre Familie,
- Ihre Freunde und Bekannten.

Diese Aufgaben sollten Sie regelmäßig wiederholen. Führen Sie diese Aufgaben mindestens zweimal jährlich durch. Vergleichen Sie Ihre Listen, und stellen Sie fest, ob die Liste zur 9. Aufgabe immer länger wird und ob Ihnen immer mehr neue

Nutzen für Ihre Mitmenschen einfallen. Je größer und ausführlicher die Liste zur 9. Aufgabe bei Ihnen wird, desto wichtiger und bedeutender werden Sie als Persönlichkeit, also desto erfolgreicher werden Sie sein.

Nicht »Everybody's Darling« sein

Die bis jetzt behandelten Kapitel sollten nicht dazu führen, es in Zukunft allen Menschen recht zu machen – das ist nämlich nicht möglich. Nutzen weitergeben, freundlich sein usw. hat nichts damit zu tun, unbedingt von allen Menschen geliebt und anerkannt zu werden oder, um es mit einem anderen Ausdruck zu formulieren:

Nicht versuchen, »Everybody's Darling« sein zu wollen!

Sie haben den unumstößlichen Entschluß gefaßt, erfolgreicher zu werden. Sie wissen ganz genau, auf welchem Gebiet Sie dies erreichen möchten. Sie haben »Ihre Aufgabe«, an der Sie arbeiten und die Sie begeistert. Sie sind freundlich zu jedermann und geben Nutzen ohne Hintergedanken weiter. Doch Sie werden es nicht verhindern können, daß es immer wieder Menschen gibt, die Sie nicht begeistern, die Sie nicht anerkennen werden. Es wird in Ihrem Unternehmen vielleicht immer wieder Mitarbeiter geben, die mit Ihrer Philosophie und Ihrer Einstellung nicht zurechtkommen. Es wird immer wieder Kunden geben, die trotz all des Nutzens, den Sie weitergeben, unzufrieden sind. Es werden in Ihrem Privatleben immer wieder Menschen auftauchen, die Ihnen Ihren Erfolg neiden und die mit Ihrem unaufhörlichen Aufstieg und Ihrem Erfolg nicht zurechtkommen. Begehen Sie auf keinen Fall den Fehler, nun krampfhaft zu versuchen, sich bei diesen Menschen beliebt zu machen – und vergessen dabei die Mehrzahl der Menschen, die hinter Ihnen stehen und die von Ihnen und Ihrem Vorhaben begeistert sind.
Ich kann mich noch gut an die ersten Seminare erinnern, die ich leitete. Jedes Seminar wurde von der überwiegenden

Mehrheit begeistert aufgenommen und brachte mir viel Lob, Anerkennung und Bestätigung ein. Nach jedem Seminar gab es aber auch ein oder zwei Teilnehmer, die zu mir kamen und mir mitteilten, welche Fehler ich in dem Seminar begangen hätte und daß es sie nicht besonders begeistert hätte. Da ich nach meinen Seminaren immer auch eine anonyme, schriftliche Beurteilung der Seminarteilnehmer einhole, wußte ich ganz genau, daß in jedem Seminar 90 bis 95 Prozent der Teilnehmer begeistert waren und das Seminar mit Höchstnoten bewerteten. Es waren immer nur maximal 5 bis 10 Prozent der Teilnehmer, die den Inhalt nicht verstanden hatten oder ihn nicht akzeptieren konnten. Trotzdem machte ich mir permanent Gedanken um diese absolute Minderheit und versuchte, in meinen Seminaren es immer allen recht zu machen. Entdeckte ich einen Seminarteilnehmer, den ich noch nicht überzeugt hatte, konzentrierte ich mich voll auf ihn und vernachlässigte dabei die anderen Seminarteilnehmer. Oft brachte mir dieses Verhalten auch Kritik ein, da sich daraufhin viele Seminarteilnehmer beschwerten, ich hätte mich um diesen einen »Querkopf« viel zuviel gekümmert und wertvolle Seminarzeit für ihn verschwendet. Es hat dennoch lange gedauert, bis ich mein Unterbewußtsein so verändert hatte, daß mir die Meinung dieser Einzelteilnehmer unwichtig war, der Mehrheit meiner Seminarteilnehmer zuliebe.
Lernen Sie also aus meiner Erfahrung, und konzentrieren Sie sich immer auf die wichtigen Menschen in Ihrer Umgebung. Sie können es nicht allen recht machen. Akzeptieren Sie auch, daß es Menschen gibt, die zu allem eine andere Meinung besitzen. Akzeptieren Sie, daß es Kunden gibt, die Ihr Produkt und Ihren großen Nutzen ablehnen. Akzeptieren Sie, daß es Mitarbeiter geben wird, die mit Ihrer tollen Atmosphäre, mit Ihrer motivierenden Einstellung nicht zurechtkommen und Ihren Betrieb vielleicht verlassen werden. Denken Sie an das 3. Kapitel dieses Buches, daß Menschen immer Menschen mit

gleicher Denke anziehen. Dies bedeutet natürlich auch, daß Sie Menschen mit anderer Denke entweder so beeinflussen, daß sie die gleiche Denke wie Sie erhalten oder, falls der andere seine Denke nicht verändern kann, er aus Ihrem Umfeld verschwinden wird. Erfolgreiche Menschen machen oft die Erfahrung zu Beginn ihrer Karriere, daß sich alte Freunde, ohne daß sie dazu etwas beitragen würden, aus ihrem Umkreis zurückziehen. Sie neiden ihnen ihren Erfolg und suggerieren ihnen, sie hätten sich negativ verändert und seien nicht mehr der Alte. Natürlich haben sie sich verändert, doch sie haben sich, aller Regel nach, positiv verändert, sind erfolgreicher geworden. Ihre alten Freunde und Bekannten können ihre neue Denkweise aber nicht mehr nachvollziehen und wenden sich langsam von ihnen ab.

Deshalb auch ein wichtiger Appell an alle Leser dieses Buches: Achten Sie darauf, daß Sie nicht nur Ihre eigene Denke verändern, sondern ermöglichen Sie auch Ihrem privaten Partner eine entsprechende Weiterentwicklung. Viele Beziehungen gehen eines Tages in die Brüche, weil der eine Partner sich weiterentwickelte und der andere Partner mit dieser Entwicklung, dieser Veränderung nicht mehr zurechtkam. In immer mehr Beziehungen ist es deshalb üblich, daß auch der Partner in die Weiterentwicklung mit einbezogen wird. Immer öfter kommt es vor, daß in meinen Seminaren auch der Lebensgefährte, der nicht in der Firma berufstätig ist, teilnimmt. Bitte nehmen Sie deshalb Einfluß auf Ihren Partner, und ermöglichen Sie ihm ebenfalls die geistige Weiterentwicklung und Entfaltung seiner Persönlichkeit. Schenken Sie Ihrem Partner, Ihren Freunden, Verwandten und Bekannten ebenfalls dieses Buch, um dadurch vielleicht eine Veränderung des Bewußtseins, nämlich eine Weiterentwicklung, auszulösen. Menschen ziehen Menschen mit gleicher Denke an, und Menschen stoßen Menschen mit anderer Denkweise ab. Sorgen Sie deshalb für die Menschen, die

Ihnen wichtig sind, und tragen Sie zu deren geistiger Weiterentwicklung bei.
In unserer heutigen Zeit sind es immer mehr die erfolgreichen Menschen, die ihren eigenen Weg gehen. Es sind die Menschen, die anders sind, die »aus der Masse heraustreten«. Bewundern wir denn die Menschen, die sich in der Masse bewegen und die alles so tun, wie es die Masse vorexerziert? Nein, wir bewundern die Menschen, die Dinge anders tun, als wir es gewohnt sind. Wir bewundern die außergewöhnlichen Menschen, die sich von der Norm der Masse entfernen und denen es unwichtig ist, ob sie von allen geliebt und anerkannt werden. Lieben Sie die Menschen, behandeln Sie die Menschen alle gleich, also geben Sie allen gleich viel Beachtung und Nutzen – aber jagen Sie nicht der Anerkennung nach. Wer all die Gesetze, Methoden und Strategien dieses Buches wirklich anwendet, wird automatisch einen Sog entwickeln und begeisterte Menschen anziehen. Doch erwarten Sie dies nicht, und lassen Sie diese Beweggründe auch nicht zur Grundlage Ihres Handelns werden. Gehen Sie Ihren Weg, aber nicht auf Kosten Ihrer Mitmenschen, und Sie werden automatisch erfolgreich werden.

Probleme lösen

Vergleicht man erfolglose und erfolgreiche Menschen, so stößt man immer wieder auf das Phänomen, daß die erfolgreichen Menschen in der Lage sind, Probleme zu lösen. Erfolgreiche Menschen haben die Fähigkeit, Probleme zu erkennen, zu analysieren, sie anzupacken und sie zu lösen. Erfolglose Menschen dagegen haben Angst vor Problemen, fürchten sich vor ihnen, gehen Problemen möglichst aus dem Weg, verschieben Probleme auf morgen. Viele erfolglose Menschen tragen ihre Probleme ein Leben lang mit sich herum – ohne sie zu lösen!

Nachdem diese Eigenschaft, Probleme lösen zu können, bei den allermeisten erfolgreichen Menschen anzutreffen ist, können wir also getrost davon ausgehen, daß diese Fähigkeit eine erfolgreiche Führungspersönlichkeit auszeichnet. Und nun müssen Sie erst wieder einige Aufgaben lösen, ehe Sie das Buch weiterlesen.

Notizen:

11. Aufgabe:

Welche Mißerfolge gab es in meinem bisherigen Leben?

Beschränken Sie sich dabei nicht nur auf Ihren beruflichen Bereich, sondern analysieren Sie alle Mißerfolge, die in den verschiedensten Bereichen Ihres Lebens aufgetreten sind, also auch im Freundeskreis, in der Familie, in Ihrem Verein (bzw. sonstigen Organisationen), hinsichtlich Ihrer Gesundheit usw. Seien Sie dabei ganz ehrlich, und schreiben Sie alles auf, was bisher schiefgegangen ist. Gehen Sie dabei ruhig zurück bis in Ihre früheste Kindheit. Notieren Sie bitte immer mehr diese Mißerfolge, und lassen Sie die Liste anwachsen. Bevor Sie zur nächsten Aufgabe übergehen, sollten Sie mindestens 15 Minuten an dieser Aufgabe gearbeitet haben. Es ist nicht möglich, sich in fünf Minuten an alle Pannen und Mißerfolge zu erinnern, denn dazu müssen Sie in Ihr Langzeitgedächtnis eindringen. Bitte lassen Sie sich also wirklich ausführlich Zeit, und gehen Sie erst zur nächsten Aufgabe über, wenn Sie mindestens 15 bis 20 Minuten an dieser Aufgabe gearbeitet haben. Schummeln Sie bei dieser Aufgabe nicht, es geht schließlich nur um Sie selbst und um niemanden sonst.

12. Aufgabe:

Welche Probleme habe ich bisher in meinem Leben erfolgreich gelöst?

Die Vorgehensweise ist genauso wie bei der letzten Aufgabe. Analysieren Sie nicht nur Ihre beruflichen, sondern auch alle sonstigen Bereiche Ihres Lebens. Wo haben Sie Probleme erfolgreich gelöst? Auch für diese Aufgabe benötigen Sie mindestens 15 bis 20 Minuten. Tut mir leid, aber bei diesem Buch handelt es sich nicht um eine Nachtlektüre vor dem Einschlafen, sondern um ein echtes Arbeitshandbuch, um ein Arbeitshandbuch für Ihren zukünftigen Erfolg! Dafür müssen Sie schon etwas Zeit und Mühe opfern.

13. Aufgabe:

Welche ungelösten Probleme habe ich im Moment?

Auch hierbei analysieren Sie bitte nicht nur Ihren Beruf, sondern auch alle sonstigen Bereiche. Auch für diese Aufgabe benötigen Sie mindestens 15 bis 20 Minuten. Schreiben Sie alle Probleme auf, die Sie momentan beschäftigen. Sehen Sie nicht über Probleme hinweg, denn nur wenn Sie sich jetzt, in diesem Augenblick, zu Ihren Problemen bekennen, haben Sie die Möglichkeit, diese zu lösen und dadurch zu wachsen.

Ich hoffe wirklich, daß Sie sich für die drei letzten Aufgaben Zeit gelassen und diese auch wirklich durchgeführt haben. Sollten Sie die drei Aufgaben aber ausgelassen haben, so brauchen Sie dieses Buch gar nicht mehr zu Ende zu lesen, denn in diesem Fall ist es Ihnen nicht wirklich wichtig, eine Weiterentwicklung Ihrer Persönlichkeit einzuleiten. Sie sind immer noch davon überzeugt, alles besser zu können, alles schon zu wissen. Ich erkenne Menschen, die bereit sind, sich zu entfalten und weiterzuentwickeln, immer daran, ob sie auch bereit sind, an sich selbst zu arbeiten und dafür etwas Aufwand und Zeit aufzuwenden. Sie haben also jetzt die letzte Gelegenheit, die Weiterentwicklung Ihrer Persönlichkeit einzuleiten, indem Sie die drei Aufgaben doch noch lösen.
Legen Sie nun die drei Blätter vor sich hin, und lesen Sie nochmals in Ruhe die einzelnen Punkte jeder Aufgabe durch. Bei der ersten Aufgabe erinnerten Sie sich an all Ihre Mißerfolge und Pannen in Ihrem Leben. Ist das Blatt sehr voll geworden? Meinen herzlichen Glückwunsch, denn dann bin ich überzeugt, daß Sie entweder bereits erfolgreich sind oder in Zukunft sehr erfolgreich sein werden. Wissen Sie eigentlich, daß über ein Drittel aller Vorhaben ein Mißerfolg werden? Wissen Sie aber auch, daß fast zwei Drittel aller Vorhaben erfolgreich werden? Es gibt keinen Menschen, der im Laufe seines Lebens nur erfolgreich ist. Wer viel Ideen in die Tat umsetzt, wer viele Vorhaben eingeht, der wird nach dem oben beschriebenen Verhältnis mehr Mißerfolge in seinem Leben haben als Menschen, die ängstlich und unsicher durchs Leben geben, nichts riskieren, keine Vorhaben eingehen. »Wo gehobelt wird, fallen Späne.« Wer viele Ideen in die Tat umsetzt, wird viele Mißerfolge erleiden. Er wird aber auch, im Verhältnis zu seinen Mißerfolgen, doppelt so viele Erfolge vorzuweisen haben. Welcher Mensch, glauben Sie, wird nach dem oben beschriebenen Verhältnis erfolgreich sein? Derjenige, der wenig wagt, der wenig umsetzt, wenig Mißerfolge,

dafür aber auch wenig Erfolge aufweisen kann? Oder derjenige Mensch, der viel wagt, viele Ideen hat und diese in die Tat umsetzt, dafür natürlich auch des öfteren Schiffbruch erleidet, aber noch öfter bei seinen Vorhaben Erfolg hat? Wenn von drei Vorhaben zwei erfolgreich sind, dann überwiegen die Ergebnisse des Erfolges immer das Ergebnis des Mißerfolges.

Es kommt also gar nicht auf Ihre Mißerfolge und Probleme an, es kommt auf Ihre Erfolge an. Wir kommen zurück zum positiven Denken: Nehmen Sie nun Ihr Blatt zur ersten Aufgabe, zerreißen Sie es in viele kleine Stücke, und werfen Sie die Reste weg. Ab sofort sind die vergangenen Mißerfolge aus Ihrem Unterbewußtsein gelöscht. Sie können die Vergangenheit nicht ändern, Sie können nur Ihre Zukunft gestalten. Erinnern Sie sich also in Zukunft nicht mehr an Ihre Mißerfolge, sondern arbeiten Sie an der Lösung der Probleme und Aufgaben, die heute und morgen vor Ihnen stehen. Wenn Sie in Zukunft einen Mißerfolg erleiden, dann wissen Sie ganz genau, daß dafür auch zwei Vorhaben erfolgreich werden. Fragen Sie sich aber auch, was zum Mißerfolg führte. Überprüfen Sie, was Ihnen eine »höhere Instanz« durch den Mißerfolg mitteilen will. Mißerfolge können eine wichtige Aufgabe besitzen, wenn man aus ihnen lernt. Jeder Mißerfolg, jedes Problem will uns etwas sagen. Jeder Mißerfolg, so hart und schmerzhaft er für Sie auch sein mag, kann Ihre Weiterentwicklung begünstigen. Voraussetzung dazu ist jedoch, daß Sie sich mit Ihren Mißerfolgen auseinandersetzen. Es gibt Menschen, die immer wieder die gleichen Fehler begehen. Sie lernen nicht aus ihren Mißerfolgen.

Vielleicht mag es hart klingen, doch ein Konkurs, eine schwere Krankheit, ja selbst ein Todesfall können die logische Konsequenz aus dem Nicht-lernen-Wollen sein. Was drückt beispielsweise eine Krankheit (ein Problem) anderes aus, als daß irgend etwas in unserem Gleichgewicht nicht stimmt? Viele

Menschen kommen erst durch Schmerzen (körperlich und geistig) in die Lage, ihr Leben und ihr Verhalten zu ändern. Viele Menschen benötigen erst einen Zusammenbruch (etwa einen Herzinfarkt), bevor sie ihr Verhalten verändern. Manche Firmen müssen erst in Konkurs gehen, die Inhaber müssen erst ganz am Boden sein, ehe sie bereit sind, über sich selbst und ihr Verhalten nachzudenken, um die daraus folgenden Auswirkungen zu erkennen und zu begreifen. Manch anderer lernt nichts aus diesen »höheren Zeichen«, und als logische Konsequenz setzt sich der Mißerfolg genau in diesem Bereich um so stärker und um so schneller fort. Es gibt Menschen, die selbst nach einem Herzinfarkt die gleichen Verhaltensweisen zeigen wie vorher. Ist dann der zweite Herzinfarkt (mit vielleicht tödlichem Ausgang) nicht die logische Konsequenz? Sehen Sie also zukünftig Mißerfolge nicht als Strafe an, sondern als Möglichkeit, dadurch etwas zu erkennen, etwas zu verändern und sich letztendlich dadurch weiterzuentwickeln.
Nehmen Sie nun das Blatt mit den Ergebnissen der zweiten Aufgabe zur Hand. Lesen Sie nochmals die Aufgabenstellung und Ihre Antworten aufmerksam durch: »Welche Probleme haben Sie in Ihrem bisherigen Leben erfolgreich gelöst?« Ist das Blatt voll geworden? Hat es vielleicht nicht ausgereicht, mußten Sie ein zweites oder drittes Blatt anlegen? Je mehr Probleme Sie bisher erfolgreich gelöst haben, desto erfolgreicher werden Sie zum heutigen Zeitpunkt sein. Je weniger Probleme Sie bisher erfolgreich lösen konnten, desto weniger Erfolg konnten Sie bisher erzielen. Beachten Sie deshalb folgendes Lebensgesetz:

»Je mehr Probleme Sie lösen, desto erfolgreicher werden Sie sein!«

In Zukunft müssen Sie also Probleme ganz anders betrachten,

nämlich als gestellte Aufgaben, die zu lösen sind. Probleme sind zu lösende Aufgaben auf dem Weg zum Erfolg.

Werden Umfragen in der Bevölkerung gestellt, was sich der einzelne Mensch am meisten wünscht, so taucht immer wieder die Antwort nach dem »sorgenfreien Leben« auf. Doch gibt es das überhaupt, ein »sorgenfreies Leben«? Vielleicht ist es gar nicht unsere Aufgabe als Mensch, ein sorgenfreies Leben anzustreben. Vielleicht ist es unsere Aufgabe, Probleme zu lösen. Vielleicht ist ein Mensch um so wertvoller, um so bedeutender, je mehr und je wichtigere Probleme er löst. Wo würden Sie sich eigentlich selber einordnen? Als ein Mensch, der Probleme angeht und löst, oder als ein Mensch, der Probleme macht? Nachdem es immer schwer ist, sich als Mensch selber einzuordnen, verlassen Sie einmal Ihre körperliche Hülle, sehen Sie sich einmal mit den Augen Ihrer Mitmenschen. Schlüpfen Sie in die Rolle Ihres Lebenspartners: Sind Sie nun ein Mensch, der Ihrem Lebenspartner Probleme macht oder der Probleme des Partners löst?

Schlüpfen Sie nun einmal in die Rolle Ihres Mitarbeiters, dem Sie als Chef vorgesetzt sind. Bereiten Sie Ihrem Mitarbeiter Probleme, oder helfen Sie ihm, seine Probleme zu lösen?

Und nun zu den Mitarbeitern: Helfen Sie Ihrem Chef, seine Probleme (und die der Firma) zu lösen, oder bereiten Sie ihm zusätzliche Probleme?

Je weniger Probleme Sie anderen Menschen bereiten und je mehr Sie die Probleme anderer Menschen lösen, desto erfolgreicher und bedeutender werden Sie sein. Ein Mitarbeiter, der seiner Firma Probleme macht, kann nicht erfolgreich sein. Ein Mitarbeiter, der dagegen die Probleme seiner Firma lösen hilft, wird automatisch einen großen Nutzen zurückerhalten, in der Firma angesehen sein und bei Beförderungen und Gehaltserhöhungen natürlich berücksichtigt werden.

Sie sehen also, daß es wieder, wie in allen anderen Bereichen Ihres Lebens, auf Sie selbst ankommt. Sie bestimmen Ihre

Zukunft, Sie bestimmen über Erfolg oder Mißerfolg in Ihrem Leben – und niemand sonst.
Es gibt Menschen, für die haben immer die anderen Schuld, wenn sie selbst keinen Erfolg haben.
Ein mir sehr nahestehender Verwandter feierte seinen 50. Geburtstag. Im Laufe der Geburtstagsfeier kamen wir schließlich in ein intensives Gespräch, in dessen Verlauf er mir sagte, daß er sich über meinen Erfolg sehr freue, aber die heutige Generation habe es einfach auch viel leichter als seine Generation. Ich widersprach ihm da und war der Ansicht, daß gerade die Nachkriegsgeneration viele Möglichkeiten und Chancen für ihr Leben hatte. Er war hier vehement anderer Ansicht und sagte mir, er hätte gar nicht die Möglichkeit gehabt, einen solchen Erfolg wie ich zu erzielen. Ich fragte ihn, warum nicht, und er trug mir seine Gründe vor:

- Zunächst einmal waren die Zeiten schuld. Die Nachkriegszeit gab einfach nicht so viele Chancen und Möglichkeiten her wie die heutige Zeit.
- Sein Vater verstarb im Krieg, und er mußte mit seiner Mutter und seinem Stiefvater in einfachen Verhältnissen aufwachsen. Seine Mutter und sein Stiefvater beschäftigten sich jedoch nicht mit ihm und konnten ihm auch keine großartige Schul- oder sonstige Ausbildung ermöglichen. Schuld waren also dann seine Eltern.
- Nach seiner Lehrzeit konnte er dann ebenfalls keine besonderen Chancen ergreifen, da er über sehr wenig Geld verfügte und durch seine Tätigkeit einfach seinen normalen Lebensunterhalt verdienen mußte. Schuld war also das fehlende Kapital.
- Unmittelbar nach seiner Lehrzeit lernte er seine heutige Frau kennen, sie verliebten sich, heirateten schließlich mit 21 und bekamen auch gleich ihr erstes Kind. Nun hatte er natürlich mehr Verantwortung, wechselte als Arbeiter in

die Fabrik, um ein sicheres Einkommen für seine kleine Familie zu haben. Schuld war also nun die Verantwortung für die kleine Familie.
- Dann baute man sich für die kleine Familie mit dem kleinen Einkommen eine sichere Existenz auf, so daß es auch in dieser Zeit nicht möglich war, ein größeres Risiko einzugehen, um vielleicht erfolgreicher zu werden.

Ich hörte seiner Geschichte aufmerksam zu und fragte ihn schließlich, warum er nicht, nachdem das Kind vielleicht auf eigenen Füßen stand, dann seine Chancen ergriffen hatte. Völlig erstaunt sah er mich an und sagte zu mir, daß er ja, als das erste Kind auf eigenen Füßen stand, bereits 36 war, und da war es natürlich schon zu spät, um nochmals die Chancen in die eigene Hand zu nehmen und etwas Erfolgreiches aufzubauen. Was ich Ihnen mit dieser Geschichte verdeutlichen will, ist, daß jeder Mensch immer Ausreden und Entschuldigungen findet, warum es bei ihm nicht so gut läuft oder lief oder warum er nicht erfolgreicher sein Leben gestaltet oder gestaltete. Nur den wenigsten Menschen kommt es in den Sinn, bei sich selbst die Ursache für Erfolg oder Mißerfolg zu suchen. Jeder Mensch ist aber für sich selbst verantwortlich. Nicht die Eltern, nicht die Erziehung, nicht die Lehrer, nicht die Freunde, nicht das Zeitalter, nichts ist verantwortlich dafür, ob wir unser Leben in die eigene Hand nehmen und ob wir erfolgreich oder erfolglos werden.
Der Mann aus der oben beschriebenen Geschichte hatte sicherlich mit allen Argumenten völlig recht. Es war eine schlechte Zeit nach dem Krieg, er hatte ein schlechtes Elternhaus, er hatte keine Möglichkeiten und Unterstützung von zu Hause, er hatte jung geheiratet und mußte Verantwortung übernehmen usw. – dennoch gab es jede Menge Menschen, die die gleichen Schwierigkeiten und Probleme hatten wie er und dennoch Risiken eingingen und ihr Leben erfolgreich gestal-

teten. Es steht mir nicht zu, an dieser Stelle das Leben dieses Mannes zu beurteilen. Wenn er damit zufrieden ist, was er in seinem Leben erreicht hat, dann ist es vollkommen in Ordnung, dann hat er sehr, sehr erfolgreich gelebt. Es geht mir nur darum, jenen Menschen nicht zuzustimmen, die ihren eigenen Zustand bedauern und die Begründung dafür immer woanders, aber nie bei sich selbst suchen.

Als ich mit zwanzig Jahren zusammen mit einem Partner für 130 000 DM meine erste kleine Firma erwarb, hatte ich exakt 6 000 DM zur Verfügung. Ich überzog hemmungslos meine Konten, lieh mir überall bares Geld und hatte auf diese Weise schließlich ein Kapital von 15 000 DM. Ich nahm bei einer Bank zusätzlich ein privates Darlehen (angeblich für eine Wohnungseinrichtung) über weitere 15 000 DM auf. Schließlich hatte ich genügend Kapital, um zusammen mit meinem Partner und einer finanzierenden Bank das erste Unternehmen zu erwerben. Am Tag der Unternehmensübernahme hatte ich noch exakt 150 DM bare Mittel. Ich erwarb damals noch für 50 DM eine kleine, für unseren Betrieb notwendige Maschine bei einem Kollegen, tankte anschließend noch mal mein Auto voll und ging mit den verbleibenden 40 DM zusammen mit meinem Partner zum Essen. Am ersten Tag meiner Selbständigkeit war ich also vollständig blank und hatte überall Schulden und Kredite laufen. Vielleicht mag sich dieses Beispiel für viele Leser naiv anhören, doch damals waren das große Probleme für einen Zwanzigjährigen, der sich gerade selbständig gemacht hatte.

Das kleine Unternehmen blühte kräftig, wir verdienten gut und verkauften ein gutes Jahr später das Unternehmen mit Gewinn weiter. Wir eröffneten eine zweite Firma. Auch diese Firma war sehr erfolgreich und entwickelte sich in ganz kurzer Zeit hervorragend. Mein Partner, der zehn Jahre älter war als ich, kam dann jedoch mit anderen Geschäftsleuten in Kontakt und trennte sich schließlich von mir (allerdings im guten, gegenseitigen Einverständnis; wir sind noch heute befreundet). Mit 21 Jahren stand ich also ganz allein mit einem Unternehmen und 500 000 DM Betriebsdarlehen da. Ich hatte jedoch hervorragende Ideen und konnte diese nun als alleiniger Besitzer schnellstens umsetzen. Die Firma boomte schnell. Mit 22 eröffnete ich einen weiteren Betrieb, mit 23 Jahren zwei weitere Betriebe. Schließlich war ich mit 23 Jahren (gemessen an den Firmenwerten) höchst erfolgreich. Ich besaß zu diesem Zeitpunkt vier Firmen, hatte jedoch Angst vor der Zukunft. Damals beging ich jedoch alle Fehler, die ich in diesem Buch versucht habe zu beschreiben. Vor allen Dingen beachtete ich nicht, daß ich motivierte und begeisterte Menschen benötigte, die mich bei der Verfolgung meiner Ziele unterstützen. Ich war damals egoistisch, dachte nur an mich selbst und beging große Fehler bei meinen Mitarbeitern, Freunden und bei meiner damaligen Lebensgefährtin. Ich hatte damals in die vier Unternehmen so viel investiert, daß ich riesige Schuldenberge besaß. Ich hatte keinerlei liquide Mittel, wenngleich die Firmen hervorragend liefen. Bei der einen Firma handelte es sich um einen Sportartikelgroßhandel, der innerhalb von nur zwölf Monaten Millionenumsätze tätigte. Doch genau dieser großer Erfolg sorgte dafür, daß letztendlich mein »Firmenkonzern« zusammenbrach. Der große Erfolg forderte große Lagerflächen für die Ware, erforderte viel Personal und erforderte riesige Lagermengen.

Aufgrund des großen Erfolges verfiel ich damals in einen hemmungslosen Investitionsrausch, weshalb ich riesige Mittel (natürlich nicht meine eigenen, sondern die der Bank) nach »innen« investierte. Büroräumlichkeiten, Lagerware, Computer usw. verschlangen riesige Summen. Wir arbeiteten zum damaligen Zeitpunkt ausschließlich mit schriftlicher Werbung. Es war schließlich im März, als wir einen Katalog über sechzig Seiten (bitte bedenken Sie, daß die Firma zu diesem

Zeitpunkt erst zwölf Monate existierte) entwickelten. Wir versandten diesen Katalog an 25 000 Adressen. Etwa zum gleichen Zeitpunkt buchten wir mit großen Aufwand eine Sportfachmesse. Wir mieteten eine riesige Standfläche an, kauften uns einen eigenen professionellen Standaufbau, hatten eine eigene Modenschautruppe engagiert usw.
Aufgrund der riesigen Umsätze bereits nach den ersten Mailings investierten wir damals (es gab bei dieser Firma noch einen Partner) in riesige Lagerbestände. Das Problem bei Großwerbeveranstaltungen wie der Katalogversendung und dem gleichzeitigen Messebesuch besteht darin, daß bei Erfolg viele Kunden sofort bestellen und die Ware dann natürlich auf Lager sein muß. Unsere Ware wurde bereits damals zu 95 Prozent in Fernost produziert. Hier beträgt die Lieferzeit der bestellten Ware bis zu drei Monate. In dieser Zeit muß natürlich eine bestimmte Anzahlung geleistet werden. Wir hatten also zum damaligen Zeitpunkt, dem Monat Mai, riesige Lagerbestände. Wir hatten jedoch nicht die äußeren Einflüsse (ein höheres Zeichen?) mit eingeplant. Bereits ab dem 1. Mai herrschte ein Jahrhundertsommer, der dafür sorgte, daß unsere bevorzugten Kunden (Fitneßcenter, Squashanlagen, Tennisanlagen, Sporthäuser, Sonnenstudios usw.) ebenfalls starke Einbußen bei den Kundenbesuchen verzeichneten und deshalb keine Ware bei uns bestellten. Wir besaßen also ein riesiges Lager, hatten immense Summen in Betriebs- und Geschäftsausstattung sowie in die Werbung investiert – und nun hatten wir eine »Trockenzeit« von einigen Monaten zu überstehen. In dieser Zeit kündigte mein Partner die Gesellschaft auf, und alles brach zusammen. Schließlich einigten wir uns darauf, daß er die Firma fortführte, während ich bereit war, eine größere Summe der Fremdmittel zu übernehmen.
All das führte schließlich dazu, daß ich mit 24 Jahren eine einzige der vier Firmen retten konnte und dennoch Privatschulden in Höhe von 600 000 DM besaß. Eine Menge Probleme für

einen 24jährigen, was meinen Sie? Das eine Unternehmen konnte jedoch nicht die enormen Zins- und Tilgungsbelastungen meiner sonstigen Verbindlichkeiten abdecken. Es begann eine Zeit, die ich mir nie wieder zurück wünsche. Ich befand mich auf der Lebensspriale nach unten und rutschte immer tiefer hinab. Ich rutschte in eine Art »Treibsand des Lebens« und hatte das Gefühl, in einem Loch zu verschwinden. Es war eine schreckliche Zeit. Das kleine Unternehmen, das ich noch besaß, erwirtschaftete einfach nicht die erforderlichen Mittel, die ich zur Deckung meiner Verbindlichkeiten benötigte. Also sammelten sich auch bei dieser Firma immer mehr unbezahlte Rechnungen an. Es folgten Mahnungen. Der nächste Schritt waren dann Mahnbescheide, Vollstreckungsbescheide, ehe schließlich der Gerichtsvollzieher immer öfter bei mir auftauchte. All dies führte dazu, daß sich in meinem Gehirn alles immer mehr drehte und ich keinen klaren Gedanken mehr fassen konnte. Es führte dazu, daß ich einmal acht Wochen lang meine Post nicht öffnete, einfach aus der Angst heraus, darin könnten sich neue Rechnungen, Mahnbescheide und Benachrichtigungen des Gerichtvollziehers befinden.

Ich kann heute meine Handlungsweise in dieser Zeit nicht mehr logisch nachvollziehen, doch irgendwie rutschte ich immer tiefer hinab. Eines Tages stand ich jedoch nachts auf, absolvierte ein Brainstorming über mein Leben und meine aktuelle Situation und beschloß, nicht kampflos aufzugeben. Ich entwickelte einen genauen Katalog mit Maßnahmen, sortierte diese nach der Wichtigkeit und setzte mir klare Zeitziele für die Umsetzung. Daraufhin begann ich mit den verschiedenen Banken und Lieferanten Verhandlungen über Zahlungsaufschub, Stundung von Zins- und Tilgungsrückständen usw. zu führen. Schließlich konnte ich erste Erfolge erzielen. Das gelang mir aber nur, indem ich allen Beteiligten offen mitteilte, wie es um mich stand, und indem ich allen ein Konzept

zur Sanierung meiner Finanzen und meiner kompletten Situation präsentierte.
Je mehr Menschen ich mein Sanierungskonzept offenbarte, desto sicherer und überzeugter wurde ich selbst. Ich begann mir ein Zeitplanbuch anzulegen und arbeitete streng nach Plan. Ich hatte bestimmte Zeiten, in denen ich telefonierte, eine andere Zeit, in der ich *täglich* meine Post öffnete, eine Zeit, in der ich kreativ war usw. Lieferanten und Banken zogen schließlich alle mit, und ich legte ein komplettes Finanzierungskonzept für alle Verbindlichkeiten vor. Gleichzeitig begann ich mich in Unmengen von Literatur über Management, Verkauf, Umgang mit Menschen, Persönlichkeitsentwicklung, positives Denken usw. einzulesen und das Wissen aufzusaugen. Durch die Bücher (ich glaube, es waren über hundert) wurde ich hungrig auf mehr Wissen. Ich stellte fest: Je mehr Wissen ich einsaugte, desto größer entwickelte sich mein Hunger nach weiterem Know-how. Schließlich erwirtschaftete mein Unternehmen, nachdem ich das Finanzierungskonzept durchgesetzt hatte, so viel Gewinn, daß ich mir einige Seminare leisten konnte. Ich saugte mir aus allen Büchern und Seminaren das Wichtigste für mich heraus und setzte Punkt für Punkt in die Praxis um. Ich bemerkte, wie ich mehr und mehr Begeisterung und Motivation entwickelte.
Auf einmal war ich auf die andere Lebensspirale, nämlich auf die der positiven Spirale des Lebens, gesprungen. Plötzlich war alles anders: Was ich nun anfaßte und umsetzte, wurde erfolgreich. Plötzlich erhielt ich Mitarbeiter, die mich unterstützten und die mir beistanden. Schließlich kam mein Freund, Jürgen Scholl, auf mich zu und fragte mich, ob ich nicht Interesse hätte, mit ihm zusammen ein neues Unternehmen zu gründen. Ich fragte ihn, ob er sich ganz sicher sei, mit mir ein Unternehmen gründen zu wollen. Er antwortete mit Ja, da er bei mir in den letzten Monaten eine derartige positive Veränderung beobachtet hatte, daß er selbst von meiner

Begeisterung, meiner Motivation und meinem zunehmenden Erfolg angesteckt worden war. Ich schlug schließlich ein, und zusammen mit meiner damaligen Lebensgefährtin gründeten wir schließlich zu dritt das neue Unternehmen Fit & Fun in Schweinfurt, das innerhalb kürzester Zeit zu einer der erfolgreichsten multifunktionalen Sportanlagen Europas wurde. Heute besitze ich mehrere, höchst lukrative Unternehmen und gewann 1991, als bisherigen Höhepunkt meiner Karriere, den Titel »Unternehmer des Jahres 1991 (M. u. S.)« unter tausend anderen Managern und Unternehmern.
Ich habe Ihnen meine Lebensgeschichte erzählt, nicht um Sie damit zu beeindrucken, sondern um Ihnen Mut zu machen. Denn jeder Mensch kann seine Zukunft selber gestalten. Meine schlimmen Erfahrungen haben letztlich dazu beigetragen, daß ich heute so erfolgreich bin. Ich weiß nun, worauf es ankommt und welche Dinge wirklich wichtig sind. Diese Erfahrungen haben dazu geführt, daß ich heute einer der erfolgreichsten europäischen Trainer bin. Sicherlich haben nicht alle Leser solche Probleme, wie ich sie damals hatte. Sicherlich gibt es auch viele Leser, die bereits sehr erfolgreich sind. Doch wenn es mir gelang, innerhalb kurzer Zeit aus meiner ausweglosen Situation herauszukommen und bereits einige Jahre später eine erfolgreiche und bedeutende Persönlichkeit zu sein, warum sollten Sie es dann nicht auch erreichen, Ihr eigenes Leben erfolgreicher zu gestalten? Bleiben Sie also nicht liegen, sondern stehen Sie auf, und nehmen Sie die Entwicklung Ihres Lebens selbst in die Hand. Erfolge sind gelöste Probleme. Und nun prägen Sie sich folgendes Gesetz gut ein:

»Freuen Sie sich über viele Probleme. Denn wer viele Probleme (Aufgaben) besitzt, hat auch große Erfolgsaussichten!«

Probleme sind Aufgaben, die wir lösen müssen. Je erfolgreicher Sie werden, desto mehr Probleme werden Sie lösen müssen. Ihr ganzes Leben lang werden Sie auf Probleme stoßen und gezwungen sein, diese zu lösen – wenn Sie wachsen und erfolgreicher werden möchten! Es gibt vielleicht viele Menschen, die ihre Probleme nicht kennen, aber es gibt keinen Menschen, der keine Probleme hat.
Und nun nehmen Sie das Blatt mit der Lösung der letzten Aufgabe zur Hand. Welche Probleme besitzen Sie zur Zeit? Sie wissen nun, daß die Probleme für Ihre weitere Entwicklung notwendig sind. Sie wissen nun, daß jedes Problem zu lösen ist. Sie wissen, daß Ihnen Probleme zu mehr Erfolg verhelfen können. Also gehen Sie nun Ihre Probleme an, sehen Sie den Problemen ins Auge, und lösen Sie diese! Lernen Sie, Probleme zu lieben, freuen Sie sich auf Probleme, sind diese doch ein Zeichen (einer höheren Instanz!?), daß Sie in Ihrer Entwicklung eine Stufe höher steigen können.

Dankbarkeit

Wir Menschen haben schon eine seltsame Eigenschaft: Wir können jederzeit kritisieren, fordern, uns beklagen – aber was uns immens schwerfällt, ist Dankbarkeit.
Gerade eine bedeutende Führungspersönlichkeit zeichnet aus, daß sie in der Lage ist, anderen Menschen gegenüber dankbar zu sein und dies auch ausdrücken zu können. Ein erfolgreicher Mensch ist immer in der Lage, seiner Dankbarkeit Ausdruck zu verleihen. Ein erfolgloser, gehemmter Mensch dagegen ist nicht in der Lage, seine Dankbarkeit zu zeigen.
Dankbarkeit ist eine Grundvoraussetzung für eine bedeutende Persönlichkeit. Ist Ihnen schon einmal aufgefallen, daß gerade die Personen, die bereits erfolgreich sind, ihrer Dank-

barkeit immer und überall Ausdruck geben? Ist es nicht oft so, daß gerade die Personen, die erfolglos sind, sich am undankbarsten erweisen? Wenn dies so ist, dann wissen Sie nun, warum ich die Dankbarkeit als eine der Haupteigenschaften für eine erfolgreiche Führungspersönlichkeit hier aufführe.
Und nun wieder zu einer Aufgabe für die Praxis.

14. Aufgabe:

Nehmen Sie sich bitte wieder ein Blatt Papier und Ihren Stift zur Hand (oder verwenden Sie dieses Buch). Die Überschrift lautet:

Wem sollte ich wofür in meinem Leben dankbar sein?

Beginnen Sie Ihre Auflistung, und beachten Sie dabei wiederum nicht nur Ihren Beruf, sondern auch Ihre Familie, Ihren Freundeskreis usw. Lassen Sie sich bitte auch für diese Aufgabe ausreichend Zeit. Die Aufgabe sollte frühestens in 15 bis 20 Minuten beendet sein. Sinn dieser Aufgabe ist es, möglichst viele Personen und Gründe herauszuarbeiten.

Person	Warum

Person	Warum

Jetzt nehmen Sie bitte wieder Ihre Liste zur Hand, und lesen Sie noch mal langsam und aufmerksam durch, welchen Menschen Sie warum dankbar sein sollten. Ich schreibe absichtlich »sollten«, denn sind Sie diesen Menschen auch *tatsächlich* dankbar gewesen? Wie haben Sie diesen Menschen Ihre Dankbarkeit gezeigt?

Es sollte eigentlich bei Ihren Eltern beginnen, denn bei allen Fehlern, die unsere Eltern besitzen mögen oder bei unserer Erziehung begangen haben – es bleiben doch unsere Eltern, und sie sind dafür verantwortlich, daß es uns überhaupt gibt! Haben wir also nicht allen Grund, unseren Eltern dankbar zu sein?

Wie steht es mit Ihren Lehrern, Ausbildern und Erziehern in Ihrem Leben? Gibt es auch hier Gründe, ihnen vielleicht dankbar zu sein? Haben Sie ihnen jemals in Ihrem Leben Ihre Dankbarkeit gezeigt?

Wie steht es mit Ihrer Familie, Ihrem Lebenspartner? Zeigen Sie Ihrem Partner Ihre Dankbarkeit? Was ist mit dem Freundeskreis? Hat der nicht bereits viel für Sie getan? Haben Sie dem einen oder anderen Freund dafür auch ausreichend gedankt? Haben Sie Ihrem Lebenspartner, Ihren Freunden schon einmal gesagt, daß es einfach schön ist, daß es sie gibt und daß Sie dafür sehr dankbar sind?

Wie steht es mit Ihnen als Mitarbeiter? Gibt es Kollegen oder Vorgesetzte, die schon viel für Sie getan haben und denen Sie bis heute Ihre Dankbarkeit gezeigt haben?

Die Liste ließe sich beliebig fortführen, doch es wird höchste Zeit für Sie, daß Sie sich daranbegeben, Ihre Dankbarkeit diesen Menschen zu zeigen. Es ist ein kolossaler Unterschied, dankbar zu sein oder seine Dankbarkeit zu zeigen. Erinnern Sie sich an den Punkt »Nutzen geben«. Ergreifen Sie diese Chance, lösen Sie diese Aufgabe, und zeigen Sie den Menschen auf Ihrer Liste Ihre Dankbarkeit.

Bitte nehmen Sie diese Aufgabe auch in Ihren Zeitplaner auf, und führen Sie mindestens zweimal jährlich diese Aufgabe durch. Beachten Sie dabei auch die vielen kleinen Dinge Ihres Lebens, für die Sie dankbar sein müßten. Die Verkäuferin in Ihrer Bäckerei hebt Ihnen immer am Samstag ein frisches Brot auf, ist dabei freundlich und zuvorkommend. Dann erweisen Sie sich als dankbar. Bedanken Sie sich bei ihr – und vielleicht schenken Sie ihr einmal eine Kleinigkeit, sagen ihr dann noch ein paar nette Worte.

Haben Sie sich schon einmal dankbar gegenüber Ihrem Chef gezeigt? Bei allen Fehlern, die er haben mag (er ist ja auch nur Mensch!), gibt es doch meistens eine ganze Menge Dinge, die er für Sie getan hat und noch tun wird. Beachten Sie diese Dinge, oder sehen Sie immer nur das Negative in ihm? Und wenn es positive Dinge gibt, haben Sie das schon einmal gesagt? Haben Sie sich schon einmal bei ihm bedankt? Von einem Chef wird immer erwartet, daß er alles richtig macht, daß er seine Mitarbeiter motiviert, daß er nur konstruktive Kritik anwendet, daß er vorlebt, daß er Vorbild ist, sich besonders für die Firma einsetzt, daß er immer den richtigen Ton trifft usw. Doch was tun Sie eigentlich für Ihren Chef? Sorgen Sie dafür, daß er all diese Dinge umsetzen kann und dabei ein positives »Feedback« von Ihnen erhält? Jeder Mensch braucht Anerkennung, Lob und Zuneigung. Erinnern Sie sich deshalb an den Abschnitt »Nutzen geben«, und beginnen Sie heute damit, Ihre Dankbarkeit zu erweisen.

Es gibt Hunderte von Anlässen, sich dankbar zu erweisen:

- Es gibt den Postboten, der bei jedem Wetter zuverlässig Ihre Post ins Haus bringt.
- Es gibt den Tankwart, der beim Betanken Ihres Fahrzeugs immer freiwillig Ihre Windschutzscheibe putzt.
- Es gibt die Ehefrau, die jeden Morgen das Frühstück richtet.
- Es gibt den Ehemann, der oft die unangenehmen Aufgaben in einer Familie übernimmt.

- Es gibt den Nachbarn, der immer ein Auge auf Ihre Wohnung wirft und die Blumen während Ihres Urlaubs gießt.
- Es gibt den/die Freund/in, der/die immer für Sie da ist, auch in schwierigen Situationen.
- Waren Sie schon dem Menschen dankbar, der Ihnen dieses Buch geschenkt hat?

Mir geht es darum, Ihr Bewußtsein für Menschen zu schärfen, die Ihnen Nutzen geben und denen Sie dafür dankbar sein müßten. Hat Ihnen dieses Buch zu einer Bewußtseinserweiterung verholfen? Sind Sie davon überzeugt, daß es Ihr Leben positiv verändern wird? Na also, schon wieder haben Sie einen Menschen gefunden, dem Sie dankbar sein sollten!

Wenn Sie wirklich der Meinung sind, daß Ihnen dieses Buch (es geht eigentlich weniger um das Buch als um die darin enthaltene »Denke«) für Ihr künftiges Leben hilfreich ist, dann zeigen Sie Ihre Dankbarkeit doch einfach dadurch, daß Sie dieses Buch an die Menschen auf Ihrer Liste weiterschenken. Sie glauben nun, dies sei ein besonders pfiffiger Verkaufstrick? Nun gut, wenn Sie das glauben, dann haben Sie wahrscheinlich den Sinn und Hintergrund meines Buches nicht verstanden.

Ich bin heute, Gott sei Dank, materiell so gesichert, daß ich mein künftiges Leben ohne finanzielle Sorgen verbringen kann. Wer sich ein bißchen mit dem Schreiben von Büchern auskennt, der weiß, daß das Autorenhonorar äußerst gering ist. Seien Sie versichert, daß ich ein Vielfaches von dem Autorenhonorar verdient hätte, wenn ich die in das Buch investierte Zeit und Energie in Beratungen oder Seminare investiert hätte. Doch es geht nicht um finanzielle Belange bei diesem Buch. Nachdem ich mittlerweile finanziell abgesichert bin, habe ich für mich eine ganz andere Aufgabe für mein restliches Leben vorgesehen. Ich sehe den Sinn meines Lebens (meine Aufgabe also) darin, möglichst vielen Menschen dazu zu verhelfen, ihr Leben erfolgreicher zu meistern. Es ist für mich ein erhebendes Gefühl zu wissen, daß mittlerweile 500 Betriebe erfolgreich nach meinen Systemen und Strategien arbeiten. Es zählt viel schwerer als der materielle Erfolg, daß ich weiß, daß in diesen Betrieben viele tausend Mitarbeiter mit mehr Freude arbeiten und privat und beruflich erfüllter und erfolgreicher sind. Jawohl, mein Anliegen ist es, daß dieses Buch möglichst stark verbreitet wird, damit ich der Erfüllung meiner Lebensaufgabe etwas näher komme. Sollte also mein Buch Ihnen dazu verhelfen, Ihr Leben erfolgreicher zu meistern, so erweisen Sie Ihre Dankbarkeit bitte dadurch, den Menschen dieses Buch zu schenken, denen Sie vielleicht ebenfalls dankbar sind oder denen Sie ebenfalls zu mehr Erfolg und Freude im Leben verhelfen wollen.

Leitthesen zur 13. Stufe

1. Ich entzünde ab sofort durch mein positives Denken auch bei meinen Mitmenschen das Feuer der Begeisterung!
2. Ich lebe immer, zu jedem Zeitpunkt, das, was ich von meinen Mitmenschen erwarte, selber vor!
3. Ich weiß, daß ich gut bin. Ich weiß, daß ich in einer tollen Firma arbeite, daß unser Nutzen, den wir geben, stets vergrößert wird und daß unsere Firma immer erfolgreicher wird!
4. Ich bin immer und zu jedem Menschen freundlich!
5. Ich mache mich bei allen Menschen nützlich!
6. Ich gehe meinen eigenen Weg!
7. Ich bin ein Mensch, der Probleme löst, und nicht einer, der Probleme macht!
8. Mein Erfolg ist abhängig von der Menge der gelösten Probleme!
9. Ich bin den Menschen, die mir geholfen haben, dankbar und zeige ihnen dies immer deutlich!

Notizen, Vorhaben, Pläne, Erkenntnisse:

Notizen: ____

____

____

____

____

____

Vorhaben: ____

____

____

____

____

____

Pläne: ____

____

____

____

____

____

Erkenntnisse: ____

____

____

____

____

____

Schlußwort

Die Entwicklung des Universums, seiner Natur und demzufolge auch die der Firmen und Menschen gewinnt immer mehr an Geschwindigkeit. Wir befinden uns am Beginn eines neuen Quantensprungs in bezug auf die Entwicklung der Menschheit. Immer neuere Technologien sorgen für eine immer stärkere Beschleunigung auf unserer Erde. Chaos und Unsicherheit kennzeichnen unsere momentane Phase des Übergangs vom linearen, planbaren Zeitalter in ein neues, nicht fest umrissenes, dafür jedoch bestimmt ein interessantes Zeitalter. Doch bei aller Technologie und bei allem Fortschritt sollten wir nicht vergessen, daß es immer, solange es Menschen gegeben hat und solange es sie noch geben wird, um den *Menschen* geht. Der Mittelpunkt all unseres Denkens, all unserer Mühen und Anstrengungen sollte der Mensch als Individuum und die Menschheit als Ganzes sein. Mißachten wir bei all unserem Fortschritt deshalb nicht die Natur. Sorgen wir dafür, daß es nicht eines Tages heißt: »Die Revolution frißt ihre Kinder.« Dies würde übertragen heißen, daß der Mensch bei allem Fortschritt aufpassen muß, sich nicht selbst zu zerstören.
Der Mensch erweitert immer mehr sein Bewußtsein und entwickelt sich weiter und weiter. Und dennoch deutet alles darauf hin, daß sich der Mensch erst am Beginn seiner Entwicklung befindet. Wie dem auch sei, seien Sie versichert, daß es sowohl in der Vergangenheit als auch in Zukunft immer um die Menschen geht und damit immer um den Umgang mit ihnen. Es ist ganz egal, ob es sich um Kunden, um Mitarbeiter,

um die Familie oder um Freunde handelt – alle sind Menschen. Und die sollten Sie trotz aller Technisierung in unserer Zeit niemals vergessen.
Ich habe bereits ausgeführt, daß es mein Anliegen ist, also meine ganz persönliche, mir gestellte Aufgabe, andere Menschen erfolgreicher zu machen. Ich muß zugeben, daß mich diese Aufgabe begeistert, mich ausfüllt und vorantreibt. Ich könnte mir keine schönere Aufgabe vorstellen als die, die ich mir gestellt habe. Doch diese Aufgabe umzusetzen ist in unserer negativ denkenden Weit nicht leicht. Leider sind über 80 Prozent der Menschen negativ eingestellt und entsprechend erfolglos und frustriert. Wie anders könnte es dann sein, daß bei einer TV-Umfrage 78 Prozent der Anrufer aussagten, sie glaubten nicht an die Zukunft der Welt. Ich bitte Sie deshalb, liebe Leser, mir bei meiner Aufgabe zu helfen. Ich hoffe, daß ich Sie mit diesem Buch und den darin beschriebenen Thesen begeistert habe und dazu motivieren konnte, mir bei meiner Aufgabe zu helfen. Wenn Sie mir dabei helfen wollen, so sollte Ihr erster Schritt der sein, Ihren eigenen Erfolg selber auszubauen und zu verstärken. Wenn Sie dies umsetzen, haben Sie mir bereits bei meiner Aufgabe geholfen. Möchten Sie mir darüber hinaus noch helfen, so begeistern Sie auch Ihre Mitarbeiter, Ihre Familie und Ihre Freunde von dieser »Denke«. Kämpfen Sie mit mir zusammen für eine erfolgreichere, zufriedenere Welt. Wenn es gelingen würde, daß jeder Mensch nur einem einzigen weiteren Menschen dazu verhilft, glücklich und zufrieden zu werden, so gäbe es auf dieser Welt keine Kriege, Aggressionen und sonstige Katastrophen mehr.
Nachfolgend finden Sie nochmals die wichtigsten Leitthesen aus diesem Buch aufgeführt . . .

Die wichtigsten Leitthesen aus allen dreizehn Stufen

Meine tägliche Autosuggestion:

1. Materie folgt dem Geist. Nur was ich heute denke, wird morgen existieren!
2. Ich bin wichtig für mich und für viele andere!
3. Auch ich falle vielleicht immer wieder einmal hin und verletze mich, aber ich stehe immer wieder auf, gehe weiter und bin noch erfolgreicher!
4. Ich habe einen Magnet im Bauch, durch den ich Menschen mit gleicher Denke anziehe. Also denke ich positiv und verhalte mich als Gewinner!
5. Ich klettere auf meiner Lebensspirale höher und höher, denn es gibt für meine Entwicklung keine Grenzen.
6. Ich *verwirkliche* meine Vision! Sie lautet:

7. Die Zeit des linearen Planens und der Strategien ist vorbei. Deshalb bin ich noch kreativer und innovativer im neuen Zeitalter!
8. Ich investiere ab sofort 90 Prozent meiner Ressourcen (Zeit, Denke, Geld, Energie) nach außen!

9. Erfolg ist abhängig von der Menge des Nutzens, den ich Mitarbeitern und Kunden gebe!
10. Je höher der Nutzen ist, den ich meinen Kunden gebe, desto weniger Bedeutung hat der Preis, die Werbung und der Verkauf!
11. Wer die Menschen so behandelt, wie sie sind, macht sie schlechter. Wer sie so behandelt, wie sie sein könnten, macht sie besser. Ich behandle meine Mitmenschen deshalb heute schon so, wie ich sie mir morgen vorstelle!
12. Da meine Firma ein lebender Organismus ist, hat jeder Mitarbeiter seinen festen Platz, seine feste Aufgabe und ist nicht ersetzlich!
13. Je mehr etwas beachtet und wiederholt wird, desto mehr wird es verstärkt. Deshalb konzentriere ich mich bei meinem Denken und Verhalten nur noch auf das Positive!
14. Ich bin ein dankbarer Mensch!
15. Ich bin kein Mensch, der Probleme macht, sondern ein Mensch, der Probleme löst!

Bestimmt haben Sie neben diesen Thesen, die ich als die wichtigsten erachte, noch eigene andere wichtige Thesen durch dieses Buch herausgefunden. Bitte vervollständigen Sie deshalb die aufgeführten Hauptthesen mit den wichtigsten Ihrer eigenen Gedanken.

Wenn Sie dieses Buch nun zu Ende gelesen haben und es anschließend in Ihr Bücherregal stellen, werden Sie es in einigen Monaten vergessen haben. Wie ich bereits ausführlich erläuterte, reicht es eben nicht aus, einmal ein Buch zu lesen über positives Denken, einmal eines darüber, wie man erfolgreicher wird. Man muß schon ein wenig dafür tun, um auch ein tatsächliches Ergebnis zu erzielen. Erinnern Sie sich nochmals an das 1. Kapitel dieses Buches über den Zusammenhang zwischen Geist und Materie:

Sie müssen deshalb Ihr Denken verändern, wenn Sie Ihren Erfolg steigern wollen. Doch vielleicht wurden Sie über viele Jahre hinweg auf negatives, falsches Denken programmiert. Dann kann dieses Buch zwar ein Anstoß sein, aber nicht durch einmaliges Lesen dafür sorgen, daß sich Ihre Denke grundlegend verändert. Deshalb nun zur letzten und *wichtigsten* Aufgabe in diesem Buch für Sie:

Die wichtigste Aufgabe dieses Buches:
Zunächst einmal schreiben Sie sich die Leitthesen des Buches (und Ihre wichtigsten eigenen Erkenntnisse) auf ein Blatt Papier. Vervielfältigen Sie anschließend dieses Blatt mehrmals. Verteilen Sie nun dieses Blatt an bestimmten Orten Ihres Arbeits- und Lebensbereiches. Heften Sie unbedingt ein Blatt in Ihrem Zeitplanbuch zum aktuellen Tagesblatt. Jeden Abend, wenn Sie die Planung für den nächsten Tag aufstellen, blättern Sie um und lesen sich ausführlich diese Thesen vor. Hängen Sie ein Blatt neben den Spiegel in Ihrem Badezimmer. Legen Sie ein Blatt auf Ihren Nachttisch. Deponieren Sie ein Blatt in Ihr Eingangskästchen (Sie wissen schon: Das Vier-Kästchen-System). Legen Sie ein Blatt in Ihr Auto ...
Es mag Ihnen vielleicht seltsam erscheinen, doch Sie können die Thesen dieses Buches und damit all die Erkenntnisse und positiven Dinge nur dann umsetzen, wenn Sie sie in Ihrem Unterbewußtsein programmiert haben. Diese Programmierung erfolgt jedoch nicht durch ein einmaliges Lesen, sondern durch permanente »Einprogrammierung«. Sorgen Sie deshalb dafür, daß Sie diese Thesen möglichst oft in Ihrem Tagesablauf vor Augen haben, und lesen Sie diese immer aufmerksam laut vor. Vielleicht ist Ihnen aufgefallen, daß ich immer

formuliere: »Lesen Sie sich vor« – und nicht: »Lesen Sie durch.« Um sich diese Thesen in Ihr Unterbewußtsein einzuprogrammieren, ist es notwendig, daß Sie sich diese Thesen laut vorlesen. Über das Ohr wird jede Information in Ihrem Unterbewußtsein abgespeichert. Alles, was Sie von der Stunde Ihrer Geburt bis zum Zeitpunkt Ihres Todes hören, wird in Ihrem Unterbewußtsein wie auf einer Kassette abgespeichert. Es ist deshalb absolut notwendig, daß Sie sich diese Thesen (wenn Sie wirklich für Sie wichtig sind und eine Bedeutung besitzen) täglich mehrmals laut vorlesen. Sie sollten es sich zur festen Gewohnheit machen, mindestens zweimal täglich jeweils viermal hintereinander diese Thesen laut vorzulesen. Auch sollten Sie spätestens nach einem Monat die Thesen auswendig können. Sobald Sie alle Thesen (inklusive Ihrer eigenen Erkenntnisse) auswendig wissen, können Sie die einzelnen Blätter mit den Thesen wieder entfernen. Jedoch sollten Sie regelmäßig jeden Tag zweimal diese Thesen viermal nacheinander laut vortragen. Je deutlicher, sicherer und selbstbewußter Sie diese Thesen vortragen können, desto stärker haben Sie sie programmiert und verinnerlicht. Haben Sie jedoch Ihr Unterbewußtsein einmal auf diese positiven Thesen programmiert, so wird sich Ihr Unterbewußtsein (Ihre Denke) automatisch danach richten. So wie Sie sich vielleicht heute in manchen Bereichen negativ verhalten, weil Sie so über viele Jahre hinweg programmiert wurden, wird sich Ihr Unterbewußtsein dann automatisch, ohne daß Sie dies bewußt steuern müßten, positiv verhalten.
Dieses Buch sollte den Sinn haben, Sie zu verstärktem positiven Denken und zu mehr Erfolg anzuregen. Mit diesem Buch alleine ist es jedoch nicht getan. Zunächst einmal müssen Sie die Erkenntnisse dieses Buches möglichst schnell in die Praxis umsetzen und anwenden. Des weiteren ist es *absolut notwendig*, daß Sie die tägliche regelmäßige Programmierung dieser Thesen in Ihrem Unterbewußtsein vornehmen. Über-

zeugen Sie möglichst viele weitere Menschen von den Thesen dieses Buches. Je mehr Menschen in Ihrer Umgebung diese Thesen kennen und anwenden, desto leichter und schneller wird sich Ihr Erfolg steigern. Sprechen Sie möglichst oft mit den Personen Ihrer Umgebung über die Erkenntnisse dieses Buches. Motivieren und begeistern Sie sich auf diese Weise immer wieder, nach einer »Verletzung« aufzustehen und weiterzugehen. Auch der Gewinner wird regelmäßig verletzt, doch es ist einfacher aufzustehen, wenn es einen oder viele Menschen gibt, die einem dabei helfen. Ein weiterer Schritt sollte sein, sich noch mit mehr solcher Thesen zu beschäftigen. Dies kann über Seminare, Treffen mit Gleichgesinnten usw. geschehen.

Ich lade Sie deshalb ein, meine Seminare zu besuchen. Vielleicht beginnen Sie einmal mit einem *»Power-Day«*, einem eintägigen Testseminar, bei dem Sie mit wenig Investition einmal meine Strategien und mich selbst kennenlernen. Bis zu 2500 Teilnehmer nehmen daran teil, und Sie werden dabei einen großen Motivationsschub erhalten. Natürlich reicht ein Tag nicht aus, um Ihnen meine Strategien und Trainingsprogramme zu vermitteln. Deshalb gibt es anschließend die Möglichkeit, drei weitere Seminare über insgesamt neun Tage zu besuchen, um dann mit meinem komprimierten Erfolgssystem *den* Erfolg zu erzielen, den Sie sich in allen Bereichen Ihres Lebens (Beruf, Partnerschaft, Kinder, Gesundheit, Freunde, Hobby) wünschen. Jeder Mensch ist für den Erfolg geboren, und jeder hat individuelle, einzigartige Talente und Begabungen. Doch die meisten Menschen schaffen es nicht, dieses Talent in Spitzenerfolg umzumünzen. Viele geben sich mit weniger zufrieden, als ihnen zusteht. Doch haben Sie sich schon einmal die Frage gestellt, ob das, wo Sie heute stehen, wirklich schon alles gewesen sein soll?

Wenn Sie jedoch mein Erfolgskonzept kennenlernen wollen, dann sollten Sie die Seminare unbedingt mit Ihrem Partner besuchen. Denn es kann sich sehr negativ auf Ihre Beziehung auswirken, wenn Sie sich höher und weiter entwickeln, Ihr Partner diese Entwicklung jedoch nicht nachvollziehen kann, da er die Seminare nicht besucht hat. Eine Kutsche kann nur dann rasch an Fahrt gewinnen, wenn beide Rösser in die gleiche Richtung ziehen. Wenn die zwei Rösser in verschiedene Richtungen ziehen, dann bleibt die Kutsche entweder stehen, zerbricht oder wird vom stärkeren Roß mit viel Energieaufwand in die gewünschte Richtung gezogen. Wie leicht aber und mit wie wenig Aufwand könnte die Kutsche fahren, wenn beide Rösser ein gemeinsames Ziel anstreben würden? Ich erkläre mich deshalb bereit, den Partnern meiner Seminarteilnehmer 50 Prozent Rabatt auf den normalen Seminarpreis einzuräumen. Also: Reden Sie nicht länger über Ihren Erfolg, kommen Sie ins Handeln, und melden Sie sich zu einem ersten Seminar an!

Dieses Buch ist nun fast zu Ende. Es enthält nicht nur alle meine Erfahrungen aus allen Hochs und Tiefs in meinem Leben, sondern auch das aktuellste Managementwissen unserer Zeit. Meine Mitarbeiter und ich sind immer damit beschäftigt, weltweit das neueste Know-how aufzunehmen, umzusetzen und Erfahrungen zu sammeln. Ich möchte an dieser Stelle die Gelegenheit ergreifen, einigen ganz wichtigen Menschen in meinem Leben zu danken:

Da wären zum einen meine wichtigsten Mentoren, unter anderem Nikolaus B. Enkelmann, Anthony Robbins, P. A. Müller und Gerd Ammelburg. Von jedem dieser Mentoren habe ich entscheidende Impulse für mein Leben bekommen, und dafür möchte ich mich herzlich bedanken. Bedanken möchte ich mich auch bei all meinen Mitarbeitern, insbesondere bei Michaela, meiner rechten Hand (mittlerweile auch meiner linken und meiner beiden Füße), die von der Sekretärin, zur Assistentin, bis zur Leiterin meines kompletten Unternehmens aufgestiegen ist.

Auch möchte ich mich bei allen Unternehmensberatern der INLINE Unternehmensberatung bedanken. Es ist für mich selber manchmal unfaßbar, aber ich habe wirklich die besten Partner für meine Firma gewonnen, die es momentan gibt. Es ist unglaublich, welche Energie und welche Power von Euch ausgeht, und ich danke Euch, daß Ihr meine Ideen annehmt, umsetzt und an mich glaubt. Ich freue mich darauf, gemeinsam mit Euch noch vieles zu bewegen und unsere Aufgabe, die wir uns gestellt haben, zu erfüllen.

Ein Sonder-Dankeschön nochmals an meine Freunde Stefan, Paul und Heike, die mich unterstützen, aber auch mit konstruktiver Kritik immer wieder »auf den Boden der Tatsachen« zurückholen. Echte Freunde erkennt man daran, daß sie einem offen und ehrlich gegenübertreten und immer für einen da sind. Schließlich das größte Dankeschön an meine Frau – und Partnerin – Kerstin, die schon zu einem Zeitpunkt an mich glaubte, als niemand vorhersehen konnte, welchen Verlauf meine Karriere einmal nehmen wird. Ein letzter Dank soll auch an alle meine Kunden und Seminarteilnehmer gehen, von denen ich jeden einzelnen ein klein wenig »liebe« und denen ich letztendlich alles in meinem Leben zu verdanken habe.

Ich wünsche Ihnen für Ihre Zukunft viel Erfolg und hoffe, daß dieses Buch auch Ihr Leben positiv beeinflussen wird.

Zusammenfassung aller Aufgaben zur Entwicklung der eigenen Persönlichkeit

1. Aufgabe (1.Stufe):
»Auf was kann ich in meinem Leben stolz sein?«

2. Aufgabe (2. Stufe):
»Welche Lücke würde ich hinterlassen, wenn ich heute diese Welt verlassen würde?«

3. Aufgabe (5. Stufe):
»Was habe ich für Wünsche und Ziele?«

4. Aufgabe (11. Stufe):
»Was spricht gegen Delegation, warum delegiere ich zuwenig?«

5. Aufgabe (13. Stufe):
»An welchem Tag habe ich den Entschluß gefaßt, erfolgreich zu werden?«

6. Aufgabe (13. Stufe):
»Auf welchem Gebiet möchten Sie erfolgreich werden?«

7. Aufgabe (13. Stufe):
»An welcher Aufgabe arbeiten Sie?«

8. Aufgabe (13. Stufe):
»Welche Vision verfolgen Sie?«

9. Aufgabe (13. Stufe):
»Bei welchen Menschen habe ich mich in der Vergangenheit wie nützlich gemacht?«

10. Aufgabe (13. Stufe):
»Bei welchen Menschen werde ich mich in Zukunft wie nützlich machen?«

11. Aufgabe (13. Stufe):
»Welche Mißerfolge gab es bisher in meinem Leben?«

12. Aufgabe (13. Stufe):
»Welche Probleme habe ich bisher erfolgreich in meinem Leben gelöst?«

13. Aufgabe (13. Stufe):
»Welche ungelösten Probleme habe ich im Moment?«

14. Aufgabe (13. Stufe):
»Wem sollte ich für was in meinem Leben dankbar sein?«

Literatur

Ament, J. Helmut, *Die universellen Gesetze des Erfolges*, 1994

Ammelburg, Gerd, *Organismus Unternehmen*, Düsseldorf 1993

Ammelburg, Gerd, *Die Unternehmenszukunft*, Freiburg im Breisgau 1987

Birkenbihl, Vera F., *Erfolgstraining*, 1992

Birkenbihl, Vera F., *Stroh im Kopf?*, 1993

Blanchard, Ken, *Der Minuten-Manager*, Hamburg 1986

Capra, Fritjof, *Wendezeit*, München 1982

Carlzon, Jan, *Alles für den Kunden*, Frankfurt/Main 1989

Carnegie, Dale, *Sorge dich nicht, lebe*, München 1992

Carnegie, Dale, *Wie man Freunde gewinnt*, München 1992

Club of Rome, *Die Herausforderung des Wachstums*, München 1990

De Pree, Max, *Die Kunst des Führens*, Frankfurt/Main 1992

Drucker, Peter F., *Neue Realitäten*, Düsseldorf 1989

Enkelmann, Nikolaus B., *Die Formel des Erfolges*, 1992

Enkelmann, Nikolaus B., *Mit Freude erfolgreich sein*, 1990

Enkelmann, Nikolaus B., *Mit Freude leben*, 1992

Freitag, Erhard, *Die Kraftzentrale Unterbewußtsein*, München 1993

Freitag, Erhard, *Erkenne Deine geistige Kraft*, München 1993

Friedrich, Kerstin und Seiwert, J. Lothar, *Das 1 × 1 der Erfolgs-Strategie*, Bremen 1993

Fromm, Erich, *Sein oder Haben*, Stuttgart 1976

Geoffroy, Edgar K., *Das einzige, was stört, ist der Kunde*, Landsberg/Lech 1994

Gerken, Gerd, *Management by Love*, Düsseldorf 1990

Henzler, Herbert A., *Handbuch Strategische Führung*, Wiesbaden 1988

Hill, Napoleon, *Denke nach und werde reich*, München 1992
Hill, Napoleon, *Erfolgreich durch positives Denken*, München 1992
Höhler, Gertrud, *Spielregeln für Sieger*, Düsseldorf 1992
Höhler, Gertrud, *Wettspiele der Macht*, Düsseldorf 1994
Höller, Jürgen, *Alles ist möglich*, Düsseldorf 1995
Höller, Jürgen, *Erfolgreich und glücklich*, Gochsheim 1995
Horrmann, Heinz, *Amerikanische Traumkarrieren*, Frankfurt/Main 1994
Hull, Raymond, *Alles ist erreichbar*, Reinbek 1991
Kotter, John, *Abschied vom Erbsenzähler*, Düsseldorf 1991
Lassen, Arthur, *Heute ist dein bester Tag*, 1993
Lay, Rupert, *Ethik für Manager*, Düsseldorf 1989
Lay, Rupert, *Über die Kultur des Unternehmens*, Düsseldorf 1992
Lois, George, *Die zündende Idee*, Frankfurt/Main 1993
Mann, Rudolf, *Das ganzheitliche Unternehmen*, München 1988
Mann, Rudolf, *Der ganzheitliche Mensch*, Düsseldorf 1991
Mewes, Wolfgang, *EKS-Strategie*, Frankfurt/Main 1990 – 1991
Mohn, Reinhard, *Erfolg durch Partnerschaft*, Berlin 1986
Molzberger, Peter, *Synergetische Zusammenarbeit*, München 1993
Murphy, Joseph, *Die Macht Ihres Unterbewußtsein*, München 1989
Murphy, Joseph, *Energie aus dem Kosmos*, München 1987
Naisbitt, John und Aberdene, Patricia, *Megatrentes 2000*, Düsseldorf 1992
Peale, Norman Vincent, *Die Wirksamkeit positiven Denkens*, München 1989
Peters, Tom und Waterman, Robert, *Auf der Suche nach Spitzenleistungen*, Lech 1986
Peters, Tom, *Jenseits der Hierarchie*, Düsseldorf 1993
Peters, Tom, *Kreatives Chaos*, Hamburg 1988
Robbins, Anthony, *Das Power-Prinzip*, München 1994
Russel, Peter, *Die erwachende Erde*, München 1984
Schuller, Robert, *Erfolg kennt keine Grenzen*, 1993
Sewell, Carl, *Kunden fürs Leben*, Ottobrunn 1993
Toffler, Alvin, *Der Zukunft-Schock*, München 1983
Toffler, Alvin, *Machtbeben*, Düsseldorf 1992
Zimmermann, Hans-Peter, *Erfolg im Kleinbetrieb*, Landsberg/Lech 1996

Jürgen Höller

Alles ist möglich

Strategien zum Erfolg
208 Seiten
13,5 × 21,5 cm, geb./SU
49,80 DM
ISBN 3-430-14761-1

Alles ist möglich – dieser wohl positivste aller Gedanken wird von **Jürgen Höller** konsequent vertreten. Und mehr noch: das Buch zeigt, wie dieser Leitgedanke in jeder Situation des täglichen Lebens auch in die Tat umgesetzt werden kann.
Da die Ursache für den Erfolg – den privaten wie auch den beruflichen – in der eigenen Persönlichkeit liegt, setzt der Autor genau an dieser Stelle an. In Form eines Arbeitsbuches entwickelt er Persönlichkeitsstrategien und stellt einen mehrstufigen Erfolgsplan auf, der mit Hilfe des Unterbewußtseins verwirklicht wird. **Das Ziel:** die Ent-Faltung und Ent-Wicklung des Bewußtseins und der perönlichen Gesamtausstrahlung. **Erfolgsfaktoren, die zum Ziel führen:** ein Ziel setzen; an das Ziel glauben; auf das Ziel konzentrieren; das Beste geben, ins Handeln kommen.
Anhand zahlreicher Fallbeispiele und nicht zuletzt an seinem eigenen Erfolg beweist der Autor, daß es tatsächlich möglich ist, durch die Arbeit und den Glauben an sich selbst, große Ziele auch zu erreichen.

ECON Verlag

Jürgen Höller

Mit System zum Erfolg

11 neue Strategien für Manager
320 Seiten
13,5 × 21,5 cm, geb./SU
49,80 DM
ISBN 3-430-14769-7

Mit System zum Erfolg – in diesem Buch erhebt **Jürgen Höller** den Gedanken Hermann Hesses »Um das Mögliche zu erreichen, muß das Unmögliche immer wieder versucht werden« zu seinem Leitmotiv.
Ausgehend von dieser These entwickelt er 11 Managementstrategien, die Managern sicher zum Erfolg verhelfen. Viele Unternehmen greifen in Krisenzeiten auf altbewährte Strategien zurück, wagen keine großen Eingriffe und bewirken damit auch entsprechend wenig. **Dieses Buch zeigt andere Wege**. Es eröffnet Strategien, die durch das Verwerfen alter Strukturen einen erfolgversprechenden Neuanfang herausfordern. Jede seiner 11 Strategien bezeichnet Höller als eine »Revolution«, die den Weg **zu einer grundlegenden Wandlung** ebnet und dadurch zum Erfolg führt.
Das Buch ist praxisbezogen, äußerst motivierend und aufgelokkert durch viele Beispiele. Es gliedert sich entsprechend der Strategien in 11 Kapitel, die die wichtigsten Fragen des modernen Managements aufgreifen.

ECON Verlag